萨空了

(1907—1988)

中国民主同盟第四届、五届中央委员会副主席

曾任新闻总署副署长兼新闻摄影局局长，出版总署副署长

国家民族事务委员会副主任，全国政协副秘书长

我的父亲萨空了

萨沄 / 著

群言出版社
Qunyan Press
· 北京 ·

图书在版编目（CIP）数据

我的父亲萨空了 / 萨沄著 .— 北京：群言出版社，
2014.4
（民盟历史文献）
ISBN 978-7-80256-564-7

Ⅰ. ①我… Ⅱ. ①萨… Ⅲ. ①萨空了（1907 ~ 1988）
—传记 Ⅳ. ① K825.42

中国版本图书馆 CIP 数据核字（2014）第 059188 号

责任编辑　刘占凤
封面设计　群言艺术设计中心·齐立娟

出版发行　群言出版社（Qunyan Press）
地　　址　北京市东城区东厂胡同北巷 1 号（100006）
网　　站　www. qypublish.com
电子信箱　qunyancbs@126.com
总 编 办　010-65265404　65138815
发 行 部　010-65263345　65220236
经　　销　全国新华书店
读者服务　010-65262436　65276609
法律顾问　北京市君泰律师事务所

印　　刷　北京画中画印刷有限公司
版　　次　2014 年 5 月第 1 版　2014 年 5 月第 1 次印刷
开　　本　880 × 1230　　1/32
印　　张　12.5
字　　数　259 千字
书　　号　ISBN 978-7-80256-564-7
定　　价　39.00 元

前　言

中国民主同盟成立于1941年3月，正值抗日民族统一战线遭到国民党独裁统治破坏的危难之际。民盟以贯彻抗日主张、实践民主精神、尊重思想自由、提倡依法治国为政治纲领。民盟凝聚了当时绝大多数进步知识分子和社会精英，可谓群贤毕集。在不同的历史时期，黄炎培、张澜、沈钧儒、杨明轩、闻一多、李公朴、梁漱溟、史良、胡愈之、楚图南、吴晗、费孝通……这些民盟前辈精英们纵横捭阖、开阔放达，本着知识分子的人文良知和社会责任"奔走国是"，在政治、经济、军事、外交、教育、社会等领域都提出了明确的纲领和主张，将平等、民主、自由的思想播撒在中国的土地上。

在那苍黄翻覆、陵谷变迁的大时代，在那风云变幻、波澜壮阔的动荡岁月里，历史的浪潮将中国民主同盟，将有志于民族振兴的贤良才俊推上了风口浪尖，他们在改变中国命运的同时，也改变了自己的人生轨迹。他们为历史的进程，为国家富强、民族振兴和民主政治的进步做出了卓越的贡献；他们将自己的荣辱与民族存亡紧紧地联系在一起，为中国的民主、繁荣奋斗了一生，为后人留下了许多宝贵的精神财富；他们关于新民主主义社会的探索，至今仍具有巨大的影响和现实意义。

在和平盛世的今天，为了保存这珍贵的历史财富，为了让后人记住先辈们的独立之精神、自由之思想以及他们为国为民、励精图治的奋斗事迹，我们通过多年的精心准备和积累，出版了《民盟历史文献》丛书，这不仅仅是追忆往昔、缅怀先贤，也不仅仅是为了从学术研究的角度去厘清历史、臧否人物，更重要的是：通过回顾那段曲折的历史，传承民盟与中国共产党肝胆相照、荣辱与共的真挚感情；纪念民盟先贤为新中国做出的巨大贡献；呈现近现代中国社会的嬗变和进步知识分子的爱国情怀；同时也是为了民盟薪火相传、与时俱进的需要；为了让那些隽永传奇的人物和可歌可泣的历史再现后人的眼前。

路漫漫其修远兮，吾将上下而求索。《民盟历史文献》丛书的出版，是对先贤们多党合作历史的尊崇和传承。

《民盟历史文献》编委会

序

三十年代，我与空了同志结识于重庆，四十年代，我们先是相晤于香港，继而相聚于北平。1949 年 9 月 21 日，中国人民政治协商会议胜利召开，我们一同参加了第一届全体会议（他是中国人民救国会十位正式代表之一）。中国共产党第十一届三中全会以后，我们又同在全国政协机关工作，朝夕相处，相知更深。空了待人坦诚，性格豪爽，广交朋友，团结同志，热心公益，助人为乐，全心扑在党的事业上。交成莫逆，使我受益良多。

空了从二十年代当《北京晚报》记者起，到八十年代创办《人民政协报》，长期从事新闻工作。解放前，先后担任上海《立报》、香港《立报》、《新疆日报》、《新蜀报》、《华商报》总编辑、总经理、社长等职务，运用新闻传播从事爱国救亡、民主活动。他善于用通俗的语言报道事实的真相和本质，宣传党的政策和主张，密切联系各阶层人士和广大读者。

1936 年，空了参加成立全国各界救国联合会的活动，1941 年出任中国民主政团同盟机关报——《光明报》总经理。1943 年被国民党特务绑架，囚禁于桂林夹山和重庆五云山。他在狱中“松挺像贞坚，雄心未逊前”（空了狱中诗句），撰写了《科学的新闻学概论》、《科学的艺术概论》等书。1945年被营救出狱不久，我们喜遇于昆明。深感他更加积极地投身爱国民主运动，意志坚强，豪情如沸。空了在祖国山河破碎的岁月里，出自一种爱国热情从事新闻工作，他本来“始终想以记者终其身”，可是沿着忠于祖国忠于人民的道路往前走，经过历史浪潮的冲淘，越来越从艰难曲折的斗争体验中，认识了共产主义的真理，紧紧跟上时代的步伐，终于从一个爱国的新闻工作者成为一个共产主义者。

空了又是一位民族文化工作的开拓者。新中国成立以后，他参与了民族文化宫、民族出版社、民族歌舞团、民族语文翻译局等民族文化机构的创建工作和领导工作，率团前往少数民族地区慰问和国外访问。为促进民族团结、民族进步和民族文化发展以及国际文化交流贡献了自己的智慧和力量。

空了还是一位自学成才者。他出生于一个蒙古族家庭，因家境贫寒，十五岁就参加工作。他刻苦学习，边做边学，自强不息，学成一位能编能写，擅长经营管理的新闻界全才。

我与空了同志论交近五十年，风雨同经，谊兼师友。他的热爱祖国、乐于奉献的精神，坚持党的路线、方针、政策又善于联系实际的精神，忠诚事业、敢讲真话的精神，在改造客观世界的同时努力改造主观世界的精神，都值得我们永远学习，无限怀念。

孙起孟

1996.10.22

目 录

第一章

雏凤清声　蒙古族青年

一个蒙古后裔的家事

1907 年 3 月 26 日，在四川成都，虽是乍暖还寒的节气，却逢阳光明媚，给万物带来无限温暖与生机。就是这一天，在离都督衙府不远的一座深宅大院里，诞生了一个男孩。这是都督府正黄旗蒙古笔帖士石麟第二位填房桂氏生下的第三个男孩。他就是我的父亲萨空了。

这年石麟已三十一岁。他的祖上世居扎库木地方，郎姓。自从清初随军入关以后一直都居住在北京。他的父亲荣惠、祖父特克什布、曾祖广宁，几代都为巩固中国的领土、促进各民族和睦相处立过汗马功劳，曾受到清帝的嘉奖。他自己十四岁从正途经考入仕，当了个候补笔帖士。因为他的聪慧好学，光绪帝还特嘉奖他的母亲教育有方，加封为二品夫人。可是当他的父亲去世以后，由于只知读书不会理家和惧内，常受妻家骚扰又无法解脱，他只好央人换了一个外差，举家搬到成都，在川督赵尔丰手下当笔帖士，求个安静。但是，在清朝正趋于败落的光绪末年，国事不宁，哪里有安乐之地？一向寡言少语，性格内向的他，更是郁郁不欢。

新生的儿子给他增添了几分喜悦，冲刷了他不久前因伤逝二子留在心上的阴影。他给新生的儿子取名萨音泰（蒙语译音），意思是有福气的人，并吩咐家人称他为老二。此后，桂氏又接连生了两个儿子。到辛亥革命后的1912年石麟一家返回北京时，他已是五个孩子的父亲，除了原配生的女儿外，还有四个儿子。

回到北京，家产已被亲戚分占。石麟家属于被推翻的清朝蒙古族小官，正是当时被唾弃的社会阶层。他既不敢与人争要家产，又无法再求职谋生，只好靠变卖藏品衣物度日，躲在家里课子读书，四书、五经、史文、诗书画，尽己所能讲授给儿子。在贫病交加中，他四十五岁就去世了。

我知道上述故事时已十六岁，在重庆。那是1945年，父亲刚从国民党集中营释放出来不久。有一天他带我去看望女友——后来成为我第一位继母的方菁。他们在闲谈各自的家事时，我在旁边听到的。那时，我家已经历过重大变故。自1935年，我家离开北平到上海，由于抗日战争的影响和父亲工作的变动，以后就不断迁移，从上海到香港、到新疆、到重庆，又到香港，再到桂林，又到重庆。在这段艰难坎坷的生活历程中，先是父母离了婚，继而父亲被国民党逮捕。

以前，我对父亲家的事知道得极少。我母亲金秉英娘家是基督徒。母亲只和自己娘家人往来，不大看得起父亲家的人。加上我七岁时全家就离开北平，所以几乎对奶奶、姑姑、叔叔全无印象。我真正知道家事是在解放以后，重返北平故里时。

1949年，北平解放后，父亲从香港到北平，我和妹妹萨石（原名萨苦荼）也从解放区进入北京，这时，才和亲属们团聚。

这一天，我见到了我的姑姑、叔叔、婶婶和堂弟妹们。我还清晰地记得，当我们走进三叔家院子时，亲人们都从堂屋迎了出来。进入堂屋，只见北面墙上挂着祖父母的大幅照片。我们向祖父母行了礼。我仰头仔细打量，照片上的奶奶显得比爷爷老，因为爷爷去世时是中年，而奶奶去世时已是老年了。我一眼就能看出，父亲的嘴像爷爷，眼睛像奶奶，姑姑完全像爷爷，三叔是眼睛像爷爷，嘴像奶奶。几十年过去了，虽然照片已在“文化大革命”中丢失，但至今我仍记得那两张照片，记得爷爷紧紧闭着的嘴，想象出他的顽固执拗；记得奶奶那炯炯有神的眼睛，想象出她那精明能干。

那是很快乐的一天，见到那么多亲人。我的三婶特别会照顾人，亲切热情而且无微不至。三叔是真正地爱我们，就是不会表达。他拿出许多小物件，使劲地想找一些东西是我们喜欢的，让我和妹妹带走。姑姑则更不善言辞，只是含笑站在一边看着我们。这样的情景以后就不多见了，因为父亲工作忙，几乎再无时间到亲戚家叙家常。

五十年代初，北京市扩建，近城的坟地需迁移。我家的祖坟就在红庙附近。三叔找爸爸问怎么办？爸爸说，平了算了。三叔不肯。最后还是他去迁了坟。后来听三叔说，原先只知道祖坟很大，看坟人在此赖以种庄稼为生，过去还常送些玉米、豆子给他们，这次迁坟才知道，这里竟埋着好几代人。他只是大致收殓了遗骨，重新埋葬了。三叔还带回一个包袱，里面包着从墓地挖出的陪葬品。正好那天我在三叔家玩，我略略看了一下那打开的包袱皮，有扳指、簪子、戒指、挂件等等。因为年代久远又埋在土里不见天日，已失去光泽。三婶忙让包起来，说：怪瘆人的，别看了。

三叔是个感情不外露的人。迁坟以后，坟场上还留着几棵古柏，他过一段时间就要去看看那树，却什么也不说。后来，我家坟地的旧址上建立了劳动干部学校。学校校名一改再改，而那古柏至今仍矗立在后门外。据说已成为受保护的古树。

由于解放后人们都怕说自己的出身不好，父亲从没向我们说过祖先的情况。只是在他被任命为国家民委副主任时，说了句“我爷爷在清朝当过理藩院侍郎，就相当于现在的民委副主任吧！”大家听了只觉得有意思，谁也没理会这事。后来，有一个星期日，我去三叔家，看见三婶收拾柜子，拿出许多废字纸，打算卖给收破烂的，我信手翻翻，看见有清朝的文书，就和三叔翻阅起来。三叔说这都是给我曾祖父荣惠的。我们当时还算了算，他很长寿，给皇帝干了五十年。回家后我曾向父亲说起这事，父亲只是淡淡地说：你管那些闲事干什么！从此，我不再提这事，也不想这事，看到的东西也渐渐淡忘了。现在回忆起来，仿佛有称他蒙古学士的，有表扬他当钦差清廉的，还有批准把侧室扶正的。主要因为那时我很年轻，文言文看不懂，自然就记不住了。直到最近，我想起这件事，去翻阅了中华书局 1977 年版的《清史稿》，找到荣惠的名字，原来他还当过兵部和礼部左侍郎。

“文化大革命”以后，年老的姑姑仿佛知道自己来日无多，总爱向我们说说她童年的往事。但由于她读书不多，只能东拉西扯地说故事，不能有条不紊地讲历史，我们也只是随便听听，从没问个究竟。姑姑比爸爸大一轮（十二岁），她和爸爸不是一个

1956年全家在东四五条月牙胡同住宅合影。左起：郑小箴、萨社旗、萨倬、萨远巍、萨石、萨桂兰、萨空了、萨沄，前排小孩：萨新旗、沈刚纪

母亲所生。她的母亲是爷爷的原配，也是蒙古族。由于她生下不久母亲就病逝，她连母亲的名字也不知道了。后来爷爷娶了填房，但不久又病逝。因此人们认为爷爷克妻，在娶我奶奶时，就从后门而入，以免惊动神灵，让奶奶免遭灾难。姑姑说，在娶我奶奶的那天，人们都忙着办喜事，没人管她（那时姑姑大约五六岁），是我的曾祖父抱着她在堂屋里来回遛。曾祖父十分怜爱她，还带她到东北当差。曾祖父是在东北病逝的，灵柩从东北运回北京时，家人在慈云寺跪迎。（据《天咫偶闻》载："相传慈云寺为某邸家庙。"和我家有什么关系就不得知了。）姑姑又说，那时家里是殷实的，曾祖父去世后，由于爷爷为人清高，家事统由奶奶掌管，家产外流到奶奶娘家。待到祖母醒悟过来，一切已无可挽回，从此家道败落。姑姑是不原谅奶奶的兄弟们的，不愿和他们往来。

姑姑命运多蹇，不仅幼年失母，长大结婚，丈夫又是纨绔子弟，不久家产败尽，丈夫一病而亡。姑姑只好靠做手工度日。她从没生育过，没有儿女。解放后，我们重返北京，父亲说接她到我们家，她执意不肯。后来是我和堂妹硬把她接了过来。从此，她就一直在我家照料家务。那时，我们家有一位保姆，还有一位服务员，姑姑总争着干事，不肯闲着。父亲多次和她说，你是我姐姐，年纪大了，谁也不会嫌弃你。姑姑总是默默地低头听着，过后还照原先一样。有一次姑姑不声不响地把父亲的一条毛裤拆了，要重新织。继母发现后说，不用她干。姑姑说，毛裤破了，我不能让他那么忙的人，穿一条破裤子。继母说，你眼睛不好，不是掉针就是打错。两人争了起来，姑姑哭了。后来，父亲对姑姑说，万事要能忍。咱们萨家的人，一个比一个倔，我学了一辈子，才学会忍，你就不能忍?！父亲就是这样一个人，对谁越亲，对谁要求得越严。姑姑当然懂得父亲的难处。

“文化大革命”中，父亲被送到“五七”干校，生活十分艰难，没有一个亲人在身边，姑姑常为此而悲泣，恨自己年纪太大了，否则不管到什么艰苦的地方，她都愿去照顾自己的弟弟。“文化大革命”后，父亲从干校回家，健康大不如前。姑姑关心他，又不会表达，只能默默地弄点他爱吃的零食，什么玫瑰枣啦，煮花生啦。每当晚上父亲一个人在客厅看书或工作时，她就悄悄送过去。她看到父亲头发渐渐花白，听人说吃核桃好，就每天给他剥七个核桃，而且一直坚持下来。姑姑的爱是藏在心里的，她不会表露，也不想表露，因为她从不想求回报。有一个冬天，我回家过春节，姑姑找东西，我在旁边和她说话，看见箱子里有一个木制小手饰盒。我随手打开，里面有一张男人的半身照片，穿戴是民国初年的样子。我问姑姑是谁，她说是你姑爹。我故意逗她，说：“哈，您把姑爹藏在这儿，从不让我们看。”姑姑笑了。因为姑爹不争气，家里人都看不起他，姑姑也从不提他。但是，她的心里，无疑仍有着他的位置，没准儿，仍然爱着他，思念着他。1979年，姑姑是在她八十一岁时去世的。她摔了一跤，就起不来了。她可能是不愿拖累别人，她是那么好强，连被子都不愿让别人帮忙洗，怎么肯让别人服侍？她就不吃东西，谁劝也没用。临死的前一天，我在天津工作的妹妹萨石突然感到非回家看看姑姑不可，匆匆忙忙赶了回来。姑姑看见她，显得非常高兴。晚上萨石喂姑姑吃鸡蛋挂面，姑姑竟然吃了。不料，就在这个晚上姑姑去世了。萨石说，因为她和姑姑感情好，也许是预感吧，让她赶回来，为姑姑送了终。我当时在内蒙古工作，知道姑姑有病，我写信问严重不，我要不要回去？父亲回信说，先不用。没想到竟未见到姑姑最后一面。其实，在她去世前两年，每年我回家过春节离去时，她总是哭，说怕见不着了。她可能感到自己年老体弱，支持不了多久了。姑姑去世后，我回到家里，丧事已办完。父亲见我，嗔怪地说，现在回来有什么用。他是重视亲情的，怪我回来晚了。父亲拿给我一个姑姑做手工用的银顶针，这是我曾在信中提出来要做纪念的姑姑的遗物。顶针由于使用年代已久，有的小孔已经磨平。这是姑姑一生辛苦的见证。我不仅自己保存它，还要留给我的子孙，让他们永志不忘这位心地善良，坚韧勤劳的老人。

我到八宝山向姑姑的骨灰痛哭告别。当晚，我仍住在姑姑住房的外间。夜里，忽然听到一阵滚动的声音，窗子也在震响。我想，也许姑姑来看我了。我并不害怕，我们彼此关心，真诚相待，她若有灵，也会保佑我的。

我的三叔本是个小职员。解放初期，自己弄了个小作坊，磨镜头。夫妻两人干,请过一个亲戚帮忙。社会主义改造时,神差鬼使,他没加入合作社,却把作坊和一家大厂合并了,因此就成了一个只有三千元资本的小资本家。戴着这顶帽子加入了光学仪器厂当技术员。他懂英、法、德、日文,给工厂翻译点资料。“文化大革命”中,我三叔家被抄,还扫地出门,住进小杂院的一间小房里。“文革”后发回抄家的东西,其中有家谱。这是奶奶留下来的东西。由于抗战时期,我们家、四叔家都离开了北京,奶奶是跟着三叔一起生活的。奶奶去世后,祖上留下来的东西也就留在三叔家了。父亲从没过问这些事(四叔一家后来失去音讯,估计已不在世了)。直到这时,我才第一次看见家谱,是蒙、汉文各一份。谱里卷着一张小纸条,上面写着:八世祖伊里布曾孙世珍元孙连翰。世珍和连翰两个名字是用红笔写的。我们推测,这是制谱人,用红笔写是因为当年他们仍活着。谱上首位名叫福满,名旁有一行小字,写着:世居扎库木地方,扎库木在哪儿?后来我才知道,扎库木就在抚顺附近。根据关于努尔哈赤的史料介绍,当他起兵入关时,扎库木的蒙古族部落,曾随同他出征。算起来到我父亲这一代已是第十一代子孙了。伊里布和我太祖特克什布是堂兄弟。他们这一支人到底在哪里?就无从知道了。

1984年,我三叔患重病,去世前几天,我去看他。他对我说:“告诉你爸爸,孩子不懂事,别生气。我已写信说他了。我说,哥哥对我的恩情,我一辈子都报答不完。他们不应因为满足不了自己的要求而责怪你爸爸。”三叔又让三婶把诰封拿出来,让我带回去给我爸爸。还说,是不久前刚退回来的抄家拿去的东西。

三婶从柜子里拿出来，共十卷。以前，我们从没听人讲过诰封的事，连父亲也不知道有这东西。

诰封是清朝皇帝对三品以上官员本身及其妻室、父母、祖先授予荣誉和封赐的文书。过去，我只是在电影里看见过宣读诰封的场面，以为它不过是一方锦片。真的诰封全不是那么回事。它横长约八尺以上，竖长九寸，各年代的规格不尽相同。这是完整的一块长锦缎，头尾织有双龙纹和奉天诰命字样，中间用黑、红、黄、白、金黄五色分段织出云头花纹，在它上面用黑、白色，或绿、蓝、黑、白、红色笔，书写满、汉两种文字的皇帝的命令，并盖有皇帝玺。诰封用白纸黄绫边装裱，尽头的一段则用金黄底，蓝、绿、白色织成如意花纹的锦缎装裱，卷起来看，是一个色彩斑斓的锦卷。

从这几卷诰封中，我才第一次知道，原来我们是正黄旗蒙古人。这真让我吃惊。因为过去，我一直对旗人没好印象。虽然什么叫旗人，我根本不知道，真可谓一窍不通。但是，由于人们都这么说，清朝时，旗人欺压老百姓，坐享皇饷，好吃懒做等等，我一直是鄙视旗人的。自己也是旗人？一时真接受不了。为了弄清究竟，我就找书来看。现在，我终于找到了答案，形成了自己的看法：作为蒙古旗人，既没什么光荣，也没什么可耻。这不过反映了历史生活中的一段事实。

八旗制度是清代满族的一种社会组织形式。太祖努尔哈赤初建黄、白、红、蓝四旗，后增建镶黄、镶白、镶红、镶蓝四旗，共为八旗，满族成员分属各旗，旗归参领、佐领领导，平时生产，战时从征。太宗皇太极时，又将降伏的蒙古人和汉人分别编为“八旗蒙古”和“八旗汉军”。这种组织兼有军事、行政、生产三方面的职能，适应当时满族社会经济基础的需要，对推动社会经济发展起了积极作用。入关后，清廷曾利用八旗制度来控制人民，生产意义缩小，作为军事组织和行政组织的职能仍存在。旗人和民人的不同之处是旗人享有多少不等的粮饷，在入学出仕方面有一定特殊待遇。这些当然会激起一般民人的愤愤不平。特别是对汉民族，本来，在他们看来，汉族统治少数民族是天经地义，被异族统治则是痛心疾首的事，再加上旗人享有特权，就更不满了。清朝灭亡后，民族关系翻了个个儿。一些人弄不清究竟，就统统鄙视旗人，少数民族又遭到歧视。在这种情况下，旗人和他们的后代，悄悄地销声匿迹。只是在解放以后，民族隔阂和民族歧视才渐渐消除。这就是为什么有许多人后来都承认了自己的祖先是少数民族，是旗人。

从这几个诰封可以窥见我的祖先生平的一斑。如：乾隆五十年给我五世祖广宁的一段文字：“……尔正黄旗蒙古佐领加一级广宁，职司军旅，材裕韬钤迪果毅于戎行，……兹以覃恩，特授尔武翼大夫锡之诰命……”又如：“尔绰克图，乃正黄旗蒙古佐领加一级广宁之祖父，性资醇茂，行谊恪纯，启门祚之繁昌，簪衍庆廓韬钤之绪业……兹以覃恩赠尔为武翼大夫……三世声华，实人伦之盛事，五章服采，洵天室之隆恩……”再如嘉庆十四年给我太祖特克什布之妻的诰封中有这样一段：“尔理藩院主事加二级特克什布之妻觉罗氏，素谙内则，作配名门，训典明允，协珩璜之度，礼仪纯备，克彰苹彩之风，兹以覃恩封尔为宜人……”从文字看来，我的祖上是行伍出身，立过军功，属名门望族。

据我的堂弟萨备说,他家曾存有皇上赐的两副围棋子,一副是紫晶的,一副是玛瑙的,“文化大革命”被抄,不知去向。总之,这一切都是我们祖先留传下来的,关于他们生平的记录,但是,除了华丽的词藻,炫耀的传说,所表达某种虚荣的东西以外,没有什么实在的、有血有肉的故事可供纪念。这对于我们,作为后代的人,留下的实在太少了。

父亲去世后,我整理他遗留下来的文稿,见到一份他写于1960年的自传草稿,其中谈到自己的家事时,这样写道:“我的父亲,是精通汉学和藏语的蒙古人。生平嗜文物书画,爱游历,淡泊名利,消极厌世。辛亥革命后,蒙古族受歧视,长期不能就业,靠出卖藏品及衣物度日,时有断炊之虞,更增了他悲观的思想,1920年,他四十五岁就病死了。”

我从这短短的文字描绘中,感受到祖父作为一个蒙古族没落世家子弟的悲怆情怀。后来,当我翻阅一本名为《话说峨眉山》的书时,这种感觉尤深。这本书中有一段说,上峨眉山在过了纯阳殿,就是慧灯寺遗址,在这儿可以仰望金顶,可以看到峨眉山的全景。往前走是万定桥,再往前就能看到一股清泉从大石隙中涌出,这就是闻名遐迩的所谓神水。这水质地清冽,含有多种矿物质。古代来这里游历的文人墨客很多,多有题刻。其中有“水啸山空”的字样。读到这里,我联想起父亲从前向我说过的往事。

原来父亲曾和叔父同在北京黄土坑小学读书,因为蒙古族人都是以名为姓氏,他们兄弟一个叫萨音泰,一个叫齐达泰,按汉人的习惯看,就成了姓氏各不相同。以至于人们风言风语地说他们兄弟不是同一个父亲。这种诬蔑性的言语,深深伤害着人的自尊心。于是,他们这一辈人全都改成了姓萨——父亲名字萨音泰的第一个字。

我能想象得出,当时酷爱游历,淡泊清高的祖父,在穷途末路的境遇下,迫不得已要为儿子改姓名时的悲凉心情。他可能回想起昔日在四川游览峨眉山的情景,想起了那股清泉,那远山,那佛寺。他那时的思想,变成了名字,留给了儿子。这就是:萨啸空、萨远巍、萨阐,父亲三兄弟的名字。我的姑姑也在名字前加了个萨字,叫萨桂兰。

我父亲在进入社会工作后,发现有别人也叫啸空,才改名叫空了。关于他的名字,他在自传草稿这样写道:“父亲死时,我才十四岁。家无隔宿之存粮,寡母二弟和我自己,真不知将如何生存下去。父亲的消极悲观思想本已给我很深刻的影响,当前的经济压迫又咄咄逼人,使我在未成年就有了消极思想。这就是我改名‘空了’的原因。”

在那个时代,父亲从未向别人说过自己是蒙古族人。我的生母——他的第一个妻子不知道。我的干爹——他青年时代最好的朋友也不知道。1992 年,我去美国探亲,途经香港,和我的干爹,原台湾故宫博物院副院长谭旦冏说起我们是蒙古族人时,他很惊讶,也有些不快,说:怎么连我都不告诉!然而,也正是由于在二十年代,父亲连自己最亲近的人都没透露过自己是蒙古族人,可以想象到,作为被歧视的少数民族,在他心中留下的伤痕有多么深。我被这种忍受伤害的心情深深震撼了。要知道,人的天性是愿意与自己的亲人分享欢乐,分担痛苦的。不向自己深爱的人吐露自己的不幸是何等痛苦，又需要有多么坚强的耐受力！

解放后，父亲有一次向李维汉同志说了自己的家庭，自己是蒙古族。李维汉同志说，改回来嘛，恢复自己的民族属性。1950年，父亲作为中央访问团副团长赴陕西、甘肃、宁夏、新疆慰问少数民族，宣传中国共产党和中央人民政府的民族政策。临行，李维汉同志到车站送行时对他说，你从现在起就恢复蒙古族人吧！第二天看见报纸上报道这次出访消息时，在他的名字后面已写上了蒙古族。

从那儿以后，父亲才正式宣称自己是蒙古族人，我们这些孩子也恢复了蒙古族。我想，父亲为这事是非常感动的。有一次，三叔受到批评，跑来找父亲，说自己受到不公平的待遇。父亲就向他说了改名字的经历，又提起他们小时候的一段往事。当年，他们年幼家贫，祖母为了维持生计，煮了一筐大花生，让他们拿到街上去卖。父亲和三叔蹲在街角，不敢吆喝叫卖，花生没人来买，又拿了回家。祖母看到没卖出去的花生，骂他们两人无用，但是自己却哭了。父亲劝三叔说，不管怎样，解放后总比解放前好，少数民族不再受歧视，享有同样的尊重和待遇，还有什么可抱怨的？兄弟二人默默相对，潸然泪下。三叔匆匆地走了，从那以后，不论受到什么委屈，三叔也不再诉苦了。

初涉社会

为了生存，父亲十五岁就进入社会谋生。

1922年，父亲经他的表兄张炳南介绍，进入华北协和华语学校当图书管理员。这个学校是美国教会办的，校长是美国人裴德思(译音)，教务长是中国人金醒吾。学校的任务是教外国人学华语。在这里，父亲得到的工资虽然微薄，只能将就养活母亲和两个弟弟，但图书馆丰富的藏书和各种各样的报刊，却给他提供了宝贵的精神营养。他如饥似渴地日夜学习，开始受到五四运动的思潮影响。他的视野扩大了，爱国主义的理想，光明灿烂的未来，抹掉了他心中小我的忧思，他也要奋斗！

为了适应工作需要，他从微薄的工资里挤出学费，进入北京基督教青年会办的英文夜校。到了1925年，经金醒吾介绍，他通过考试进入了中法储蓄会当办事员，月薪略高，能逐年递增，年终还有双薪，生活总算稳定了。中法储蓄会是中法合办的有奖储蓄公司，每日工作六小时，星期六的下午和星期日全天休息，

20年代的萨空了(中坐者)

属于自己的时间较多,父亲开始写文章,向孙伏园主编的《京报副刊》、鲁迅和周作人等人编辑的《语丝》等报刊投稿,又参加了“阿波罗”学会学西洋画、西洋美术史。

1927 年 8 月,《北京晚报》副刊《余霞》招聘编辑,父亲去函应征。《北京晚报》社长刘煌让编辑谭旦冏前去洽谈。谭旦冏和父亲一见如故,商谈甚洽。这样,父亲就又兼任了《余霞》的编辑工作。

关于这一段经历,1992 年 8 月在香港会见我的干爹谭旦冏时,他向我讲述了他和父亲相识和相处的经过。

谭旦冏是原台湾故宫博物院副院长,已退休。1991 年 5 月,他曾到过北京,这是他赴台后第一次故地重游。这也是我成人后第一次和他见面。在他到来之前,蔡若虹伯伯就曾打电话告诉我,说:谭旦冏要回来了,他是你父亲最要好的朋友,他想见见你。谭旦冏到京后在和我第一次通电话时就说:你记得吗?我是你干爹。我答应说,是记得的。那时我虽然很小,大约五六岁,我记得他从法国留学回来带来的油画作品,完全是用点子组成的(点彩派),那印象之深,我一生忘不了。他当时就住在我家的南房,常和父亲带我出去玩。遗憾的是干爹回来得太晚了,没能见到父亲。那一次由于干爹日程安排很紧,没能和我深谈。

这一次,我的干爹专门从台湾到香港和我见面,用两天时间和我深谈,他非常认真,还写了提纲。他说,自从 1927 年认识父亲以后就互相帮忙,成为好友,两人心神相通,非常默契。父亲进入新闻界是他引荐,他搞美术是由于父亲的爱好引起他的兴趣,以后就进入这个行当,还到法国去专修美术,后来才搞了考古工艺。当年,父亲接编《余霞》副刊后,每天早上把编好的稿件及他自己写的一篇短文送到《北京晚报》,然后去中法储蓄会上班,因此,他们天天见面。然后,他们又一起组织过“明日戏剧社”、“红叶画会”、“光社”。“红叶画会”是个松散的美术组织,没什么章程,就是每周日上午在谭旦冏住的江西会馆(谭是江西人),几个人聚在一起画画。“光社”可说是最早的摄影组织,每月聚会一次,在中央公园(即现在的中山公园)社稷坛、附近的茶座,大家聊聊天,喝喝茶,有时也举办摄影展览。

从我干爹的介绍中,可以想象出,初涉社会的父亲,为找到一个自己立足与发展的地位,曾经四方涉猎,日夜奔忙。由于祖父的影响,他爱好书画、摄影,能赋诗著文,他正在这些方面寻求发展。

1927 年 6 月 19 日,我的父亲和我的母亲金秉英在北京基督教青年会结婚。那年我父亲二十岁,母亲十八岁。婚后先住在四川会馆,后搬到西京畿道,再后就是旧簾子胡同了。对那个院子,我仍有着清晰的记忆。那是一个小四合院,北屋三间,一间是卧室,两间打通是书房,西屋是客房,南屋是客厅,东屋是厨房和看妈住房。客厅的桌布、沙发背垫全有三种蓝色的补花,墙壁也用三种蓝色的漆上图案。父亲曾在这里和朋友们画画,还画过人体。这事我印象特深。那时我约六岁,一天当我推开南屋的门想进去,却看见一个人没穿衣服,吓得我回头就跑。大人们告诉我这就叫写生。就在这间房里,我干爹住过,费彝民伯伯也住过。八十年代初,费伯伯到北京,见到我们还谈起过我家的南屋。父亲乐意在自己家里招待朋友,因此人们记得旧簾子胡同的小四合院。

我的母亲金秉英就是父亲进入社会第一个就业单位——华北协和华语学校教务长金醒吾的大女儿。她1909年春(农历十二月十五日)出生在上海,十二岁随父母返回故乡北京。金醒吾是第一个赏识父亲才华的人。直到父亲晚年,每当他向我们叙说他怎样进入社会时,总要提起金老先生,父亲是深深尊敬他的。金醒吾待父亲很好,不仅在工作上给他照顾,介绍给他好的工作机会,还请他给自己的二儿子和三女儿补习功课。父亲是在金醒吾家认识母亲的。她那时因病休学在家,正复习功课准备考大学预科。他们相识后互相倾慕,我的三姨金秉心那时才九岁就成了他们传递书信的牵线人。我的父亲和母亲各以自己的才华和仪表吸引着对方。他们相爱时期互赠了许多诗词,还写了许多信,据说曾编过一个集子,集子题名为《苦茶》,意思是有回味的余地。集子是否出版了,谁也说不准。但1930年天津《一炉》半月刊曾发表过吴秋尘为《苦茶》一书作的序。

母亲考入务本大学后,父亲每天在东四牌楼电车站送她上学,后来她转学到北京女子师范大学住校,父亲每天下班到女师大会客室会见母亲。母亲提起这段往事,总是戏谑地说父亲天天按时报到。

到了1926年冬,我的祖母托媒人到金家求婚。金老先生虽然爱才,却无意把女儿嫁给萨家,说穿了是嫌萨家穷。受五四运动爱国民主思想影响,青年人要求婚姻自由自主,母亲执意要嫁给父亲。金醒吾最后还是根据女儿的意愿答应了这门婚事。

我记得曾看见过他们结婚时的照片,母亲身穿绣花衣裙,披着长纱，戴着珠冠，绰约秀丽，父亲身穿礼服，英俊潇洒。亲友们羡慕地称赞过这是般配的一对。他们的共同生活，也曾有过美满幸福的一段，在互相的支持帮助下，双方的事业都有过光辉的一页。

为了纪念他们的幸福与爱情，在我出世后，他们把他们诗书集的题名《苦荼》给了我，作为我的名字。后来生了妹妹，又取名苦荼，就是在荼字上增加一横，其意是根据《诗经》的一句“谁谓荼苦，其甜如荠”。这表达了他们对自己生活的看法，虽然他们共同生活开始时是清苦的，但他们从中却感受到甜蜜的幸福。

我母亲在大学一年级时就开始从事文学创作。她的第一部章回体长篇小说《沾泥絮》就是在《北京晚报》副刊《余霞》上连载的。结婚以后她继续读完了大学，1931 年她在北京女子师范大学毕业，获学士学位。

三十年代一开始，父亲和母亲都被北平《世界日报》聘用。《世界日报》创办于 1924 年，其实它是《世界日报》、《世界晚报》、《世界画报》的总称，是当时北平著名的大报。它的老板成舍我是一位有雄心和胆略的报人，他以二百元资本起家，迎合不同时期的政治形势和不同社会阶层读者的需要，不断改进版面和内容，大胆启用有才能的编辑，在十几家报纸的激烈竞争中，站稳了脚跟。父亲曾主编过这个报的《新闻学周刊》，还主编过《世界画报》。母亲则主编过这个报的《妇女界》，并为日报和晚报的副刊《明珠》和《夜光》写连载小说。他们还同在成舍我办的新闻专科学校教书。

在主编《妇女界》时，我母亲在反帝和反封建的斗争中，追随

1992年谭旦冏(左一)在香港与萨沄(左二)见面

妇女运动的先驱们,如:刘吴卓生、刘清扬、于凤至、张晓梅等积极参加各种活动。她性格开朗,热情能干,善于交际,是当时北平城里的第一个女记者,也是当时小有名气的才女和作家。她的早期作品《女诗人》、《大圆镜中》、《春天》等长篇连载小说,都是那个时期问世的。在她的作品中,有的章节也有父亲的笔墨,因为在她忙得来不及写稿时,父亲往往就帮她写一段,以免连载中断。母亲的支持与配合使父亲的事业也有着很大的发展。他仍在中法储蓄会工作,当了秘书主任,有着稳定的收入,同时又在《世界月报》任兼职编辑,还给各报刊写稿,到学校兼课,参加各种社会活动,非常忙碌,可也生活得十分幸福;记得那时我在三座门附近的艺文幼稚园学习,每周六下午,包车夫把我接出来,送到中央公园,父亲在"来今雨轩"饭店后面的网球场打网球,让我坐在茶座上等他。他给我买一块大奶油蛋糕,让我慢慢吃。我往往吃得手和脸都沾上了奶油,引起父亲和他的朋友们开怀大笑。蒋汉澄伯伯是摄影家,还为我拍了一张吃蛋糕的照片,把我的可爱和狼狈充分表现了出来。这张照片母亲保存了很久,最后还是在战乱中丢失了。

因为我是父母的第一个孩子,确曾享受过更多的疼爱。他们把我打扮起来,带我到朋友家,显示他们的爱女。我也就表现得更好,成为懂事听话的乖女孩,博得长辈们的夸奖。父亲非常爱我,在夏天,有时路过长安街,他还和我一起捡落在地上的马缨花。那时长安街北面的人行道上种着排排马缨花,绿荫匝地,枝叶婆娑,簇簇红花点缀其中,非常优美。我攥着一小把粉红色毛绒绒的花,闻着它甜甜的香味,非常开心。有时,我生病了,父亲会抱着我在堂屋里转,嘴里哼着歌。一些为诗词谱写的委婉深沉的歌曲,像什么《悲秋》、《送别》等等,在我全然不懂得它们的含义时,就流入了我的记忆,融入了我的感情中。那是我一生中最幸福的年代,沉浸在爱的氛围中,无忧无虑。

二十年代末,三十年代初,正是父亲风华正茂的时期。他上班,写文章,画画,摄影,演话剧,似乎无所不能。现在,当我翻阅1928、1929 年的《北平晚报》和 1931 年的《北洋画报》,阅读他写的文章,真是感慨万端,仅就我收集到的这点资料可以看出他当时的思想及风貌。

在《霞光画报》(周刊)1928 年 9 月 8 日、11 月 3 日、11 月 10 日、11 月 17 日、12 月 1 日,以及 1929 年 1 月 26 日,连续刊载了他写的文章《艺术闲说》,每篇约八百字左右,这是阐述他当时的艺术观点的文章。文章介绍了世界上存在的一些画派,谈到了世界艺术的发展趋势,以及中国的西洋画界的现状,并配有外国画家的作品图片。由于那时他年轻气盛(才二十一岁),语言略嫌直率,论述不免武断,但倒也态度鲜明。试看这一段:

> 二十世纪世界的绘画中,有个新的画派叫立体派。这完全是由极端唯物质主义的倾向而产生的。世人对这种画派毁誉纷纭,莫衷一是。在中国人中更是莫名其妙。也有骛新者流,从而学之,以立体派相标榜。……二十世纪是尚自我的,尚自我而跻自己于他人的流派中,是自我炙在。……望今后国人之学艺术者不再迷于流派,而多实在用功,以表现其自我。要由自己的技巧纯熟,思想成熟,发现新途,斯方为正轨也。

他的这种思想还表现在另一段中:

> 现在常常听见人们在唱"调和中西艺术",而却不肯认真地研究西方现代艺术,我不知道这种调和,将如何实现。……东西方文化到二十世纪的现在才算渐渐能够交流,依据历史的经验,这种交流一定会在文化上起重大影响。真正世界性的艺术品,我可以武断地说,必经过这种交流才会产生。所以我们生在现代而置身于艺术界人的使命,真是太重大了。看一看塞尚、梵·高、高更、马蒂斯,其用笔之渐渐趋于简单,可知他们多少受东方影响。如果中国从事艺术的人,也去苦心研究一下西方艺术,取一些西方的长处

来，那岂不是“调和中西艺术”的话渐渐有些曙光。无如中国现代艺术界的现象是这样的，学国画的连国画还没弄清楚，只知抱缺守残，喊好而摹仿，至于怎么好，他简直不知道。学西洋画还只一天，便以某派相标榜，而西洋画 ABC 也还没闹清，说起来简直可笑。自然真正研究，热心中西艺术调和的并不像我们登一张照片，说几句话就算了的。我说着又忘情了，也许又得罪了我们中西大艺术家了，请不要生气，这只是闲话，固无碍于饭碗或头衔也。

我想，不论他的观点是否正确，但他为发展中国文化，揭斥弊端的刚正之气是值得肯定的。

值得一提的还有 1928 年 8 月 4 日《霞光画报》上刊登的一组关于北平艺术专科学校公演话剧《救星》（原名《孙中山》）的报道。这组报道包含一篇署名“了”，题名《艺专戏剧系复活公演感言》的文章和几张图片。图片有：一张编剧熊佛西的头像、一张戏剧系复活公演的演员和工作人员的集体照片、两张剧照、一张女演员冯承慧的剧照。这是一组搭配得十分完整的报道，可见父亲对这个报道的重视。文章是这样写的：

艺专的戏剧系又复活公演了。演期是自 8 月 4 日到 8 日，在艺术大礼堂。我们现在能再看见戏剧系的公演，不禁有许多的感慨。从新文化运动发生以来，直到如今，十余年来，文学方面虽然不能完全满意，但已有相当的进步成绩。绘画虽然没有什么真正伟大的作品出现，但也还是有希望。

只有音乐、雕刻、戏剧，几乎不能说有什么位置。……现在中国完全可以说在没有戏剧的时代，真正戏剧的出现，也许在很远的将来。而使其出现的责任，是在肯许身戏剧艺术的青年身上，其达到实现真的戏剧的工具，是要多读书，多研究，多思想，来修养自己。……在中国，戏剧事业要做的事多得很，《新青年》杂志上所举要译的名剧百种，到现在又译了几本？其余的就不用问了。艺专戏剧系能够复活，是值得庆贺的。中国的真正戏剧能有一线的光是不容易的。而一片荒漠的戏剧界，也正最易于显示身手。我谨祝艺术戏剧系的同学努力，可是要走向正途，要有坚韧的意志，不要盲目信仰，不要固步自封，全国都在期待你们创造的新中国戏剧。

这篇文章所指的戏剧，实际上是话剧，因为当年话剧刚刚传入，被贬称为文明戏，微词甚多。从文章中可以看出，父亲对文化发展的热切希望，以及对新事物的支持与关心。这种思想见解和行为，看来是贯穿了他的一生。

《霞光画报》上还登过他的一条短小的文字：

有人在中央公园听一位先生说，公园中坐在茶座上看报的人，眼光常常不注意报纸上，使人一看就知道是假借看报为名，而行看人之实。……设有报若肯于中缝之处，剪两个如眼形之洞，使看人者能利用该报纸把脸遮住，一方面可以装成正式看报的样子，一方面又可以实行饱看主义，其销路必当大增。此实崭新之推销方法，故亟记出，以告同业。

我看后忍俊不禁。算起来，那时父亲不过二十一二岁；看来，他年轻时竟是个多么调皮的人，奚落那些伪君子真是入木三分。

父亲还主编天津《大公报》艺术周刊一年。我收集到父亲早期作品不多，并没有着意去寻找。我以为文如其人，见一斑而知全豹。从这几篇文章，也能看出父亲当年的风貌。

天津《北洋画报》（周二刊）上刊登的多是父亲署名"无聊"的新闻图片报道和新闻通讯，有时事新闻、社会新闻、人物专访等，无论哪篇文章，都显露出他爱国忧民的思想。如：1931 年 10 月 3 日刊登的一篇题为《北平抗日另讯》的报道中写道：

自 9 月 18 日夜沈阳事变发生以来，麻痹的北平市上，陡然另露出一种不同之气象。记者因一一默记于纸成此另讯。凡此种种皆我国民幡然觉悟之证也。19 日晨，各报争出号外。号外最早出者为《实报》、《北平晨报》。继之者有《华北日报》。至晚 8 时，《北平晚报》、《世界晚报》于晚报出之后又出号外。于是全城人民皆为此源源不断之号外惊动。各报社皆以宣传国难为职所应尽，故号外一概不取分文。但市上卖报小儿则收费如故。且有故意居奇者。但购买者并不以高价居奇而减少。……沈变消息到后，北平广播无线电台即停止放送戏曲音乐，而改为放送新闻与抗日讲演，以迄于今。每日下午 8 时，则放送晚报之新闻，但放送时采取照念之办法，因报纸上电文简略，故不易听懂，实属美中不足。各影院皆有学生于休息十分钟时讲演抗日（按：当时在放映电影过程中间均休息十分钟）。观众因激于义愤，本拟于此时出外散步者，亦皆伫坐以听，状极痛苦。又以讲演人时作国难临头，诸位仍看电影，真乃亡国奴之语，观众乃日见减少。

在那个时代，国人的爱国表现之一即为抵制舶来品，坚持用国货。父亲写的《新大金属制品公司参观记》，就是关于这个内容的报道。该文介绍了这个公司的情况，它系由自学成才的工程师老炎若君集股创办。与老君合作的另一位工程师杨寿宜是师大理化系毕业生。他们制作的花碟式唱机，零件外壳皆自制。电风扇外观精美。唱机之音调，风扇之风力都不亚于美国胜利公司之出品，且价钱却便宜许多。作者最后说："愿爱国之人幸注意此新大之出品，自较空言抵制外货，有益于国家多多矣。"

《北洋画报》还刊载了一张让我感到十分珍贵的照片，它是 1931 年 7 月 27 日发表的，说明为："《申报画报》记者戈公振在平招待各摄影记者之影。"图片上共七个人，三个穿西装的坐在前排，戈公振居中，父亲和谭锦联分坐两旁，后面站着四个穿长衫的，他们是蒋汉澄、谭正曦、魏守忠、李尧生。父亲和谭正曦的名字后面都括着"本报特约记者"字样。照片印得虽不够清晰，但大致可以看出这些人年轻时的形象和风采。

看来，那时父亲对美术和摄影十分入迷，而且是潜心学习过。从我保存的他的一篇发表于 1932 年燕京大学新闻系刊《新闻学研究》上的文章得知，他曾搜罗过中国各种画报，拟编写中国画报史。这篇题为《五十年来中国画报之三个时期》的文章，叙述了中国五十年来画报概况和作者对这些画报的看法。

我得到这篇文章在1986年，一天我回到家里，父亲一见我就说，北京图书馆的一位同志整理资料时发现了这篇文章，特复印了送来给他。他又复印了一份给我。他还告诉我这位同志的姓名、电话，让我和她联系。但当时，我还担任《大众健康》的主编工作，工作忙，未能照办，实是憾事，我是应当面向她致谢的，她为父亲提供了有价值的资料。

这件事引发了父亲的联想，他随即向我讲了一个有关戈公振的故事。

1931年，“九一八”事变，日军攻占东三省后，国民党政府将此事诉之国联行政院。1932年3月国联调查团来华，由英国人李顿率领到东北去调查，戈公振是随团采访的记者。当时华北成立了一个新闻汇报团，主要由平津新闻界组成，人员是《大公报》的胡政之、《益世报》的罗隆基、《华北日报》的张明炜、《北平晚报》派不出人，临时让父亲参加。他们在北京饭店向国联汇报，发言人主要是胡政之和罗隆基。事后，父亲在戈公振的住处看了他从东北拍回来的许多照片，他用的是一个旧盒式的相机。戈公振说，别看它旧，用得很顺手。

父亲说到这儿，感慨地说，许多人拍不好照片，总怨相机不好，相机越用越贵。实际上有了一定必需的摄影装备就行了，干不干得好还在于人自己的功夫。

父亲接着说，他和戈公振聊天，谈到新闻界，谈到戈公振的著作《中国报学史》,也谈到画报。由于父亲在编画报,和戈公振的谈话促使他想写一篇画报史。后来,他搜集过中国画报资料,当燕京大学新闻系举行第一次新闻讨论周时,他就以《五十年来中国画报之三个时期及其批评》为题,报告了他研究的情况及看法。这次讲演共分为两部分,一为情况,一为意见。现在见到的只是前一部分。这就是这篇文章的来历。父亲又说,他很小就爱看画报。有一个《启蒙画报》是彭翼仲办的。这个画报曾灌输过许多科学常识给他,像瓦特发明蒸汽机、世界人种的分类、五大洲的形状等等,都是从画报上知道的。我想,这就是父亲一直重视连环画报,注重报纸报道的知识性的根源了。

二十年代至三十年代初是中国历史上值得注意的时期。那时,五四运动的影响,帝国主义的入侵,爱国主义的汹涌波涛在一代青年人心中激荡。古老中国的大门打开了。中国留学生怀着羡慕的心情,用惊诧的眼光注视着他们在国外接触到的一切,带回来各种各样的新鲜事物和新思想。五花八门的报刊杂志,宣传着各式各样的学术观点、政治思想和先进的科学知识'。可以说,那是一个思想极其活跃的时代。同时,在中国大地上,那又是一个军阀混战,政客争相表演的时代。到底什么样的思想才符合历史发展的客观规律,什么样的行动才能挽救国家的危亡?

在这样一个封建主义被摧溃,资本主义刚刚萌芽的新旧交替的时代里,父亲是怎样看待自己的呢?他在自传草稿中写道:

由 1921 年到 1934 年,是我在旧社会里拼命扎挣向上的时期。我没有任何人事关系，只靠自己的苦学、苦干，终于在社会上站住了脚跟，有了一个地位。这时期我的政治认识是模糊的。由于童年生活困苦，对劳苦大众具有深厚同情。因为经历了直皖、直奉战争，我厌恶军阀混战。又因为经历了“五卅”、“九·一八”，痛恨帝国主义，不愿做亡国奴。我希望祖国富强，却没有明确的政治主张。加之读书庞杂，思想也是纷歧复杂的。“五四”运动后传播来的资产阶级民主思想，当时在我头脑中显然占着主要地位，但是在写文章或演讲时，我又会一知半解地引用普列汉诺夫或卢那恰尔斯基的理论。当时我只觉得讲“艺术起源于劳动”，比说“艺术起源”于游戏，更有说服力，并不是有意识地宣传某种艺术理论，至于他们的理论中有无错误，我就更不能分辨了。

由于父亲思想“过激”，招致当时国民党华北当局的不满。一位也在《北京晚报》当记者，名叫蒋龙超的人，就曾奉命出面警告过父亲，说：我跟踪了你半年多，了解到你虽然言论荒谬，但还没有不轨行为，所以警告你：以后要当心，不要自讨苦吃。

到了1935年，华北局势日益恶化，《何梅协定》秘密签订，说不定什么时候就会被日本侵略势力所控制。父亲感受到政局对他的压力。恰巧《世界日报》老板成舍我在上海正创办《立报》，需要用人，他选中了父亲。再加上中法储蓄会的组织机构将有所变动，几方面的原因终于促成了父亲携眷去上海的决定。

第二章

东奔西走　著名办报人

登上新闻大舞台

1935 年秋，父亲为中法储蓄会的事到上海开会，恰巧《世界日报》的老板成舍我和上海新闻界的几位名流集资十万元（成舍我出了三万元）创办四开小报《立报》。成舍我见到父亲，就动员他到上海来参加《立报》工作。他向父亲勾划了《立报》的蓝图，他说，这张报纸主要是面向市民，要办得大众化。我本想一炮打响，让它震惊上海。不料没有达到目的。因此想再换几个人，把报纸再变变，让它更有竞争力，能争得过上海那些大报。成舍我让父亲考虑，如果同意，就下定决心，把北京的工作统统辞掉，到上海来，并请他担任总编辑。

成舍我的蓝图十分诱人。那时南京是首都，南京和上海是政界要人的活动中心。考虑到报纸和政治的密切关系，成舍我先前就在南京办了个《民生报》，后因故被封，又想在上海办《立报》，以扩大自己在新闻界的影响。成舍我的雄心是在中国搞个报业托拉斯，自己成为报业大王。父亲认为，成舍我是个事业心极强的人，从这方面衡量，他是个共事的理想人选。

离开北京到上海去，下定这个决心并不容易。首先是我的奶奶不愿意父亲离开。她四十来岁守寡，艰难地带着几个孩子，好不容易盼到父亲有了稳定的工作和收入，一下子全都丢开，到另一个地方，重打鼓另开张，会有多难，前途又会怎样？其实父亲自己又何尝没有这样考虑过。当时他在中法储蓄会有固定收入，在《世界日报》、《世界画报》兼职，给《北洋画报》和其他报刊投稿，还在北平大学艺术学院、中国大学和民国大学的新闻系兼课，可以说已进入了北京文化社会圈。到上海那十里洋场，听说社会十分复杂，中国地界帮会势力很大，租界地外国人很难办，自己人生地不熟，能对付得了吗？

我的母亲则主张去闯闯。她这个人愿意接受新鲜事物，有闯劲，胆子大，加上她本是生在上海的，觉得是重返故地，反倒觉得欢喜。父亲当时才二十七八岁，和所有的青年人一样，满腔热情，浑身有使不完的劲儿，对事业的憧憬，使他跃跃欲试。加上母亲从旁怂恿，去上海就终于决定了。

1935 年 10 月下旬，我们全家迁到上海，住在法租界环龙路福寿坊 1 号。这是一幢三层楼的弄堂房。弄堂口正对着法国公园（现在称复兴公园）的后门，左拐就是华龙路，可直上霞飞路大马路。这是一个既安静又离繁华大街不远的地方。父母把一楼安排做客厅兼饭厅，二楼是他们的卧室，二楼亭子间是客房，三楼是我和妹妹的卧室，同住的是我们的看妈，从北平带到上海的张妈，三楼亭子间是做饭的阿妈住。家安顿下来后，父亲立刻就到《立报》上班了。我先被送到附近的华龙路小学一年级，后又转学到离家较远，但校誉很好的位育小学。妈妈没再工作，只是管家和社交。妹妹还很小。

80 年代，新闻界的老朋友再度相聚。前排左起：陈铭德、张友鸾、张友渔、韩幽桐、萨空了，后排左起：张钰、万枚子、邓季惺、成之凡、万枚子夫人、郑小箴

那时《立报》已出版一个多月了。它是 1935 年 9 月 20 日创刊的。社长是成舍我，总经理是严谔声，经理是田丹佛，总编辑是张友鸾。父亲上班后先翻阅了以前的报纸，仔细阅读了《立报》的发刊词。这篇题为《我们的宣言》的发刊词，对办报的方针说得很明确："我们要想树立一个良好的国家，我们就必先使每一个国民，都知道本身对国家的关系。怎样叫大家都能知道，这就是我们创办《立报》的唯一目标，也就是我们今后的最主要使命。"接着《我们的宣言》又提出了《立报》要揭举的两个口号——"报纸大众化"和"以日销百万为目的"，进而阐述说："报纸大众化的潮流，实已弥漫了全世界新闻之国的任何角落。只有我们孤立自诩的贵国，到现今，所谓'精神食粮'者也，还只在极少数高等华人，可以有福享受这种高贵的食粮。占最大多数

的劳苦大众，不但不能了解报纸的使命，甚至见着记者，还莫名其妙地问：'恭喜贵行，究竟做什么买卖？'"《我们的宣言》表态说："决不打着大众化的旗号牟私利，一定要把报办得通俗易懂，刊登的材料与群众休戚相关，使全国国民'能读、爱读、必读，使他们觉到读报和吃饭一样需要'。"

同时，《立报》还采取售价便宜，允诺永不涨价，保证每早准时送到，如送不到可打电话查询等等具体措施争取订户。

《立报》创刊的广告是用大号字标出"以日销百万份为目的"这句话的。广告套红登在上海《新闻报》上，足足占了两个整版，这在当时，可以说是破天荒的事。这个大胆而诱人的广告口号，顿时震惊了大上海。这说明《立报》创办人试图把这张小报办成全国性的报纸。因为在旧中国，即使在北平或上海那样的大城市，一份报纸销一万份都不容易，更何况百万份！

父亲被激动、被鼓舞，他感觉到，《立报》在那个时期，的确是以崭新的面目出现在读者面前，他实在为成舍我的胆略所折服。

为了熟悉报纸的情况和上海的情况，父亲提出先做点调查研究工作，适应适应环境。正好《立报》副刊《点心》缺编辑，他就先接编了这个副刊。

那时，日本帝国主义侵略的魔爪从东北、华北不断向前伸，直伸向华中、华东。无数百姓在战火中流离失所，无以为生。全国人民义愤填膺，就是居住在租界地的市民，也不愿苟且偷安，大家一致要求抗日雪耻，保卫祖国。在这国难深重的时刻，父亲怎能不热血沸腾，怎能不考虑到自己对国家民族肩负的责任！父亲认为，要实现《立报》雄心勃勃的目标，就得顺应时代的潮流，把报纸办得真正接近群众。

1935年11月1日，他在副刊《小茶馆》的“点心”专栏里发表了第一篇署名“了了”的文章，题目是《向“下”走的告白》，开宗明义，说明了自己编刊的方针。文章说道：

从今天起，本刊一切都有了点改变。刊名换成《小茶馆》，而“小茶馆”的地位则改称“点心”。长篇小说连载也换了一篇，还添加了劳动生活的调查“血与汗”……本刊的目的，绝对的希望，把它贡献给“上层社会的人们”心目中所称的“下层民众”。要努力于以浅显通俗的文字，写出有益于他们的进步思想和应具常识。刊头所以称《小茶馆》，就是希望黄包车夫也可以走进来坐坐，而不是像某某饭店之类，叫苦朋友们走到门口，都不敢迈进去。……“血与汗”是想让他们认识自己的处境，“街头科学”，则是想灌注给他们一点普通常识，“苦人模范”是要恢复苦朋友们的自信力，叫他们知道，愈是苦朋友，才愈有大作为，温饱安适之流，反倒没什么希望。就是新换的长篇小说，也是想描写国破家亡的惨痛与下层民众对国破家亡的反抗挣扎，以期给他们一点提示。此外，我还想在本刊内做一些辅助识字运动的工作。不过，我决不以为我们几个人所想到的就已经是很完善的理想，所以我希望，凡赞成我们这一向“下”走活动的人，都能自告奋勇来助一臂之力。最后我祈求，我这要求帮忙和为苦朋友服务的一点诚心，能为有知识的朋友们和苦朋友们所接受。

父亲是要把这个《小茶馆》副刊办成对群众进行教育，给他们知识，唤起他们责任感的园地。它既要为群众说话，又要帮助他们，它的任务是密切报纸与群众的关系。此后，父亲一直坚持这个编辑方针，而且还进一步发展了他这一编辑思想。由于《小茶馆》办得贴近群众生活，收到不少读者来信，便又增加了读者来信栏；“点心”这一专栏，先是针对群众关心的社会问题发表编者一篇杂感，后来则变成针对读者来信提出问题，编者发表建议或表达认识的小言论了。

1936 年下半年，上海公共租界当局无视中国领土主权，任意扩大租界地范围，超越租界线在中国地界内修筑了一条公路（当时称为“越界筑路”），从而把公路两侧的地面据为租界地。一时之间民众意见哗然。《小茶馆》副刊针对这一事发表了几次读者来信，父亲则以“了了”的笔名在“点心”专栏里发表几篇文章。如：7 月 15 日《小茶馆》发表读者思祖给了了先生的信，标题为《报告两起发生越界筑路地带的事》。信中说，在筑路地带不许中国人购买、悬挂中国国旗，不许中国户籍警察钉户籍牌。这位读者气愤地问：“我住的是中国地界，X 国人（指日本人）凭什么干涉中国人的事？”针对这封信父亲写了题为《谈据理力争》的文章。文章说：“在这华洋杂处的地方，中国人因袭着庚子以来怕外国人的心理，损失主权的机会就会很多……譬如说在越界筑路的弄堂中，主权当然应归我们，我们当然可以实行我们的权利，有人干涉，我们就应当问问他根据什么理由。……现在有许多人做官，常以献媚外人为能事，……中国主权之失也就如此了。我希望全上海的市民都能起来监督我们的官吏，养成他们据理力争的习惯。”

也是就越界筑路问题,《小茶馆》还发表了一篇读者奚志明的来信。奚志明说,他是一个做小生意的,把担子歇在越界筑路的界沿上,忽然从租界地来了外国和中国巡警,把他卖的苹果和钱全部充公了。奚志明说:“我以为租界捕房越界捕人,有意侵犯我国主权,我们不应该忽视。我希望市府在越界筑路地段,多派岗位,注意租界捕房越界捕人……”针对这封来信父亲又写了一篇题为《苟安足以亡国》的文章,文中说:“……这两件事叫我十二万分感到国人苟安毛病的可虑。……以上海的越界筑路来说,这就可以说是外国人认识了华人苟安毛病而发生的。他们知道要明白地扩张租界,中国人一定不答应,虽然用一种力量也可以叫中国人答应,但是那代价总是花得太大;所以不如就不作声的先筑好了路,再将巡捕管辖区也扩张到那新筑路地带。中国人要抗议,路已成为既成事实,不见得中国人就敢去将那路拆毁。如果中国人为了求苟安而默认,那么他们就再进一步来进攻。像这小贩的被非法逮捕,就是为了中国当局过去一切迁就的结果,这样迁就下去,中国的主权自然只会一天比一天损失。”

父亲就是用这种一方面发表读者来信,反映读者亲身感受到受外国人欺侮的事实;另一方面又用小言论来点明事情的实质是政府屈从外国的无能,来激发广大民众的爱国心,使许多读者纷纷来信表示要把中华民族的兴亡担负在肩。

《小茶馆》还为民众的切身利益而呼吁。当这个副刊发表了一篇读者江鸟的来信,介绍他所见到拉车夫贫病交加,无力治病的惨状后,父亲写了一篇题为《穷人生病问题》的文章。他说:

“我们不能再坐视许多穷人有了病不能医治而死的这种现象。……我主张所有的市民应一致起来，要求征税的政府设立纯为救济贫民的完善医院，一个钱不收，尽量为穷人看病。此外，更应请工作者联合向雇佣他们的当局要求至少要有一个医药顾问，使他们的生命有保障……”当一个被遗弃的女子投信给《小茶馆》请求帮助时，父亲发表了她的信，并请求大家向她伸出援助的手。后来，果然有许多人来信表示愿意帮助；有的人甚至找到报社，要帮忙解决她的生活问题。

《小茶馆》渐渐成为反映群众意愿和群众苦难，揭示社会黑暗，同时又指出群众受苦的原因和解决的办法的一块园地，成为交流读者和编者思想感情的窗口。在这个副刊里，刊登读者来信、编者谈对各种问题的看法，同时组织、动员社会力量，使群众自己起来互助互励、共同解决困难。

1936 年 9 月 20 日，当《立报》成立一周年时，编辑部公开在报面上总结了一年的工作。其中，父亲对《小茶馆》的工作也做了总结。他在文章中写道：

> 我因为编了《小茶馆》才知道广大群众的可爱。我读了他们的信，不由得不使我想为劳苦大众呼号。每一张粗糙的纸和歪斜的字，带给我的感情比那些整洁的纸和秀丽的字要热烈真挚得多。读完了以后，使我感动得落下泪来的事，时常有过。所以凡是读者写来的信，要求我做的事，只要我能办到，无不竭力去做。

《立报》正是通过《小茶馆》副刊与自己的读者建立了十分密切的关系。它每天刊载读者来信,不论是提问的,诉冤屈的,求援助的,提建议的,反映情况的,只要有普遍社会意义的文章,在这里都有一席之地。而作为编者的父亲也每天在这里针对读者来信的内容发表一篇短文,或是论述读者关心的问题,或晓以道理,或指出方向或抨击社会黑暗面,或呼吁社会力量给以支援。她实实在在地热心帮助群众,并给予他们真挚的同情。因此,三十年代的《立报》和它的《小茶馆》在上海是很有声望的。它体现了编者的民主思想和助人为乐的胸怀。许多读者乐意同它谈论问题,把它看成是自己的知友。《小茶馆》副刊可以说是在中国报纸史上揭开了总编辑亲自编读者来信的第一页。父亲这样做无疑对他办报有极大的益处。编者和读者相通,是报纸受欢迎的核心。否则一切促销手段也无济于事。

在总结工作的版面上,父亲还就整个报纸工作做了总结,并对下一年的工作做了展望。此后,他正式担任了《立报》的总编辑兼经理。

1983 年秋,中国社会科学院新闻研究所《新闻研究资料》编辑部的阎焕书和张钰(张友鸾的女儿)来访问在家养病的父亲,希望他能写一篇关于《立报》的文章。父亲那时写字已有困难,就让我帮他写这篇文章。为此,我多次到北京图书馆的报库去借阅《立报》现存的全部报纸,把主要的内容记在笔记本上。那发黄变脆略带霉味的旧报纸引起我极大兴趣,并且说实话,我是异常地被感动了;过去,我曾无数次地听说过《立报》,因为没有看过它,它对我来说只不过是和父亲有关的一段陈旧历史。但是，当我读过它以后却不是那样了，觉得它至今仍有新鲜的东西可吸收。它把我带回到激荡的三十年代，让我呼吸到那个时代的气息，感受到凛然的爱国主义精神。我所熟悉的长辈们，都活生生地出现在眼前。他们为抗日救国奔走呼号的高昂激情，为宣传团结抗日的道理所做的努力，他们为群众服务的极大热忱，都让我感到可亲可敬。我想，一份报纸能如此鲜明地表达时代精神，难道不值得后人品味吗？

1985 年，邹嘉骊筹建韬奋基金会，请萨空了作为倡议人签名

《立报》是父亲担任总编辑办的第一份报纸，他是在这个岗位上成为著名记者并登上历史舞台的。这张报纸无疑是代表了他当年的办报思想，记录了他新闻工作的实践，因此，我想着重谈一下他主持下的《立报》。

在翻阅前辈们关于《立报》的论述文章时，看到不少涉及到“小报”和“小型报”的问题。他们几乎一致指出，《立报》是“小型报”。这是因为当年“小型报”和“小报”都为四开报纸，往往让人们混淆不清。二三十年代我国曾出现过一些小报，专门刊载揭人隐私的丑闻、自命风雅的诗词酬唱、黄色小说，以及花丛舞场艳事的文章，总之是供茶余饭后的消遣品。小型报则不同，它是将大报的主要材料加以浓缩、精编，以质胜量，是比大报更为精粹的报纸。《立报》就是这样一张小型报。创刊时为四开一张共分四个版，后来曾出过四开一张半，六个版。也出过晚报和增刊，都为时不长。由于《立报》编写精炼，文字通俗，态度公正，适合广大民众阅读，在抗战初期曾达到过日销二十万份，比久负盛名的《新闻报》还多四万份。据说，当时小报是不能参加报业公会的，而《立报》是报业公会的成员，取得了与大报平起平坐的地位。

《立报》十分注重新闻报道，凡大报刊登的主要消息，都能在它的版面上找到。由于采取精编的方法，不仅容量大，再加上在标题和编排上下功夫，反而更显简练突出。至于重大新闻，《立报》是不惜版面全文刊载，甚至一版转二版、转三版、转四版；有的还锲而不舍抓住不放，组织连续报道。这种大胆取舍，精心编排，充分发挥了编辑人员的业务才能，使新闻报道具有鲜明特色。可以举《立报》报道"救国会七君子被捕"事件的报道为例：

1935 年 12 月 9 日，北平学生举行示威游行，抗议日本帝国主义侵略华北，反对卖国求荣，要求抗日救国。北平学生的"一二·九"爱国行动得到上海学生的热烈响应。随后上海各界抗日爱国运动掀起了层层浪潮。12 月 12 日上海文化界发表了《上海文化界救国运动宣言》，表示支持爱国学生运动。宣言提出坚持领土完整，否认一切有损国家领土主权的条约和协定，坚决反对在中国领土以内用任何名义成立由外力策动的任何特殊行政组织，坚决否认以地方事件解决东北和华北问题，要求出兵讨伐冀东及东北的伪组织，严惩一切卖国贼，并抄没他们的财产，要求给人民结社、集会、言论、出版的自由等等。宣言是由上海文化界和知名人士马相伯、沈钧儒、邹韬奋、章乃器、李公朴、王造时等283人签名发表的，我父亲也参加了。由于它表达了各界爱国人士的共同要求和主张，一经发表，各界代表纷纷支持。紧跟着，12月15日，上海大学生救国会成立；12月21日，上海妇女界救国会成立；12月27日，上海文化界救国会成立。次年又连续成立了上海大学教授救国会、职业界救国会、新闻界救国会、电影界救国会、教育界救国会、工人救国会等。一时间，不仅上海各界救国会蜂拥而起，全国各地也纷纷成立了救国会。1936年1月28日，上海各界救国联合会成立，公推沈钧儒老先生为上海各界救国联合会主席，公推章乃器、李公朴、陶行知、邹韬奋、王造时、史良、沙千里为执行委员。会后举行游行，沿途不少群众自动参加到队伍中来，参加游行的约有两千人。关于这一切《立报》都做了报道。父亲也在这时参加了救国会。

抗日救国运动的兴起，吓坏了国民党统治集团。1936年2月11日，国民党中宣部发表了《告国人书》，胡说救国会是共产党利用文化团体和知识分子，“反对中央，颠覆政府”。不久，又宣布了《危害民国紧急治罪法》，竟诬蔑抗日救国是危害国家。这就为后来国民党政府设置“七君子冤狱”，迫害爱国人士埋下了伏笔。

1936年5月31日在上海又召开了全国各界救国会代表大会。会议开了两天，拟出了《抗日救国初步政治纲领》等文件，并推选宋庆龄、何香凝、马相伯、沈钧儒、章乃器、陶行知、李公朴、王造时、沙千里、史良、孙晓村、曹孟君、何伟、张申府、刘清扬等十五人为常委。会后由沈钧儒、章乃器为代表，去会见上海市市长吴铁城，向他说明全国各界救国联合会已经在上海成立，并向他介绍了救国会的目的、任务和纲领，希望承认这个团体。吴铁城不仅不予承认，反而诬蔑“全救会”是“少数野心家”操纵的“反动的东西”，声称要取消一切救国团体，逮捕负责人。

当时，各界爱国人士都有抗日救国的愿望，但是，如果把各阶层的人团结起来，联合起来，就需要有一个大家都能接受，又切合实际的共同纲领。于是就出现了发表于1936年7月15日，各进步报刊上的一封题为《团结御侮的几个基本条件与最低要求》的公开信。这封信是由参加在莫斯科举行的第三国际会议、经香港回国的潘汉年、胡愈之和在香港的邹韬奋、陶行知起草的，由胡愈之带到上海，送给沈钧儒、章乃器征求意见，并由章乃器做了修改，用沈钧儒、章乃器、陶行和、邹韬奋四人名义发起的。

这封公开信在当时产生了很大影响。它分析了国内的政治形势，指出各方面爱国力量，包括国民党和共产党双方，必须团结起来共同抗日，才能取得胜利，同时，为了团结抗日，向六个方面提出了希望。公开信发表后，首先是中国共产党做出了反应。8月10日，毛泽东代表中国共产党和苏维埃政府给沈钧儒等四人发了回信。信是登在巴黎的《救国时报》1936年第64期上。在上海的人们看过它的油印文本。这封信由于当时的政治情况，没有在国内公开发表。毛泽东在信中说：“我们同意你们的宣言、纲领和要求，诚恳地愿意与你们合作，与一切愿意参加这一斗争的政派、组织或个人合作，以便如你们纲领与要求上所提出的一样，来共同进行抗日救国斗争。”毛泽东还对苏区某些游击队执行政策和纪律有过左的现象做了批评。他最后说:我们统一战线的口号是“各政党各阶级在抗日救国旗帜下团结起来”。毛泽东的信给救国会和爱国的人们以极大鼓舞。

其他各方面对“公开信”的反应各不相同。西北的张学良、杨虎城表示支持公开信提出的救国主张;西南的陈济棠、李宗仁、白崇禧也表示赞同;其他各实力派只是敷衍了一下。而蒋介石集团的答复则是进一步严查抗日救国刊物,迫害爱国人士。

1936年7月,成舍我离开上海。救国会在《立报》的成员们:我的父亲、严谔声、恽以群等人,加强了在报纸上对救国会抗日活动的宣传,作为对国民党反动行为的回击。

1936年“九一八”五周年纪念,上海妇女界救国会举行示威游行,受到国民党阻挠。史良和不少参加者受到暴徒的殴打。《立报》对此事件做了报道。

11月份,为支援傅作义部抗击日军,全国各界救国会联合会发动会员和人民群众募捐。《立报》不惜篇幅天天刊载捐款人姓名及捐款数额,并负责全部寄给傅作义将军,还刊登了有傅作义亲笔签名的收据照片。

10月19日鲁迅先生逝世,22日为鲁迅送葬,11月12日孙中山先生诞辰纪念,救国会使这些活动都成为动员群众抗日救国的集会。《立报》对这些都做了充分的报道。救国会的活动,引起了国民党当局的极端仇视。终于,他们向救国会的几位领导人伸出了罪恶的手。

1936的11月23日凌晨两点,在上海,沈钧儒、邹韬奋、李公朴、史良、沙千里、王造时、章乃器七人,分别在自己的家里遭到逮捕。章乃器当时的夫人胡子婴急忙找我的父亲,要求立即公布这一消息,发动群众,设法营救。因为当天的报纸开印在即,来不及进一步了解情况,父亲等人当机立断,先发个消息,让社会人士知道七人被捕之事,以阻止国民党反动派暗地杀人。因为在那些年,已经有好几位共产党员、进步作家,被逮捕后暗地匆匆杀害了。于是,在11月23日《立报》头版的右下方就登载了这样一条加框的消息,标题为:《今晨七人被捕》,文中写道:

今晨二时半,市公安局会同公共租界及法租界捕房逮捕七人。上午解法院。

在当天的报纸中《立报》是唯一发表这条消息的。

这条消息发表后,国民党当局不能再缄默,他们必须说明逮捕的七人是谁,为的是什么。于是国民党中央通讯社发了一条关于这件事的消息。父亲和《立报》同仁看后研究认为:如果他们报道此案的真情,准会被新闻检查部门扣发。不如就用中央社的这条消息,可以从反面暴露国民党当局"爱国有罪"的谬论。11月24日《立报》在头版左中地位刊载了这条消息,题目是这样的:李公朴等七人(引题),被捕已保释(主题),昨日先后解送法院,案待侦察改期继审(副题)。消息是这样写的:

本市消息,中央社讯:关系方面消息,李公朴(量才补习学校校长)、王造时(律师)、沙千里(律师)等七人组织非法团体,勾结赤匪,煽动罢工、罢课、罢市,阴谋扰乱治安,企图颠覆政府，经政府当局依据《危害民国紧急治罪法》，会同捕房予以逮捕，分别解送特区法院，昨晨开庭审讯，此案关系重大，正待严密侦查，改期继审，暂准保释。

七人中最著名而受人尊敬的是沈钧儒老先生，中央社的消息中却没有露他的名字，可见他们是多么色厉内荏了。

七人上午被保释，当晚又重新被捕。《立报》11月25日又在头版上发表了消息：沈钧儒等昨日再被捕（主题），沈、李、王三人移解公安局，邹、章、沙暂押特二区看守所（副题）。就在这一天，《立报》把七个人的姓名全部登了出来。从此以后就紧紧咬住这个案子不放，每天都要报道“七人之狱”的消息，使广大读者都来关注这七个人的命运，使国民党当局不敢随意处理他们。

此后，全国许多报刊也发表了关于“七人被捕”的消息和评论，爱国知名人士纷纷质问国民党政府，七人究竟犯了什么罪？全国各界救国联合会则发表了《为七领袖无辜被捕告当局和全国人民书》，严正驳斥了国民党当局诬陷救国会的各种罪名，抗议逮捕七领袖。宋庆龄先生也于11月26日发表声明说：

关于全国各界救国联合会七领袖的被捕，我以这个组织的执行委员的名义特提出抗议，反对这种违法的逮捕，反对以毫无根据的罪名横加在他们身上。

北平教育界的李达、许寿裳、许德珩等107人联合致电国民党政府，要求“完全开释，勿再拘留”。各地救国会也为此纷纷发表声明。至此，国民党当局企图秘密逮捕，非法关押七人的阴谋，完全被粉碎了。这逼迫他们必须按法律办事。

按照法律程序，侦查是诉讼的准备，规定以两个月为限，必要可再延长两个月。七人被送到苏州江苏省高等法院以后，共进行了五次审讯，来回来去审问的就是这么几个问题，救国会是反政府的；主张停止内战，有袒护共产党的嫌疑，鼓动工潮，提倡人民阵线是反动口号。五次审讯花了两个月时间，没有任何结果，于是检察官又提出延长侦察期两个月。这就是说，这七个人要关到第二年的4月4日才能由法院决定起不起诉。

在这期间，《立报》为了使报道不断线，经常发表一些与“七人案”有关的消息。到了4月4日，江苏省高院给七人送来了起诉书，以“共犯《危害民国紧急治罪法》中第六条——以危害民国为目的而组织团体，宣传与三民主义不相容之主义”为理由，向七人提出了公诉。起诉书中极尽断章取义，颠倒是非，歪曲曲解之能事。总之是罗织罪名，进行迫害，4月5日《立报》就在第一版上发表了一篇“本报特写”，引题是“沈钧儒等七人侦查期满”，主题是“被起诉‘危害民国’罪”，文中指出：“危害民国”罪本不成立，不应提出公诉，但法院不但对七人提起公诉，而且对营救七人的人也提出公诉，这是多么蛮横无理。接着，在4月7日，《立报》又全文刊登了江苏高等法院起诉书的全文。目的是通过反面文章让人们认识，沈钧儒等人为抗日救国，呼吁团结全国各政派，是正义的。

与此同时，《立报》还同全国各报刊一起广泛报道了全国各界救国联合会的告全体会员书，重申救国无罪的道理；报道了上海文化界著名人士二百余人的联合呼吁书,要求政府恢复七人自由;以及其他评论和消息。

为了配合这场斗争,进行宣传,同时也是动员组织群众共同抗日,父亲和《立报》的同事们真是煞费苦心。他们认为,宣传必须考虑到对象接受的程度,同时还要考虑到新闻检查的关卡。如果发出的文章全被扣掉,是起不了作用的。于是,他们决定运用灵活多样的手法,进行宣传。

6月8日,《立报》花了大量篇幅发表了《沈钧儒等答辩状》全文,从二版转三版,又转五版,为的是使读者了解所谓"七人犯罪"的真相。同时在二版上发了评论。

6月9日,《小茶馆》副刊刊登了三封读者来信,从另一侧面反映群众对逮捕七人的不满。

6月10日,在一版加框发表了一条小消息,题目是:《沈钧儒等被控案,明日在苏开审,沈等在狱生活甚镇定》。文中介绍了沈钧儒等在狱中泰然自若的表现,他仍读书写字,毫不畏惧的坦荡精神。同时二版发表评论《应具辟谣的常识》,文章针对社会流传案虽未开庭,但已内定判刑五年,指出未开庭而内定判决的做法是违背司法独立的原则的,这种做法,有常识的人都不会相信,从而从正面警告了当局,这样做将失信于民。

6月11日,《立报》在头版报道了开庭消息,刊登了七人在狱中合影。四版上刊登了邹韬奋新书《萍踪寄语》的出版广告。

6月11日,江苏高等法院开庭前,突然贴出了告示:"停止公开,所有已发出之旁听证一律无效。"人们一见,立即喧哗,大家议论纷纷。这天去旁听的有不少社会名人,一些德高望重的长者，大家都很气愤，一致谴责当局的无理。家属有的则大哭起来说，这可能是阴谋，要暗害他们的亲人。沈钧儒等七人则说，如不公开审判，则不发言。后来，还是让记者和家属旁听了。

由于救国会诸同志的事先安排，11 日到庭采访的记者，当晚赶回上海，把情报汇集后，由胡愈之执笔写了一篇题为《爱国无罪——旁听听审记》的报道。第二天各报发表了这篇报道。这篇文章把七人在法庭上如何向法官做合法斗争做了淋漓尽致的描写。如在审问李公朴关于救国会宗旨时，李回答说："四个大字，抗日救国。"问到共产党说抗日，救国会也说抗日，是受共产党利用时，李说：我很奇怪，现在竟有人以为共产党说的话，别人就不能说了。共产党说抗日，难道我们只能说不抗日吗？

这篇通讯，《立报》是发表在 6 月 12 日的头版上的，前面加上了本报特派员苏州通讯的讯头。虽然其中有些内容被扣发了，但是这篇几乎占一整版的长篇通讯，如此翔实生动地记录了当时的情景和对话，立刻轰动了全上海，进而传遍全国，给国民党当局极大的舆论压力。

6 月 13 日，上海各界召开了五千人的抗议大会。

以后，《立报》陆续刊登了七个人的题词手迹。沈钧儒写的是："主张坚决，态度和平。"邹韬奋写的是："力争救国无罪，力保民族人格。"王造时写的是："我相信救国无罪，因为我相信世间犹有是非，人类尚有正义。"等等。

在"七人案"停审期间，为了使已掀起的舆论高潮不至于冷下来，《立报》从 6 月 16 日开始连续发表了七人家属的访问记。七人家属刚正的态度，对亲人的思念之情让人敬佩，令人感动。

以后又陆续发表了各界人士的营救状况。如:报道了以宋庆龄、何香凝为首十六人发起的"爱国入狱运动",他们向江苏高等法院呈文具状说:"……爱国如竟有罪,则具状人等皆在应与沈钧儒等同受治裁之列……"以及,上海著名作家、导演、演员等人纷纷要求入狱的情况。报道了为营救七人,上海市近三十名律师组成庞大的律师团,而且分文不收。一时之间,对这后来被人们称为"七君子案"的报道,可谓达到了高潮,支持爱国行动的各界人士的斗志,也达到无比昂扬的地步。

"七七"卢沟桥事变,激起了全民抗战的烈火,也促进了"七君子案"的解决。7 月 30 日,蒋介石在各界人士的重重压力下,表示要抵抗日军侵略,捍卫国家。

7 月 31 日,江苏高等法院裁定七人可交二百元具保开释。8 月 1 日,七君子胜利出狱。但是这个案子的结案一直拖到 1939 年 7 月 26 日,那时上海早已被日军占领,首都已由南京迁至重庆。此案是由四川省高等法院宣布撤回起诉的。

"七君子案"发生在三十年代,《立报》在当时的社会条件下,发表的消息和言论都有一定历史局限性。但是《立报》的同仁们和救国会的同志们,坚持不懈的斗争,誓以抗日救国为己任的凛然正气,对动员群众,组织群众共赴国难,起到了不可磨灭的历史作用。

在那一段日子里,父亲被爱国热情激励着,被爱国运动驱动着,忘记了白天、黑夜,忙!忙!忙!他清晨待报纸付印才回家睡觉,中午起来吃饭,饭后又去各处了解情况,接着上报馆编《小茶馆》副刊。他得把当天的读者来信看过,从中选出要编的稿件，再写一篇与读者来信相关的稿件给“点心”专栏。晚上则是研究讨论安排第二天的版面，等着看报纸的大样。加上他还得参加一些必要的社会活动，忙碌的样子是可想而知的。

我记得，那时我很少见到父亲。我早上起床后下楼、吃早饭，都是悄悄地，怕吵醒了父亲。下午放学回家，他早已上班去了。我每天上学都要从法国公园后门进去，穿过公园的林荫道，从前门出去，学校就在附近。公园的林荫道两旁种着枝叶扶疏的法国梧桐，深秋时节，地上满是落叶，我常常在那里拣梧桐叶，拿回家和妹妹玩“比老将”。虽然公园和我家近在咫尺，但父亲却再没闲暇带我去玩了。有一次，正好是我的生日，妈妈提议带我们两个孩子去“水上饭店”吃西餐。爸爸答应了，说傍晚一定赶回来。我高兴极了。到时候，妈妈早早把我和妹妹打扮好，她自己也穿戴起来。我们坐在客厅里等啊等，一直到天黑，爸爸都没回来。妈妈赌气回到卧室把出门穿的衣服脱了。我也失望地哭了。爸爸第二天一大早才回来，他早把吃饭的事忘了。妈妈为这事和他吵，说他不管家，不想孩子有多失望……我心里也怨爸爸，生他的气。可是，事后爸爸给我买来一本书，是鲁迅翻译的儿童故事《表》（作者的名字我忘了），说是送给我过生日的礼物。还说，这比吃饭更有意义。我又高兴了。我为这本书的主人公——拿别人表的小男孩的命运揪心，比起他来，我幸福多了。

1937 年 8 月 13 日，日军进攻上海，淞沪战争爆发。根据上海报业公会决议，《立报》和其他报纸一样，压缩了版面，从 8 月 14 日起由每日出六版改为出四版。报纸篇幅虽然少了，但内容却更紧凑了。一版登要闻，报眼上登“最后消息”，即把截止电稿时最后收到的,也就是最新的要闻刊登出来;二版上半版为国内新闻和评论,下半版为《言林》副刊;三版为本市新闻;四版半版为国际新闻,下半版是《小茶馆》副刊,从 8 月 14 日起,到 11 月 24 日《立报》被迫停刊为止,这期间着重报道了抗战战况,特别是大上海动员组织群众应战,支援前线,救护伤员,收容难民的情况。

这里值得提起的是在这一时期在《立报》头版上发表的战地新闻。这是父亲特约曹聚仁先生写的。父亲曾对我说过,当时大上海战火迫在眉睫,人人关心它的命运,想方设法地把战况告诉读者,是十分迫切的事。正好此时曹聚仁先生随军去闸北战场,约他写战地新闻是再合适不过了。于是便从 9 月 13 日起,以本报战地特讯的讯头,刊登他的来稿,《立报》的头版头条新闻也几乎全包给他了。后来,我翻阅《立报》时看到,直到 11 月 11 日,上海沦陷前一天,还刊登了曹先生写的关于上海战场的最后一篇战地通讯《石湖荡大会战》,从中可以看出战争的严酷:"昨晚肉搏三小时,敌未得逞,平湖之线主力战在发展中,南市孤军力却暴敌。"而 12 日的报纸上就刊出了"南市孤军奉命撤退,浦东沦于敌手,南市受敌机滥炸成一片焦土"的消息,大上海终于在 11 月 13 日沦陷。曹聚仁先生是和卫国战士一起,在上海前线坚持到最后一刻。粗略地统计,《立报》发表了他七十来篇文章。他为抗战,也为《立报》做出了特殊贡献。

我可能小时候在上海见过曹聚仁伯伯,但已没有印象了。在他去世以后,我才在父亲处看到他写的书《我与我的世界》,其中在提到他与《立报》的关系时,有这样一段:"抗战军兴,八·一三淞沪战役中，我随军到了闸北战场，白天替曾虚白兄的《大晚报》写战讯，晚间替《立报》写军事新闻，那三个月中，占了七十多天的头条地位。这一来，我和萨兄便有了深切的友谊。成兄（成舍我）和萨兄（萨空了）、严兄（严谔声），可以说是《立报》的三杰，我所交往的正是《立报》的灵魂。成氏说到抗战期中，《立报》销数达到二十万份的空前纪录，和我的第一线采访，不无关系。”曹伯伯说的是实话，的确是有他的功劳。我，作为他的晚辈，看了他写的这本书，看了他在《立报》上写的文章，也深深对他怀着敬意。三十年代涌现的一批知识分子，那虔诚的爱国心，那坦荡无私的胸怀，那份做人的真诚和勇敢，都是我亲身体会到而且深受教益的。

父亲在上海也不过三年左右，但却结交了不少朋友。那时，正值国家处于危机的关头，炽热的爱国心，促使各界人士从自己狭窄的天地走出来，走上社会，在抗日救国的、统一战线的大旗下携起手来。父亲一到上海首先结交的是李公朴伯伯。那时，李伯伯是量才补习学校校长。他看到《小茶馆》上发表的父亲的文章，特为到望平街《立报》编辑部找他。李伯伯是热情豪放的人，他和父亲相识后十分投机，从此便建立了诚挚的友谊。李伯伯请父亲到量才图书馆演讲，到山海公学去座谈，这样又结识了陶行知等一批后来都参加救国会的朋友，像：胡愈之、潘汉年、杜重远、邹韬奋、徐伯昕、沈兹九、钱俊瑞等等，通过救国会的活动，更认识了许许多多文化界的朋友，这些人，有的和他几十年战斗在一起，结成了深厚的情谊。

上海沦陷后，日本帝国主义就企图把手伸向租界。针对这一情况《立报》于11月14日发表了一篇题为《值得知道上海公共租界的地位》的文章，指出日本无权干涉租界活动，希冀在上海仍能保留抗日宣传的据点。到了11月20日，日方向公共租界和法租界工部局施加压力，提出取缔中共和抗日分子的活动。在不得已的情况下，《立报》被迫于11月24日一版上刊登了停刊启事，宣告从11月25日起停止发行，并一丝不苟地请读者到发行科取回所余订报费。

父亲在《立报》的工作结束了。这值得纪念的历史一页，就这么翻过去了。

《立报》是父亲担任总编辑办的第一份报纸。在以后漫长的岁月里，父亲在办报的过程中，当过记者、编辑、主笔、总经理、总编辑、社长。实践经验促使他对新闻理论也进行了研究。1943年，当他被国民党当局逮捕后，一向忙碌的他，倒有了时间可以写作，遂写成了《科学的新闻学概论》一书。这本书直到1946年6月才在香港出版发行。它代表了他对新闻学的基本观点和理念。书一开篇，他就说道："新闻学的产业，和其他社会科学一样，是适应着人类的生存需要而产生。因为人类社会中先有了凭种种工具（如报纸、杂志）相互报道消息，并提供意见这一事实，大家又感觉到这种事实对人类生存的影响广大而深邃这一现象，遂不能不拿它当做对象，而加以研究，希望能够发现它的运动法则或因果规律，以期正确地把握它，运用它，减灭它可能加诸人类的不幸，发扬它有益于人类的使命。"

基于这一认识，他认为新闻应该以事实为第一性，新闻必须真实。他认为评论应具时效性、现实性，应该成为读者行为的指导。他认为报纸“必须有益于人类”,办报的目的在于“使每一个国民都知道本身对国家的关系”,强调报纸的社会责任。因此,他更强调报纸的从业人员——记者、编辑,应具备“富贵不能淫,贫贱不能移,威武不能屈”的品质,坚持办报的原则精神。在《香港沦陷日记》中,他写道:“我常常警告自己,不应把自己编出来的报纸,当作翌日即是覆酱瓿的烂纸,而应当把它看成那是组成人类历史记载的一部分。例如不能将亲历的一切,忠实地写出,那我们就是那些伪造历史者的帮闲,即使出于无心,也是罪无可绾”。

父亲一直认为,他的这些办报基本原则是正确的。他常常告诫我,要做一个真正的新闻工作者,必须有胆识,能坚持原则。在我从事新闻工作的四十年中,一直遵循他的教导。

他去世后,我把《科学的新闻学概论》一书收入了《萨空了文集》中,于 2000 年重新面世。

创办香港《立报》始末

1937 年 11 月 12 日,日本帝国主义的军队占领了上海。11 月 20 日,国民党政府正式宣布把首都从南京迁到重庆。接着江南大片领土被日军侵占,到了 12 月 13 日南京也被日军占领了,并进行了骇人听闻的大屠杀。气焰嚣张的日寇对上海各国租界地当局不断施加压力,强迫他们取缔抗日活动。轰轰烈烈的抗日救亡运动,被迫停止了。爱国人士各怀着敌忾同仇的高昂斗志,纷纷离开上海到内地去,到抗日的前线去。

《立报》被迫停刊，父亲还不时收到恫吓信。在上海搞抗日活动是没有可能了，他决心只身赴内地，寻找用武之地。

福寿坊的房子转让出去了，母亲带着我和妹妹搬到福开森路的一家公寓里。父亲把我们安顿好以后，于1937年12月24日，圣诞节前夜，乘意大利邮船康特凡蒂号离开上海去香港。这是离开上海赴内地可行的路线之一。那时，他是想到汉口去的。

上船后，不期遇到茅盾、谢六逸、严谔声，正好搭伴同行。一到香港，正赶上去广州慰问抗日将士，父亲便和茅盾、严谔声随同大家到广州，受到当地抗日群众组织的热烈欢迎。一些《立报》的老读者，见到父亲纷纷表示希望《立报》再办下去。

从广州回到香港，此时救国会到港的朋友已很多了。一部分人要去汉口，因为当时那里形成了抗日的中心，另一部分人要留在香港看看形势的发展。这后一部分朋友劝父亲在香港恢复《立报》。大家认为，上海沦陷后原来《立报》的许多读者，一些撤退到广州、汉口，一些到了香港或去了南洋，他们还会愿意读《立报》。再者，在抗战时期，广大群众也需要一张立场鲜明地宣传抗日救国的报纸。《立报》过去在这方面很有影响，再办起来也容易被群众接受。

当时，上海《立报》的股东已星散，社长成舍我在武汉，一时联系不上，筹划资金便是个问题。

适值此时廖承志和潘汉年都在香港，负责中国共产党驻香港办事处的工作，在皇后大道中开着一家公司作为掩护。廖承志对《立报》一向很支持，认为这张报纸办得好。潘汉年是父亲在上海时，由胡愈之介绍认识的，也一直很关心《立报》。因此，当他们知道父亲想恢复《立报》的事以后，决定给予支持，并以中国共产党的名义投资三千元港币。

父亲就拳打脚踢地干了起来。他先租下了皇后大道中175号的一幢四层小楼做社址，然后向香港政府办理登记手续。父亲既是创办香港《立报》的负责人，也就自然成了香港《立报》的发行人，并且按照当地的惯例，把他的名字印在报名的下面。后来，到了1938年9月，父亲离开香港《立报》，发行人仍然印着他的名字，其实那儿的一切都与他没有关系了。

香港《立报》是1938年4月1日创刊的，原来打算在3月20日创刊，由于承印的印刷厂临时通知不印了，晾了台，只好另找印刷厂，拖延了创刊发行日期。

香港《立报》的总编辑和总经理都由父亲担任。报纸仍是四开小报，版面安排也基本上与上海《立报》相同。一版上方中间竖立着报名《立报》，“立报”两字中间夹着“香港”两个小字，以示和上海《立报》的区别，报名下横排着发行者姓名，再下面是社址、电话号码、电报挂号。左边报眼刊登漫画，由陈烟桥、鲁少飞负责，右边报眼刊登截稿最后消息，一版仍是刊登要闻。二版上半版是国内消息，下半版是副刊《言林》，由茅盾主编，这里连载了他的长篇小说《你往哪里跑》（后来出书时改名为《霜叶红似二月花》）。三版上半版是本港消息，下半版是副刊《花果山》，由于一时找不到合适的人，也由父亲兼编，这里刊登的有张恨水的长篇小说《桃花港》。四版上半版是国际新闻，下半版是副刊《小茶馆》，由父亲主编，还是刊登读者来信和父亲属名“了了”的杂谈，原先由小记者严谔声写的警句，改由一穹写，一穹也是父亲的笔名。这个副刊还刊载了我母亲金秉英写的长篇小说《蓼莪》，写的是抗战初期一个女知识分子的故事。

香港《立报》创刊号的一版上刊登了《发刊词》，文中说："香港《立报》在经济方面虽然和上海《立报》是两个不同的独立组织，精神方面却完全一致。……我们主张：积极的，对外求中华民族的独立；对内求民主政治的实现。消极的，我们决不屈服，决不苟生，遇到必要的时机，是不惜一切牺牲，以坚定我们的立场，也就是坚定我们中华民族的人格。"文章重申了"报纸大众化"在《立报》是最被重视的。虽然"我们的能力是很薄弱，未来的贡献，自未敢估计过大。但'读者有其报'是我们一向从事新闻事业最主要的信条。在此困难严重时刻，我们郑重声明，在同一目的下，来尽量接受读者的指示。我们将永远做我们广大读者最诚恳的忠仆，来补救我们能力的缺陷。"

创刊号的二、三、四版副刊的主编也各自开宗明旨，各自述说了自己办副刊的打算。如茅盾在副刊《言林》的《献词》中说：

> 今日我中华民族正在和侵略的恶魔做殊死战，《言林》虽小，不敢自处于战线之外，《言林》虽说不上是什么重兵器，然亦不甘自谓在文化战线上它的火力是无足轻重的。它将守着它的岗位，沉着射击。……《言林》不拘一种战术：阵地战、运动战、游击战，凡属拿手好戏都请来表演。……但《言林》并不就此化为单纯的"剑林"，它有时也许是支七弦琴，一支笛，奏出大时代中民族内心的蕴藏，它有时也许是一架显微镜，检视着社会人生的毒疮脓汁。喜欢开口的

人都请来谈谈，这还是《言林》的本色。

这一天的报上还刊登了巴金的文章《再给〈立报〉祝福》。文章写道：

> 孤岛上的日子像一连串的噩梦。在这沉闷的空气中，听到《立报》复刊的消息，我感到说不出的快慰。我从前常常想，《立报》是一颗普照一切的太阳，连穷街陋巷也受到它的光泽。我有时站在街头，立在报摊旁，会从过往的两三无产者的口中听到对于《立报》的祝福。《立报》是大众的，它常常做了传声筒，使那一般人的要求、渴望、呼号，居然也能够响遍全中国。……我愿再来给这新生的《立报》祝福一次：愿它利用过去的经验，更努力地为在艰苦中奋斗的民族服务。把这最后胜利的信念传达给同胞，使他们以同一整齐的步骤向着胜利的目标前进。

香港《立报》创刊后，父亲就把我们从上海接到了香港，在九龙的太子道 192 号一楼租了一套房子。那时，三十年代的香港城市建筑不像现在这样密集。特别是在九龙，我们住的地方，就在九龙塘附近，是很幽静的，楼前有一座小山，不远有座铁路桥，楼后有大片空地，长着野花野草。其中有一种给我印象很深，它是由一簇红黄两色小花组成的小绣球花，看着很美，闻起来很臭。我那时在九龙塘小学读书，放学回家常和小朋友们在绿野山坡上嬉戏。

一到香港最感不便的是不懂广东方言。父亲和香港当局打交道可以用英语,我们就很被憋了一阵。但是孩子学语言快,不多久我和妹妹都可以说流利的广州话了。只是妈妈不会说,但她也能听懂了。

父亲还是像在上海一样的忙。只不过不再是早上回家,而是深夜回家。他每晚写完社论,乘末班港九渡轮,末班公共汽车回家。那时从我们住的九龙太子道到香港的皇后大道,不仅要乘公共汽车而且还要过海,乘小客轮渡海,单程也得四十多分钟。我们还是和在上海一样很少能和父亲在一起。他偶尔带我们去一次浅水湾海滨,我们就非常高兴,看那海水随着天气的变化而变换自己的色泽,太阳好时它是蓝绿色的,阴天时则是深蓝色的,就像人的心情好坏不同、脸色也不同一样,十分有趣。投入海里,感到海水的温暖,享受到生活的幸福。在我童年的生活中,对一切都感到温暖,对一切都觉得美好,对一切都觉得有趣。我的家真可爱。

香港《立报》继续上海《立报》的传统,销路虽比不上上海那样多,但还能维持。父亲编的《小茶馆》仍然生意兴隆,茶客满座。我这样说,是因为香港《立报》创刊那天,父亲在《小茶馆》副刊上发表了一篇《开张的话》申明自己的办刊意图,他自己就是这样比喻的。他在文章中说:

> 在上海,《小茶馆》由于读者的爱护,它有过一些很光辉的历史,成为上海大众讨论各种问题的中心场所。今天本栏下方刊载的竞文君的文章中所给予的赞许,在我看来当

然是有点过于夸张。不过,它对社会确曾有过影响,这一点,我也不能为了表示我的谦虚,而完全抹煞。

只是我要特别声明,过去那一点点成绩,的确一大半是属于读者的。在去年9月20日,《立报》两周年纪念时,我曾说,我对《小茶馆》,确实只像一家茶馆中的老板,我只为茶客们备办了桌椅与茶水,叫他们可以藉我的帮助得到谈论一切问题的方便,至于茶客在我的茶馆中,讨论出多少对社会国家有贡献的结果,那是不能写在我的功劳簿上的。

也就为此,在今天我又在香港来开这家茶馆的时候,我第一要说明,今后这个茶馆能否继续着对社会国家有些贡献,至少是有一半责任在本栏读者身上。我所以第一天就在下方把竞文君的文章发表,也就是因为这是一个老茶客对这个茶馆的建议,我真应当早点叫华南的新茶客知道,以期大家共同为这个新茶馆捧场,……这个茶馆决无"莫谈国事"的揭帖,反之且鼓励大家作上下古今谈,愿意畅谈的朋友,请都到这里来。

在这一天的专栏里,刊载了竞文君的信。信中除了表示对在香港出版《立报》的惊喜外,还诚恳地说道:"在过去两年多的时光中,我把《立报》当作我最好的老师和亲密的朋友。我从它得到许多的知识,它叫我认识了这个世界上的一切。我个人的思想为它整个发生了变化。每遇大事,我自己不能分析判明它时,我总在《立报》上找到我需要的指示,尤其是在《小茶馆》中,我得到了许多我在学校中未能得到的知识。它所谈的,一点不深奥难懂,并且很合时宜,很有兴趣。常常是社会上有一个较为重要的问题发生时,《小茶馆》中已把它提出来讨论了。为了这个,所以它极能吸引人,也就是为了这个,所以在《立报》停刊以后,叫我感到像失去了我一个挚爱的导师,一个亲密的伴侣。”信的最后提出了三点建议:一、注意唤起香港读者关心国事的兴趣;二、为华南贫苦大众鸣不平;三、推动民众参加抗战。

从此,《小茶馆》开始了同华南“茶客”的交往。仍然像过去一样,每天在这块园地上登载一至两封读者来信,同时发表“了了”署名的一篇杂谈。这个时期的《小茶馆》探讨的多为爱国青年的责任、青年的前途等问题。如:4 月 19 日,为答复读者浮生提出的“平凡的人现在应当如何生活?他们在社会中是大多数”,了了写了一篇《现在还未做到全民抗战》的文章。文中说:“浮生君说,像他那样平凡的人是社会大多数。这话不错。不过我的意思并不和浮生君一样,认为这些平凡的人在抗战中是没有用的人……我们还未做到全民总动员,所以还不是全民抗战。这是我们政治工作落后的表现。”文章接着写道:“我也希望不要以为自己是平凡人而安于平凡,自绝于抗战。现在是民族国家生死存亡的关头,国民中不应有一个站在抗战圈外,知识分子更不应当。现在求工作不单是为自己或一家的生活,而应有一个更高的目的——为国家民族争取生存尽一份力量。”

在 5 月 22 日的《小茶馆》上,针对丁志忠提出的“家庭限制报国应如何应付”和竹林提出的“为他人谋幸福,牺牲自己的利益,青年人应有这种精神”,父亲写了一篇题为《青年只有努力》的文章,鼓励青年人说:“现在绝不要希望有人给他们开辟一个顺利的环境,天下没有这么便宜的事。环境越困难,才愈是表现我们勇气的时候。”“竹林君不惜牺牲自己为他人服务的精神是很对的。”对于希望政府以法令来解决家庭限制从事救国工作问题,文中坦率地说:“想靠他人力量解决问题,那种希望一定会落空。”

针对当时许多青年存在苦闷彷徨情绪,父亲还写过不少文章,如:《青年勿再乱跑》、《谈组织民众》、《谈执行抗战纲领》、《由两封诉苦信说起》、《不要悲观》等等。他指出:“上层机构不能叫人满意是任何人都承认的;可是,如果曾注意到抗战以来下层民众的英勇行动,一定会相信中国决不会亡。一个国家的支柱,并不只是上层分子,下层劳苦大众才是真正的支持者。”“现在民众这样好,而有人竟谓中国会亡,未免太没有信心了。”“所以我要求大家都注意到下层民众和士兵的英勇,而也勇敢起来,放弃旁观叹息,参加到抗战洪流中去努力。中国的命运,是会为大众的努力而转变的。”正是由于父亲以“了了”的笔名,每日在《小茶馆》里和青年朋友倾心相谈,在当时的青年中享有信誉,成为青年的知心朋友。

香港《立报》曾发表过一些很有见地的文章,团结了香港和内地的作者和读者,特别是由茅盾主编的《言林》副刊,思想性是很强的。这里有反映文艺界同仇敌忾的文章,如:周文的《火炬颂》(记述成都反侵略火炬日)、止水的《烧尽了现存的卑污与狂暴》(祝中华全国文艺界抗敌协成立)等;有反映文艺情况的文章,如:宋云彬的《挥巾清谈》、蔡金声的《出版界的风气》、周行的《踏出第一步——文艺通讯员运动的实践》、周为的《由周作人想起》、杜埃的《建设民族文化花园》和《救救批评》等；有宣传抗日救国的文章，如：雷石榆的《诗歌朗诵在广州》、江枫的《五十万杆枪》、华嘉的《工作在轰炸中》、胡愈之的《青年是和平民主的保卫者》等；还有不少反映抗日根据地和青年人向往陕北的文章，如：羊角的《新女性》、斐儿的《史沫特来的"叫化"》、林娜的《夜间来客》和《我过不下去》、舒湮的《需要一个孙叔通》、樊康的《晋南纪事》等等。这些文章在当时，读来都让人耳目一新，特别是那些介绍陕北情况的文章，给坚决抗日，追求进步，寻找出路的青年指明了方向。

香港《立报》除了在《言林》中宣传进步思想和抗日根据地外，还刊登了一些特约航讯，反映中国共产党的呼声。如：4 月 30 日在一版上，曾刊登了一篇本报汉口特约航讯，以周恩来的一封信的形式，揭露有人伪造中共出版的书籍，借以破坏国共合作。这篇文章篇幅很长，从一版转二版、转三版、又转四版。全文表达了中国共产党团结抗日的真诚愿望。这些消息都来源于中共在香港的办事处，是独家新闻，引起了读者的注意。

香港《立报》的特色可以说是具有鲜明的倾向性，这在当时的报纸是少有的。一些敏感的青年读者看到它不仅宣传陕北好，而且还刊登关于中共情况的独家新闻，就找到报社表示要去陕北的愿望，希望报社能给予帮助。父亲便把这种情况向廖承志反映，经他们研究决定，对这些青年由父亲做初步考察，然后介绍给廖承志，由他介绍到广州，再由广州的同志安排他们去延安。后来廖承志就让父亲直接介绍给广州的云广英。

说来也巧，1976 年我在采访工作中偶然认识了国家文物局的吕朗同志，闲谈起来，他竟说是我父亲介绍他参加革命的，是从香港介绍他去延安的。我回家告诉父亲，父亲特别高兴，让我邀请吕朗同志到家里来。父亲讲，在“文化大革命”中为了这件事使他写了无数的外调材料，许多同志历史受审查，其中就有一个你怎么会从香港到延安去的？父亲为此大伤脑筋，因为年代久远，他实在记不得谁是他介绍的了。后来，他想起了前面所说的这件事的过程，其中有个时间前后界限，只要情况吻合，就可弄清了。父亲当然已记不清吕朗同志这个具体的人，但能亲眼再见当年送去延安的青年人，虽已两鬓白发，但确为国家做出了贡献，也是让他感到欣慰的。

父亲虽然创办了香港《立报》，但在这里工作时间并不长，一共不过四个多月，9 月份就离开了。原因是和成舍我在工作上产生了矛盾。香港《立报》创刊时，原上海《立报》社长成舍我不在香港，他也不知道香港《立报》是拿共产党的钱办的。而父亲也不知道在这段时间内成舍我在汉口和国民党陈诚等关系密切，且被蒋介石指派为国民参政员。待到成舍我来到香港，两人一谈，才知道彼此各朝着不同的方向前进。成舍我知道父亲接受共产党的钱办报后，半开玩笑半正经地说：这也不错，你接近共产党，我接近国民党，正好左右逢源。

事情当然不会是这样。1938 年 8 月，抗战的形势很不利，德国驻中国大使陶德曼代日寇向蒋帮诱降。汪精卫、蒋介石等都在动摇之中。中国到底是坚持抗战到底，还是投降，成为当时大家最关心的问题。于是，父亲写了一篇社论，反对投降，反对走德意路线。他看过大样才从香港回家。不料第二天早晨一看报,发现这篇社论的后面加上了一个尾巴,批评八路军。

父亲急忙到香港成舍我家,问他是谁加的这句话。他承认是他加上去的。为此他们发生了争执。办一张报纸,决不可能容纳两种不同的立场和观点,父亲知道,他不可能再同成舍我合作了。

正当父亲决心离开香港《立报》的时候,杜重远来到了香港。杜重远为了建设抗战大后方,已经三渡天山去过新疆。当时新疆的督办盛世才正提出六大政策——反帝、亲苏、民平(民族平等)、清廉、和平、建设的口号。杜重远是盛世才的同乡同学,对他的政策十分欣赏,而且还写了一本书叫《盛世才与新新疆》,为他宣传。杜重远约父亲长谈,劝父亲和他一同去新疆,并分析当时国内形势,说:日寇节节进攻,蒋介石无抗日决心,武汉不久会失守,中国的"堪察加"看来必在西北角,在背靠苏联的新疆。我们应当早去那儿,去建设抗日救国的基地。他还告诉父亲,中国共产党已和盛世才合作,建设抗战大后方。他们的主要领导来自延安,其中有个叫周彬的新疆财政厅长还提到过你。

看父亲犹豫不决,杜重远又对父亲说:要不这样吧,9 月份新疆要开全疆代表大会,你可以以记者的身份去参加大会,看看情况。你如果同意,我就给盛世才打个电报,他要是同意,咱们就一起去迪化(乌鲁木齐)。父亲同意了杜重远的意见。

几天后杜伯伯告诉父亲,盛世才已复电,表示欢迎。父亲就这件事和廖承志、潘汉年商酌,并且为未能防止《立报》批评八路军表示歉意。父亲说,他脱离《立报》前要把共产党的投资要回来。廖承志和潘汉年安慰了父亲,同意他离开香港《立报》,也同意他去新疆看看，但却说三千元股本不急于要回来，以后可由潘汉年去和成舍我交涉。

1938年8月，父亲和杜伯伯离开香港赴汉口。他们先乘船到梧州，又乘汽车到桂林，再由桂林乘火车到汉口。这时，保卫大武汉的口号已在报纸上出现，战争形势十分严峻。火车上的乘客几乎全是穿军装的，穿便装的只有他们二人。人们的脸上显出焦虑和不安。父亲和杜伯伯也感到紧张。

到达汉口后，他们住进了璇宫饭店，这里住着从上海来的许多熟人。沈钧儒、邹韬奋、胡愈之、史良、沙千里等救国会的朋友们向他们介绍了各方面的情况。那时，抗战宣传工作实际上是掌握在左翼文化人手里。

虽然自从“西安事变”以后，国共合作已揭开了新的一页，但是国民党真正承认共产党的合法地位却在“七七”事变以后，在全国上下一致要求抗战的压力下，1937年9月才正式宣布。也只是在这时，才真正形成抗日民族统一战线。因而才会出现了这种情况：国民党军事委员会政治部部长是陈诚，副部长是周恩来，下面第三厅厅长是郭沫若，第三厅第七处处长是胡愈之，八处处长是田汉，冯乃超、阳翰笙是郭沫若的秘书。在武汉，抗日气氛沸腾热烈，街上有醒目的团结抗日的标语口号，书店中卖的是宣传抗日救国的小册子，宣传队、演出队在街头巷尾大张旗鼓地宣传支援抗日前线。这一切把广大群众有力地动员起来，组织起来了。

但是另一方面，国民党对共产党却仍干着掣肘的勾当。当时国民党的宣传部设在重庆，部长邵力子在汉口，据说由于他让左翼文化人掌握了宣传,而受到蒋介石的斥责。与此同时,张国焘又在汉口投蒋。“西安事变”后逐渐形成的第二次国共合作,又出现了裂痕。

在汉口,杜重远才告诉父亲,他三渡天山去新疆是负有打通从苏联运输支援抗日物资通道的任务。西北当时的情况是:盛世才占据新疆;五马——马福祥、马步芳、马步青、马鸿奎、马鸿宾占据甘肃、宁夏、青海。苏联要以物资支持蒋介石抗日,拟派军车从新疆伊犁入境,然后经甘肃运到陕西宝鸡。在这样漫长的公路线上,不建立食宿站不行,但建立食宿站没有当地军民的协助与支持也不行。杜重远到新疆的目的就是以和盛世才的老关系,说服他沿途设站,接待苏联军车,并放行物资。盛世才答应了这一要求,同苏联,同蒋介石都维持了好的关系。此时,苏联的物资已源源而进。8月份在汉口空战击落日机多架,其实就是苏联义勇军的战绩。

在离开汉口之前的晚上,周恩来和叶剑英在胡愈之的住处接见了父亲和杜重远。这是父亲第一次和他们见面。杜重远把所了解的新疆情况、蒋介石的情况,以及他们将去新疆的打算都详细做了介绍。周恩来表示去新疆是有工作可做的,并且说那里已有一些共产党的干部,希望能与他们很好合作。这时周恩来提到周彬,说他就是毛泽东的弟弟毛泽民。父亲此时才恍然大悟,为什么杜重远说新疆的周彬知道父亲和《立报》。原来在“西安事变”后,国共合作有转机时,周彬曾负责在南京筹办《新华日报》,为此,他和章汉夫曾到上海《立报》参观过,是父亲接待了他们,并且介绍了办《立报》的经验。

父亲和杜重远是乘飞机赴迪化的。经西安降落加油时，由于雾大，飞机偏离跑道，把一个轮子戳破了，好在有惊无险，只是在西安多停留了一些时间。有不少杜重远的东北老朋友到机场来会见他，都想知道抗战局势和汉口情况，这倒正好可以多谈些时候了。

到迪化机场，盛世才穿着军装来迎接，还带来了一个英文翻译员。原来他看父亲的名字不像汉人，把他当成香港的英国记者了。

盛世才把他们接到他的督办公署，让他们住在他的西花园客房里。这里是清末建造的旧衙署，客房是一排长方形的房间，地上、墙上铺挂着地毯、壁毯，睡的是钢丝床，盖的除了被子还有苏联毛毯，这在当时是很讲究的了。从那天起，父亲和杜重远几乎天天和盛世才见面，谈了很多，最后终于做出了从香港到新疆的决定。

为了建设新新疆

1939 年 3 月 10 日至 9 月 13 日，在半年多的时间里，父亲带领一个汽车队，进行了一个中国新闻记者从东南到西北的最长的一次旅行。后来，父亲还写了一本书，记述了路上的见闻和经历，书名就叫《从香港到新疆》。

为什么会有这样一次在当时是史无前例的旅行，事情得由 1938 年他和杜重远伯伯第一次到新疆说起。

1938 年 8 月，父亲和杜伯伯到新疆后，受到新疆督办盛世才的殷勤接待，并邀请他们作为中央来的代表参加正要召开的全疆代表大会。盛世才是要让他们了解新疆，也是显示他的政绩。这次大会共有维吾尔、哈萨克、蒙古、汉等十三个民族的数百名代表参加。会议的内容是宣传盛世才的六大政策，以及听取各民族代表的意见。会场上挂着红布白字的大标语，上面写着“马克思、列宁主义万岁”，也写着“拥护反帝、亲苏、民平、清廉、和平、建设六大政策”，给与会者以盛世才思想进步，政治民主，民族团结，接近群众的好印象。

虽然父亲和杜伯伯参加大会、小组座谈会，和各族代表们一起吃民族饭食，一起联欢，但是由于语言不通，不能交流。就是和各民族的头面人物见面交谈，也是通过翻译说一些客气应酬的话，不能深入探讨问题。所以直到会议结束，他们了解的只是盛世才让他们知道的情况。

此后，盛世才开始和他们个别谈话。首先是向杜重远提出，留下来在新疆工作，请他担任工业厅长。杜重远则表示不愿做官，愿意留在新疆为各民族培养人才，愿意当新疆学院的院长。接着，盛世才就和父亲谈，留他担任新疆日报社社长。父亲觉得自己对盛世才还不够了解，而且盛世才也不了解他，在这种情况下，做宣传工作是比较难办的。他坦率地说出了自己的想法。盛世才坚持要留下父亲，让他先去《新疆日报》看看，就会明白那里多么需要人。盛世才还说，在《新疆日报》已经有好几位共产党员在工作，你们会合作得好的。

父亲去参观了《新疆日报》社，那算是什么报社呀，简陋得不像样子。铜模残缺不全，据说还是民国元年从上海买来的，所以印出来的报纸不仅字号混乱，字形也混乱。一个标题可能是两三种字号，一篇文章可能用几种字形。报纸不能天天出版，隔两三天出一次。由于没有自己的电台，消息是从收音机听来或是从苏联领事馆发出的塔斯社电讯稿翻译过来的，消息面比较窄。经过参观了解，父亲对盛世才说，办报必须具备一定条件，没有电台，不知道国内外大事；没有印刷设备，印不出报纸。基本必备的东西都没有怎么办报？盛世才说，正因为知道一切都不行，所以才寄希望于你。我们知道你有成功的办报经验。《新疆日报》已在西大桥那边建造新房，是由苏联工程师设计的，并且已经从苏联订购了印刷机、制版机、裁纸机、装订机，其他设备和电台都可以买。只要需要，都可以办，还可以招聘一些技术人员。盛世才又说，你不是要抗日救国嘛，我也是为抗日建设大后方呀。大家为了共同的事业嘛！看到盛世才这样求贤若渴，为建设抗日大后方不惜一切代价的样子，父亲终于答应留下来，但是他坚持不当社长，可以当副社长。父亲以为，首先《新疆日报》原来有社长，是新疆政府外事处处长王宝乾兼任的，他取而代之不合适。其次，他和盛世才的关系不够深，不了解盛世才的思想和为人，还是中间有一个和盛世才关系密切的人为好。父亲这样坚持，盛世才只好同意他当副社长了。

这样，父亲和杜伯伯就都决定在新疆工作了。盛世才不放心，还一定要他们两人就职后再离开新疆去接家眷。

父亲就职后到《新疆日报》和编辑部的同事们见了面，大家交换了意见，谈了对改进报纸的想法。这时父亲才知道还有一个副社长叫汪啸春，是共产党员。根据建设《新疆日报》的实际需要,父亲向盛世才列举了所需的其他机器设备。盛世才答应全买,让父亲从香港买。由于新疆图书馆非常贫乏,父亲提出要发展文化,就得有图书。盛世才也同意买。他立即拨款五万元,还写了一封信给财政部长孔祥熙,请他批准把这五万元换成外汇,以便在香港为新疆买必要的东西。盛世才还让父亲和杜伯伯回到内地后代他多邀请些文化界人士到新疆来,建设大后方,建设新新疆。

1938 年,萨空了(左二)与杜重远(左五)在新疆迪化

那时,由于盛世才和苏联方面及中国共产党的关系都很密切,有不少联共党员和中共党员在那里担任领导工作。红四、五方面军,后改称中国工农红军西路军的余部四百余人,也曾被盛世才热情接待,并建立新兵营给予装备,在那里进行特种军事训练。盛世才还几次往延安运送皮衣、药品、物资。盛世才的六大政策又十分符合各民族人民抗日救国的愿望,他本人无论对共

产党人或爱国民主人士又显得那么谦恭有礼，确实是迷惑了许多人。一些有抱负的爱国青年，去不了延安，就去新疆。

父亲和杜重远离开新疆先到重庆。这时武汉已经沦陷，重庆是陪都，大批的政界要人，文化名人聚集在这里。原先在武汉的救国会的朋友们也大都在重庆。父亲和杜伯伯向朋友们介绍了到新疆去的情况，大家都很支持到那里去干一番事业。父亲和杜伯伯把盛世才给他们的安家费五千元捐给了救国会。据后来父亲向我说，这笔钱由沈钧儒老先生交给胡愈之伯伯带到广西作为广西桂林文化供应社的开办费用。

随后，他们两人又一同到香港，杜伯伯把在九龙的家料理完，就带着家眷乘飞机去昆明，打算在那儿等便机再飞往新疆。父亲则又把我们从上海接到香港。由于父亲离港时不知自己将会在哪里落脚，香港生活费用高，就让母亲带着我们姐妹俩仍回上海。不料我们在上海刚待了两个多月，又要回到香港，再从香港在新疆去。

母亲一听说要到新疆去，心想那大西北地方，天寒地冻，便首先给大家做冬衣。从里到外，绒布衬衣、毛衣、棉袍，整整忙活了半个月，才让裁缝把大家的衣服做齐。

我们从上海乘船到香港，父亲一见带了那么多行李，就说妈妈做的衣服太多，其实可以到新疆再做的。妈妈则认为有备无患，到新疆天冷了，衣服来不及做怎么办?

父亲要为新疆购置东西，要留下来，而且打算乘汽车把货物运去。他让妈妈带着我们两个孩子先到重庆，然后汇合沈雁冰全家和张仲实先乘飞机去新疆。

我们是圣诞前夜到香港的，1月5日就匆匆乘飞机去了重庆。然后又从重庆飞到成都，又飞到兰州。没想到在兰州等去新疆的飞机，两个月左右，才买到欧亚航空公司到哈密的飞机票，飞到哈密。2月6日盛世才派副官带领一辆小卧车和一辆旅行车到哈密来接我们赴迪化（即乌鲁木齐）。2月8日，我们这一行人乘两辆车从哈密出发，沈雁冰伯伯、沈伯母孔德沚和他们的两个孩子沈霞和沈霜乘一辆车，妈妈带着我们俩姐妹和张仲实伯伯及副官乘一辆车。这一带路修得不好，颠簸得厉害，坐在车厢里的人往往被弹得挺高，再落到座位上。张伯伯个子高，车子一颠，他的头就会碰到车顶篷，他就赶紧用手捂住帽子。我和妹妹常被他的这种反复的动作引得哈哈大笑。

这次旅行让我第一次区分开沙漠和戈壁的不同，原来沙漠是一望无垠的细沙，而戈壁却是在沙漠上铺就一片无边无际的小石子；第一次看到沙漠中能生长的植物——红柳和骆驼蓬；第一次吃到哈密瓜，而且知道了虽说叫作哈密瓜，实际上却是吐鲁番出产的最好；第一次看见梳一头小辫子的维吾尔姑娘，看见她们画着一字眉（两条眉毛，中间也涂黑，连成一线），听她们用听不懂的汉语演唱《大刀进行曲》，只听懂了最后一个字“杀”！第一次听说有个女人叫香妃，身上发出异香，并且看到了用琉璃砖砌成的，她的高大坟墓。总之，一切对一个九岁的孩子来说，都是那么新鲜有趣。我仿佛总是张大着惊异的眼睛。

我们到达迪化的那天，盛世才和杜重远在离城二十里处迎接，并且把大家送到自己的家里。我们三家都被安排在南梁居住，据说这一带都是巴依（财主）的住房，房子是最好的。我家的住房是两大间，一间是卧室，一间是客厅，墙上都挂着壁毯。卧室里有四张钢丝床，床上铺盖俱全，还有漂亮的苏联毛毯，一张写字台靠窗放着，旁边是一个五斗柜。客厅里有一张很大的长餐桌和一圈椅子。特别引人注意的是每间屋子里都有一个从地面直顶天花板的黑色大圆柱，它是那么粗，一个人都抱不过来。原来这是炉子，是砖砌泥膛后外面包了一层铁皮，再漆上黑色。就是它，让我们在这冰雪交加、天寒地冻的冬天还感到暖洋洋的。

那天来了许多客人，大家都说着客气寒暄的话。杜重远伯伯说，在爸爸没回来前，有什么事就找他。妈妈感激他的好意，说一切都安排得这么周到，让他放心。的确是这样，新疆当局除了安排了住房，还为我们安排了一个厨师和一个勤务员，这对一直没干过家务事的妈妈来说，是解决了大问题。

第二天上午，忽听到门外有说话声，随着声音的传入进来了一位中等身材的中年人。他见到妈妈仿佛见到了久别重逢的朋友，热情地说："我叫周彬，是空了的朋友，认识认识吧！你们终于到了。路上辛苦了。"妈妈也热情地请他坐下。勤务员吉仲元闻声也进来倒茶。周彬接着又快活地说："未见到你这个人，却早见到了你的字。"说着他掏出一封信交给妈妈，说："你这封信寄到时，空了已经离开新疆了，我替你保存着，现在原璧归赵吧！"妈妈接过信来一看，说："这不是我写的。"周彬不在意地说："反正是写给空了的，交给你就是了。"周彬兴致勃勃地向妈妈介绍了新疆的风俗人情，我们听得十分入神。妈妈说，亏得你提醒，否则我们会犯忌，让人不高兴。我们真的对伊斯兰教的习惯一无所知。

我们高高兴兴地送走了周彬。勤务员吉仲元告诉妈妈说，他是财政厅长。

周彬伯伯绝不会想到，也永远不会知道，他送来的这封信，在我家引起了多大风波，以致于演变成父母的最后离异。因为他在我父母离异之前就被盛世才逮捕入狱，害死在新疆。后来我才知道，我见过的这位热情而快活的人就是毛泽民。

周伯伯走后，母亲拆开了那封给父亲的信。这是一封给爸爸的情书，署名琼凤。妈妈看后勃然大怒，爸爸不在跟前，她就冲着我和妹妹大骂爸爸。妈妈还立刻想起了写信的人是谁。那还是我们在香港的时候，有一天，爸爸的朋友《星岛日报》的黎蒙夫妇和一位名叫方琼凤的女士来到我们家，说是路过这里，方小姐想认识一下《立报》连载小说《蓼莪》的作者，黎先生就带她来看妈妈了。他们走后，妈妈说，方小姐穿的那件衣服的料子正同她的那件一样，是豆青底上面有稀稀落落的黑色三瓣花。经妈妈一说，我也想起了在香港那天的事。我记起了这位方小姐，她虽不算漂亮，但体态丰满匀称，看上去还是很可人的。妈妈想起这事，更加生气。原来爸爸给她们俩人买同样的衣料。而且这个方小姐还故意找借口来看看她是什么样的，简直是欺人太甚。妈妈是火爆脾气，那一口气非出来不可。一连好几天，冲着我和妹妹骂爸爸，仿佛一切是我们的错，真把我们吓坏了。这一幕印象之深，至今历历在目。

爸爸当然根本不知道这一切。此时他正在香港，还在为新疆采购设备奔忙。他买了收报机、打纸型设备及用纸，又托原上海《立报》营业部主任阎奉璋在上海购买铅条、刨床、铡刀等必需工具，还订购两台汤姆森电动铸字机，并订制了十几副各式字号各种字体的中英文铜模，以及各种花边、水线、各号填空铅的铜模。买英文铜模是因为父亲想在新疆试办维吾尔、哈萨克、乌孜别克等民族语言的拉丁化报纸。另外，他还委托沪港两地的书店，搜购"五四"以来出版的新书。根据盛世才的指示，还购买了一批丝绸衣料、自来水笔、男女手表等，以便作为给苏联友人的礼品。他还聘请了一批愿去新疆工作的编辑和技术人员，如：漫画家鲁少飞，电讯员王棣华，铸字员张至炯、成萼奇，拼版员周公惠，刻字员舒谷青，译电员赵英贤，以及擅长经营管理的阎奉璋。这些人都是父亲在《立报》的同事或是北平新闻专科学校的学生。

粗略算一算，所买的东西约有 10 吨，再加上同行的人，必须购买五辆卡车才能运走。于是父亲就在香港购买了五辆美国福特牌 1938 年的新车。办理所有这一切，足足用了三个月的时间。这时，由于战争形势的发展，从香港去内地的路都不通了。粤汉路不通，西江不通，广州湾亦不通。只剩下由港乘船转安南（现在的越南），经广西入四川的一条路。他只好选择了这条路。当他得知阎奉璋将把上海的货物在 3 月 9 日运到香港的消息后，立即买了 3 月 10 日由港赴海防的船票。因为香港到海防的轮船每十日往返一次，这次不走又得等十天。而在这十天中谁知又会出现什么事？这条航线要经过琼州海峡，听说日舰常在那一带游弋，"一旦不通航，连这条路线也没有了，父亲想，如果阎奉璋到不了也不要紧。他们在海防等他，反正在海防要办入关手续，总会耽搁的，幸喜阎奉璋如期到港。这一行人就如期离港赴海防。同行的还有方琼凤和她的三个孩子。他们是搭父亲的便车到重庆，因为方琼凤的丈夫在重庆工作。

小客轮在海上走了三天。路经琼州海峡时，果然看到约有二十多只日军的运输船只。旅客都很紧张，但日军并未登船检查。

到海防上岸后，“打前站”的父亲的学生杨永崧来接。他也是搭父亲的便车去重庆的，因为他擅长交际，就让他尽点义务。听杨永崧说，海防天气太热，每天只办公四小时，上午两小时，下午两小时，所有运来的行李货物到岸后全都放入仓库等候海关检查。由于杨永崧已向驻海防中国领事馆领事要到一张名片，上面注明，这批人是新疆政府的公务人员，总算是优先检查，行李放行，但货物却得以后再说。

父亲没想到，在海防一住就是半个月。首先，在仓库寻找货物就用了一周时间。每天上午去找，好不容易找到了，大家把压在上面的别人的货箱搬开，才能取出。如果一时搬不完，下午或第二天再去时，可能别人又把这货箱压在下面了。这样搬来搬去，真不知浪费了多少时间和人力。然后就是向安南海关报关出口，再就是疏通入国境后的纳税、买汽油、雇佣司机。直到4月16日，这支汽车队才离开海防到同登，为办理入境纳税手续，在同登又住了三天。从镇南关进入国境后，由于有新疆省政府给所经各省的通电，希望给过境车辆免除各种捐税和给予保护，一路上还算顺利。从4月18日入境算起，经广西的南宁、宾阳、宜山、河池、南丹，贵州的独山、都匀、贵阳、遵义、桐梓到重庆，也还走了十二天，4月30日到达重庆。

到重庆后父亲列出来要办的事有三项：一、打报告办理免税。因为财政部认为所运货物设备可以免税，而衣料等物是否政府所需，要核查。二、阎奉璋从上海买的机器尚未运到。三、要再增加五辆车，并配备相应的司机和汽油。这是因为在重庆又增加了一批书籍，增买了一批文具，并且增加了一批去新疆的人，除了为新疆学院招收的二十多名学员外，他们是：作家高滔（齐同、小说《新生代》的作者），医师项颐、陈亚芬夫妇，工程师江浩，新闻记者张兆林等。

在重庆办理这些事情的日子里，父亲两次遇到日本飞机的大轰炸，真是侥幸没有遇难。

5 月 3 日那天，他办完事乘人力车路经七星岗上坡的地方，忽听警报器响起。这一天已经发过好几次警报，把人也弄糊涂了。父亲认为是一长声，是解除警报，但是一位岗警一定要人力车停下来，说是紧急警报，敌机马上要到头顶。父亲急忙下车，付了车费，就在马路旁边的人行道上观望。那岗警又走过来，把人行道上的行人往房子里赶，父亲也随着大家退进了一家汤圆店。这时，听到了沉重的嗡嗡声，抬头一看，九架飞机编成一队正从头顶飞过。跟着就是天崩地裂的巨响。父亲在刹那间失去了知觉。待到清醒过来，他发现自己倒在汤圆店内的地下，身上压着人，还压着掉下来的天花板，在人堆的下面还压着一条狗，正直着嗓门叫。父亲有过一次遇到大轰炸的经验，那是在梧州，他记得大轰炸后往往是起大火，便立即爬起来逃出小店，只见马路上灰土迷漫，那岗警和车夫已炸死在路边。七星岗旁边的一排高楼全不见了，往通远门方向看，已经起了火，只好往武库街方向走。这时天空又有了飞机声，乱跑的人群，把他挤进了一条狭窄的巷内。他在巷内躲了一会儿，看见七星岗也起火了，便又从小巷出来随着人流往前走，一直走到江边的马路上。到了两路口，他才雇上人力车回到学田湾生活书店的房子里，他们一行人都借住在那儿。

第二天，他又到武库街一带去，只见一片瓦砾，有的地方火仍在燃烧，有两辆救火车用水龙头浇水，但水力不足，毫无用处。原来这儿是很热闹的地方，现在人少得出奇，仿佛成了死市。就在这一天，5 月 4 日下午，日机又来轰炸了一次，炸的仍然是城内，都邮街的大火连续烧了三天。这就是当年有名的重庆“五三、五四大轰炸”，父亲竟赶上了其中一次。

后来，在 5 月下旬，父亲去白象街重庆海关，催询免税是否已批下来时，又遇上一次轰炸。那天下午四点半，他办完事从海关出来就到中山公园附近去看望范长江。出来后又听到警报拉响了。他对这一带不熟悉，不知道应当向哪里走才对，便去问一个警察。警察让他下坡到江边。他走到江边的防空洞一看，挤得满满的，便向更远的江边走去，到有只小船停泊的地方停了下来。这时又有一个警察来干涉了，说：这里不久前曾落过无数炸弹，看看沙滩上的弹穴就知道了。他让父亲到三个大涵洞那边去。那涵洞是重庆污水下泄的隧道，散发出臭味，但是里面也挤满了人。在第一个洞口处有一个补碗的担子，旁边有一个小凳，挑担子的人已经躲到洞里去了，父亲便坐在小凳上。一会儿紧急警报拉响了，随着就看见敌机自长江下游沿江飞来。南岸的高射炮射出发发炮弹，在黄昏时分的天空上散发出红光。这时洞内的一个老妇人对父亲说:炮这么响,你为什么还不进来?说着把她身边的小女孩往里面拖了一下,给父亲腾出了点地方。父亲刚刚走进洞,蹲下来,就听见声声巨响,飞溅起来的泥土直冲到洞里,洒到人身上。敌机飞过后,大家走出去,看见第三个洞口中了一弹,站在洞口的两个人被炸死了。警报解除后,父亲走到街上,听人说中山公园炸得最惨,园中死尸遍地,连树上都挂着死人的残肢。一位在汉口办报的新闻记者,正坐在园中亭内的石凳上,也丧失了生命。

父亲在重庆碰上抗日战争初期的严重轰炸,亲眼见到处于幼稚阶段的中国防空救护工作,看到者百姓的惨重牺牲,但是他也看到了在沉重的灾难中,中国老百姓从未动摇的抗日决心。

为了想在新疆试办拉丁化文字的报纸,利用在重庆办事的机会,父亲两次去北碚拜访了对拉丁化文字有研究的吴玉章和陶行知。

说起父亲研究拉丁化文字的缘由,是因为他很小就学会了中国的注音字母,北平国语统一会主办的《国语周刊》又使他对语文研究发生了兴趣,后来便学习了国语罗马字。那时,父亲曾认为,要消灭中国文盲,非改良中国文字不可,改方块字为拼音文字,可以使口语和文字一致,学习起来会容易得多。到上海后,他就曾设想办一种拉丁化文字的周报,只因当时太忙无从实现。到新疆后,看到少数民族文字的宣传品,又想起拉丁化文字的事,和盛世才一谈,他竟也认为可以试办,这就使父亲更有了劲头。他自知在这方面,无论是知识或是经验都很不够,便想找朋友请教。

第一次去北碚看吴玉章，同行的有王炳南和他当时的德国夫人王安娜和一位波兰小姐罗德薇。她们俩是跟着去玩的。这一行人乘车到北碚，再乘船到北温泉。北温泉的风景极好，树木繁茂，流水潺潺，吴玉章先生就住在一个旅馆里，他是在这儿养病的。父亲和他谈到新文字问题，他说已写好了两本书，一本是《新文字发展史》，一本是《新文字文法》，只是尚未拿去出版，你们如果需要，可拿去抄一份带到新疆去。父亲一听非常高兴，这正是他想找而找不到的书。父亲遂和吴玉章约好，待他看完这两本书后，再来讨教一次。吴玉章也欣然答应了。吴玉章因为有病不能陪他们玩，便让他的儿子带他们去北温泉游泳。黄昏时分，这一行人才回到北碚去访问陶行知，陶行知便请他们吃饭，边吃边谈，待到离开北碚时竟已晚上九点，回到重庆已是午夜十二点了。

父亲动员同行的朋友们大家动手来抄吴玉章的书，他自己也边抄边看。两本书看完后，他自己又去拜访了吴玉章，并在北温泉住了一夜。这一天他们谈到很晚才睡。吴玉章很详细地和他谈了汉字拉丁化的起缘，以及他对推广拉丁化文字的想法。第二天吴玉章还热情地非要和儿子一起送父亲到北碚。船刚到北碚，吴老先生身体已支持不住，父亲便雇了一架滑竿（简易轿子）把他送到陶行知处休息，自己赶着回重庆。父亲对这两次访问非常满意，收获很大。

6月底，终于一切准备就绪，可以成行了。不料动身前突然出现了一位先生，阻止开车，说是奉上级命令要检查。问他上级是哪儿，他又不说。大家气愤极了，便去找警察分局评理，分局长说，和我们发脾气是没用的，请去找可以解决问题的地方，那边说一句话，我们敢阻止您么？

父亲只好去找新疆驻重庆代表张元夫，请他代为交涉。第二天，张元夫回复父亲说，中央调查统计局局长陈立夫说要检查带到新疆去的书，听说其中有禁书。父亲反对说，都是在重庆书店买的公开销售的书，禁书怎能公开销售？张元夫劝父亲同意检查，并说，他们不喜欢生活书店，你们到重庆住在生活书店的房子里，他们有怀疑。让他们检查，更显得光明磊落。

其实父亲一行人住在生活书店新租的学田湾的房子里，一来是为了地处郊区便于躲警报，二来是为了节省房费。这也是生活书店经理徐伯昕的一番好意。父亲知道生活书店一向是国民党注意的地方，前不久还派特务搜查过。听张元夫一说，便只好同意让他们检查。

检查人员一箱箱地翻检，足足折腾了三天，最后提出把一百多本书没收，其中就有斯诺的《西行漫记》。父亲很生气，非要开收据才能拿走书。经过张元夫交涉，才拿来一张具名陈立夫公馆门房的收据，换去了那一批书。

等候检查的那几天，父亲借住在枣子岚垭沈钧儒老先生家里。为了排解心中的烦闷，就拿起了扔掷多年的画笔，把从二楼阳台上俯瞰周围的景色画了下来。想不到这幅并不高明的国画写生，却受到沈老先生的称赞，他兴致勃勃地在画上密密麻麻题了许多字。父亲感到，是沈老那慈祥善良的心，为了宽慰他而这么做的。几十年来，父亲一直珍藏着这幅画，作为30年代与沈老交往的珍贵纪念。在他晚年，他把这幅画给了我。这可能是父亲留下来唯一的画作。

这幅画的画面是依傍连绵起伏的山势而修筑的高低不等，式样不同的房屋，棵棵绿树羼杂其间。沈老的题词是：

造化美人乃惠我，客行万里迟片刻，濡笔向纸从所请，欲为幽居添景色，于时群山环户静，户外纸上争兀突，川中随地本如画，画今如真亦无别。巴渝峰峦奚啻千貌，此一角成奇迹，是地俗称枣子岚垭。是年六月卅日。空了先生将于六月廿八日赴新疆，临行为事阻小留三日，枯坐阁中，偶发清兴为屋外江山写照。钉纸壁间，一面睨视，一面落笔，每日得空即向壁立为而之，续数日至七月三日傍晚全幅始就，翌晨遂行，百忙中作此从容不苟，可谓有苦干精神者矣，倚装持赠殊可纪念。二十八年(民国)七七前三日沈钧儒记于重庆枣子岚垭八十三号寓楼。

用衡山章。画的右下角父亲写的是："二十八年七月初为衡老作。空了。"看来此画原是应沈老所请父亲画赠与他的，后来沈老在画上题词后又把此画给了父亲。

7月2日，赴新疆的汽车队一行八辆车终于起程了，当晚住在内江。由于八辆车中有五辆是租西北公路局的苏联车，行车速度不一样，只好分成两批单独行走。

到成都后，为了办理养路税的事又耽搁了好多天。这期间，成都的朋友常邀父亲下馆子，使他在惊叹成都小吃品种繁多，味道鲜美的同时，更赞叹茶楼酒馆名称的奇特。像什么"不醉无归酒家”、“忙休来茶馆”都给他留下深刻的印象,后来也时常提及。

也正是在成都,父亲得到方琼凤在灌县(她父母居住的地方)住进医院的消息。他曾去看望她,但第二天她就去世了。对于方琼凤,父亲似乎是一直怀念她,保存着她的照片,还写过小说纪念她。也正是从这本书的叙述中,我才理解到,方琼凤因追求进步而景慕父亲,他们虽然相爱,但却不愿破坏自己的家庭,为了儿女的幸福,为了各自对自己伴侣承诺的责任,他们理智地分手了。方琼凤的突然去世,给他们的故事增添了隽永的韵味。这也是因为人的通病是对得到的爱情不加珍惜,而对得不到或失去的却倍加惋惜。

作为一个新闻工作者,父亲从不间断地阅读书刊,扩大自己的知识面,同时又注意在生活实践中验证自己的知识,增加新的知识。他把从香港到新疆的长途旅行也当作是了解社会、充实知识的一个好机会。

从香港经海防到成都,给他印象深的是:中外官员的无能,办事机构臃肿,效率很低。而从成都往西北走,越走越荒凉。每当他看到荒芜废圮的古代遗址,便无限感慨:前人胼手胝足的创造,后人非但没保护好,反而破坏殆尽,作为中华民族的子孙,对继承和发扬中国的文化,负有多重大的责任啊!他凭吊武威一带古长城遗址,当他亲手抚摸倾圮的长城缺口时惊喜地发现,英国斯坦因所著《西域考查记》中所说,这儿的长城是以小树丛为骨干,外敷泥土筑成竟是准确的,这一带的长城确和山海关、居庸关一带不同,它是一道比普通的墙较厚较高的黄土墙。他还看到多处清代左宗棠西征新疆留下的遗址。过去,他读《新疆志》时曾看到过许多左宗棠的奏折，每到一处左宗棠都向皇帝报告当地的情况，存在什么困难，为什么非得屯兵种粮，等到收获后再裹粮前进。在安西一带由于缺水，他甚至先派人设前站寻泉凿井后，才移兵前进的。这次正好父亲他们的车队途经安西，当他看到奉敕建立的龙王庙的石碑，看到碑文记述着在此打井获水的故事时，使他想起了左宗棠的奏折，体会到左宗棠当年的艰辛。的确，左宗棠在这一带留下的痕迹实在是太深了，父亲沿途看到，每个驿站的建筑，用的都是当年左宗棠率兵种下的柳树，即所谓的"左公柳"。父亲感叹地想，左宗棠给后世留下了建设西北的木材，自己又能给后世留下什么呢！

父亲曾向我们说过，旅行可以增加许多知识。他在西北旅行时就亲眼看到过"沙漠蜃楼"显示的迷幻美景。他说过，唐诗中的那句"可怜无定河边骨，犹是春闺梦里人"，只有真正知道了什么是无定河才能更深地理解它的含义。原来无定河是指在沙滩上无一定河道的许多小股流水，从而可以想象到当年尸横遍野的惨状。他说过，在戈壁滩上他看到许多用石块堆成的石堆，起初不知道是什么，后来才省悟到这是前人为后人留下的路标。父亲意味深长地对我们说：前行的人总要想到后来的人。是的，有些现在看来似乎是不起眼的东西，但前人却为之付出了辛勤的劳动，甚至付出了生命为代价，我们后来人，能不去体味，能不为之动容么？

父亲在他写的《从香港到新疆》一书的序言中说，这次万里跋涉使他深得裨益。他写道：

……在北平、上海、香港，我做了十几年的新闻记者，每天在写文章，发议论。实际上，我那时只是纸上谈兵的书生而已，经过这次旅行，我才大略认识了中国，了解了中国之问题所在。……我是想告诉大家，“行万里路”对一般知识分子，比“读万卷书”更为重要。因为只有真的面对了事实，你才能懂得那事实中的问题之所在。

父亲9月13日到达迪化。我们在前两天就知道这消息了。我和妹妹高兴得乱闹，私下里猜着爸爸会给我们带来什么好东西，是吃的，还是玩的？妈妈笑骂我们是小疯子，我们也不理她。我们早把妈妈生气的事忘了。谁知道她还憋着气呢！

父亲回来的那天晚上，家里来了许多客人等着他。晚上十点他才回来，我和妹妹早已熬不住上床睡觉了。

第二天早上醒来，我和妹妹争着问给我们带了什么好东西。全然没注意妈妈阴沉的脸色，和那地上扔着的撕碎的纸和照片。爸爸给了我一支钢笔，给妹妹一个小娃娃，还给我们买了白巧克力糖。我们很高兴。爸爸看着我们欢快的样子叹息地说，你们太幸福了，你们知道吗？甘肃乡下的女孩子十多岁了都穿不上裤子，看见来了人就蹲下。贵州乡下的人，吃饭时放一块盐巴在桌上，只能舔一舔。我们听了爸爸的话都愣住了。怎么会有这样可怜的事？妹妹忽然大声说：“他们太穷了。”爸爸说：“对，他们太穷了。你们看见孟一鸣伯伯了吧，他没有双腿。就是为了帮助穷人，他们和国民党斗争，在长征时失去了双腿。”他随即告诉我们长征的故事。这是我们第一次听到长征的故事，也是第一次知道共产党是帮穷人的。虽然那时我们还小,但印象却很深。后来听说孟一鸣在盛世才的酷刑下叛变了。但是他的故事,作为一个共产党员的形象,却对一个小女孩,起到启蒙的作用。

从我们到达迪化直至爸爸也来到这里,其中约有半年多的时间。这期间发生了许许多多的事。先是妈妈偶然遇到了她的同学兰馥心(?)当时改名为张仪音,是新疆边务处副处长陈培生(也是化名)的夫人。张阿姨和她的两个孩子陈印和陈慧儿常到我们家来。我们也常去他们家玩。因为我们两家离得很近。张姨劝妈妈出去工作,不要老待在家里。于是妈妈就到迪化女子学校当了国文教员。迪化女子学校的校长是盛世才的夫人邱毓芳。我们也进了女校的附小上学。邱校长很欣赏妈妈的才华,对她很好。每天都派一辆漂亮的马车来接她去上课。

暑假到了,迪化的许多人都到南山去避暑,陈培生一家去了,我们一家也去了。在山坳里搭了蒙古包,地上铺着厚厚的松枝,上面又铺上地毯。包里安上了钢丝床,地毯上放着小炕桌,吃饭就坐在地毯上。南山是天山的支脉,长满了青松,山坳里还流淌着一股清泉。白天,我们几个孩子爬山,还有一次爬上山顶去采雪莲,去摘草莓和红浆果,去到小溪里蹚水,也骑过一回马。我冒冒失失地刚爬到马背上,马就跑了。吓得我紧紧抱住马鞍。马一直跑到河边,它想喝水,才停下来。后来吉仲元骑马追上来,看到我安然无恙才大大松了一口气。可是从那以后,我再也不敢骑马了。陈家的人都会说俄文,还有一个俄罗斯族的老保姆,大家都叫她玛利亚妈。她会烤面包,还会做果子酱。我们采回来的草莓和红浆果，她都做成了果酱，喂了我们这四个“小馋猫”。陈家还有一只大洋狗，浅棕色的毛，弯弯曲曲的，耳朵长长的，很懂事，和我们姐妹俩也很要好，常常抓抓门就大摇大摆地走进来，到每个人的面前，抬起它那大爪子和人握手。这是一个很快乐的暑假。

也就是在这时期，有一天南山来了一批各学校的老师，都是从内地来的人。其中有一位郭先生和我们认识了。这批人在南山只住了几天就走了。我们则住了一个多月。

回到城里后，郭先生常到我们家来。他身材略高，体格均称，英俊潇洒。郭先生和盛家有特殊的关系。他是东北抗日将领郭松龄的儿子，盛世才是郭松龄的老部下，邱毓芳还是郭松龄的干女儿，他们结婚是郭松龄的妻子韩淑秀做的媒。郭先生知道许多有趣的故事，妈妈听得挺有兴味。他也经常带着我们玩。我们很喜欢他来，家里显得热闹。迪化是个小城市，一点闲事都会传得满城风雨。爸爸的朋友们听说后就劝妈妈不要多和郭先生往来，因为新疆的政治环境复杂，怕郭先生是来为盛世才刺探消息的。特别是杜伯伯，到新疆虽不久，已经和盛世才之间存有芥蒂，怕妈妈闯祸。妈妈听不进这些，也根本不相信。

父亲到迪化后，母亲从旁知道方琼凤竟然和父亲从香港到重庆一路同行，更是火冒三丈，怒气冲天。虽然父亲解释说，方琼凤带着三个孩子到重庆是回到她丈夫的身边，而且已经病死了。但妈妈还是不依不饶，要和他离婚。而父亲也听到有个郭先生常到家里来的风言风语，坚决不离。两人都为对对方的不满不断争吵。但是，他们之间的矛盾很快就被新疆大环境的恶劣冲淡了。

父亲回到迪化后就去拜访了杜重远。杜重远郁郁不欢地说,他和盛世才的关系紧张,最近他写了一封信给盛世才,提出辞职。他告诉父亲,由于新疆学院把学生组织起来搞抗日宣传活动,盛世才听了谗言,心存猜忌,总找岔子。他自己是个直爽的人,又和盛是老同学,不免顶撞,一来二去惹恼了盛。他现在处于被隔离状态,没人敢到他家去。父亲听后很震惊,不由得想起杜重远过去作为表扬盛世才办案神速时曾和他说过的事。有一次盛世才宴客,请杜重远作陪,宴请的都是省府要人。第二天盛却宣布破获了一起阴谋暴动案,前晚的座上客,多数变成了阶下囚。看来,盛世才是个武断多疑的人,和这样的人相处不可不多加小心。由于父亲是杜重远介绍到新疆的,出现了这种情况,出面调解责无旁贷。于是,他去找了盛世才,劝他们互相谅解。他说,你们彼此熟知,长短之处说明就行了。盛世才沉默不语。父亲又说,如果实在不能相处,是否给杜重远离开新疆的机会,让他去苏联。盛世才说,可以让他回重庆。父亲把这事告诉了杜伯伯。可是杜伯伯不愿回重庆,因此犹豫不决。然而不久后,盛世才连重庆也不让他去了。

由于母亲和张姨、郭先生熟,也了解些新疆的内情,知道盛世才的耳目多,他本人又猜忌心重,很难相处共事。母亲很注意同厨师和勤务员的关系,尤其是吉仲元。在他面前注意讲话的分寸,也注意对他们的礼貌。吉仲元有一次夸母亲,说:“萨太太您人好,不像杜太太把佣人当下人。”母亲一听更提高了警惕,嘱咐我们决不许胡说八道。正因如此,父母二人决定赶紧离开新疆。

父亲把家搬到离市中心较远的西大桥附近新疆日报社新址的大院内,辞退了厨师和勤务员。他努力工作,领导大家把带来的电台和其他设备安装上,加上从苏联买回的新印刷机,报纸的版面立即改观。在内地去的文化人和已在新疆的共产党人的共同努力下,报纸的内容也丰富起来。这张报纸也可算得上国内的一张进步大报了。

与此同时,经盛世才邀请,茅盾、张仲实出面成立了新疆文化协会,并担任领导,又成立了各民族文化促进会、话剧运动委员会等等,内地去的文艺工作者,像史枚、徐韬、王为一、赵丹、朱今明、易烈、叶露茜、俞佩珊等等,在新疆的文化和戏剧方面做了许多工作,他们或办刊物、写稿子,或自己演出,还帮助指导新疆学院、迪化女中等学校演出了很好的剧目,如:《前夜》、《雷雨》、《屈原》、《北京人》、《呼号》、《小朋友,你错了》等等;还组织了抗日歌咏活动。一时之间,新疆的进步文化活动确实使这偏远的大西北后方,显示出生气勃勃。

这一切对新疆来讲,本来都是好事,是发展,是进步,是成绩。但是,作为新疆的领导人盛世才并没有高兴,反而猜忌更深。

盛世才原是东北军人,在新疆"四一二"政变中,抓住机遇,攫取了政权。在国民党当局迟迟不承认他的督办地位,并以武力胁迫他的情况下,为了摆脱困境,巩固自己的统治地位,他顺应形势,外靠苏联,内联中共,并迎合当地各民族各阶层民众的利益和愿望,提出符合历史潮流的进步的六大政策。当中国共产党人和进步人士帮助他在新疆站住脚跟,新疆出现了好的形势，特别是当民众称赞这些成绩时，他却因要求加入中国共产党的愿望没有实现，而心怀疑窦，起了异心，进而策划排除“异己”。

借着一次盛世才关心我们家庭情况的机会，父亲说出了母亲要和他离婚的情况。为了维护家庭的完整，他希望准许携眷回重庆。盛世才大约觉得有些对不起父亲，为了给新疆买东西，他辛苦奔波，与家庭分离了九个月，造成了不良的后果。加上郭先生是自己的亲戚，这种事态显然有诸多不便之处。他含糊地答应父亲，说等机会他会安排的。后来，我听说，盛世才随即责备了郭先生，还把他软禁了。不久，盛世才对父亲说，国民党要召开国民大会，你可去重庆去摸摸情况。父亲要求借机把家眷送回内地，盛世才答应了。

父亲立即把情况告诉了毛泽民，毛泽民认为，根据当时的情况看，离开为好。临行前，父亲再次找毛泽民商量，能否在周恩来从苏联就医回国路经新疆时，请他向盛世才说说情，放杜重远回重庆。父亲这样说是因为当周恩来、邓颖超和孙维世去苏联就医时，父亲正好在兰州遇到过他们。经周恩来同意，父亲给盛世才打了电报，通知周恩来经新赴苏这件事。后来，盛世才曾亲自到机场迎送，并设宴招待，礼貌周到，看来还是尊重周恩来的。毛泽民听后觉得有些为难，他以为这样的事周恩来不大好向盛世才说。父亲便说，我写一封信留在这儿，请转交给周先生，由他斟酌办吧！

我们全家是 1940 年 2 月离开新疆的。父亲回到重庆后和救国会等各方面的朋友谈到杜重远被缧绁的事，大家都很关切。以沈钧儒、莫德惠、李根源等社会宿耆名流为首联名打电报给盛世才，请他放杜重远回重庆。盛世才只是回电敷衍了一下，并无行动。

周恩来从苏联回来后，对父亲说，你留给我的信，我看到了。你说的话毛泽民也转告我了。我确实是考虑过对不对盛世才说，如何说。后来，盛世才请我吃饭，我顺便说了这件事。盛世才说，那好吧，过一天让杜重远搭另一架飞机回去。父亲高兴地说，周先生，你救了重远了！周恩来说，你太天真了，如果盛世才真的要放杜重远，可以让他坐我的飞机嘛，为什么要第二天乘另一架飞机？这就是说，他不打算放他！

我们离开新疆后，同年5月，茅盾、张仲实也以奔丧为借口离开了新疆，直奔延安。

随着国内外形势的变化——德军进逼莫斯科，国民党策动皖南事变，盛世才终于从亲苏亲共转到投靠蒋介石。杜重远则在1941年5月以“阴谋暴动罪”被捕，全案牵连三千余人，不少由杜重远介绍到新疆的爱国人士也被捕入狱，像赵丹、易烈等等。此后，盛世才还大肆逮捕共产党人。1943年9月，陈潭秋、毛泽民遇害。同年夏，杜重远也遇害。这位引导父亲赴新疆建设大后方的爱国志士，长眠在他立志建设的地方。

父亲去世后，我看到《新疆烈士传通讯》1988年第二期“历史研究”栏目中的一篇题为《盛世才与中国共产党》的文章。作者赵明系三十年代在新疆工作的同志，他的哥哥也死于盛世才之手。在该文中，他概述了从1933年“四一二”革命，盛世才掌权以后受苏联共产党支持帮助，为建设新疆支持抗战，联络中国共产党，向延安请求派大量共产党员到新疆，并委以重任，后来他要求参加中国共产党被拒绝,以至于1942年盛世才投靠蒋介石,屠杀中国共产党党员和进步人士的全过程。最后他提出在复杂的国内外形势下,确立党的正确政策的重要性值得探讨总结的问题。他的文章遭到了批判。但他提出的问题的确很重要,因为关系到革命事业的成败,甚至关系到千万人的生命。假如当年从战略策略上是另一种考虑,会是什么样的情况呢?!

重庆一年

1940年2月,我们全家从新疆回到重庆,在天官府街的一个小院里安了家。那时,敌机几乎是天天轰炸,不多久,天官府街这条小巷就在狂轰滥炸中被毁,我们这个小院也再无法安身。

敌机的轰炸使在重庆市的人无法正常生活。就在这时钱俊瑞伯伯打算带家眷到江北寸滩乡下朋友家躲轰炸,便邀我们全家同去。钱伯伯的朋友徐化洽听说后,也热情地表示欢迎。

徐化洽是个开明地主,年纪约三十岁左右,兄弟二人都受过良好教育,他弟弟的思想比哥哥还要开明。他们主张抗日,对进步文化人很尊重,时常给予帮助。

徐化洽家的房子被大片田地包围着,环境优美,清静。宅子的正房徐家自己住,两厢便借给了我们两家。屋旁有一个小池塘,周围种了一些花木,其中有两棵白兰花,我们去时开得正旺,散发出沁人心脾的清香。这儿离城市很远,再听不到凄厉的警报声、轰炸声。两厢房大约原来是他家的书房和客厅,陈设古朴,大而圆的木窗周围是一圈不规则的木格装饰,有点古色古香的风味。晚间，特别是有月光的日子，坐在窗前看月亮，真让人忘记了战争，忘记了灾难。钱伯伯经常埋头写文章，有时也和父亲议论点什么。

为了躲轰炸，父亲在这里安静地住了一阵。他除了看书，就是带我们到小镇上去坐茶馆，下小馆吃饭，听听四川老表摆龙门阵。就是根据四川老乡的介绍，我们吃到了夹沙肉，当时觉得非常好吃。夹沙肉也是一种扣肉，只不过是用薄薄的肥猪肉做的，中间夹的是甜豆沙馅。很长时间我总记着它。到我长大后再吃时，觉得太腻了。

父亲还带我们沿着田埂散步，看那绿油油的水田，告诉我们那直挺挺的杆上长着大叶子的植物，下面长着的正是我们爱吃的芋头，那大叶子可以喂猪；那一条条伏在地上的红蔓绿叶的植物是红薯；那水田里像水蛇似的东西是黄鳝……有时父亲触景生情，就随口背诵一首诗词，让我们跟着背诵。他还给我们讲些和诗词有关的故事，加深我们的记忆。母亲也教我们背诗词，大多是她自己喜欢的。我们会背诵了可以得到奖励，给我们一块好吃的糖或给我们采一朵漂亮的花。我会背诵的许多诗词，都是在小时候父母口授的。有些诗词我虽然背得很熟，却并不懂是什么意思，直到长大才理解。但是，父母的这些灌注，对我爱好文艺有决定性的影响。

徐化洽经常在城里经商，在乡下的只有他的妻子和孩子，我们和他们一起吃饭，形同一家人。由于父亲有地方安顿了家小，自己才能到重庆去活动，免除了后顾之忧。对徐化洽在我们困难时所给予的帮助，父亲一直铭记在心。解放后，当父亲得知徐

1938年，萨空了（左二）与丰凯、博古（右二）、王安娜（左一）于重庆红岩村

化洽因是地主成分，而沦为抬滑竿的人时，便和钱俊瑞等朋友一起证明他在解放前为帮助进步人士做过许多工作。后来徐化洽得到了应得的关照，并当上了江北县（现为重庆市渝北区）的政协委员。

父亲从江北乡下又回到重庆去找工作，范长江伯伯便建议介绍他去《新蜀报》。《新蜀报》是四川地方势力办的报纸，和四川军阀刘湘有关系。总经理周钦岳是四川省有影响的知识分子。周钦岳早年曾赴法国勤工俭学，回国后曾与陈毅同时被《新蜀报》聘为主笔。后来周钦岳当了主编，又聘萧楚女担任主笔。《新蜀报》积极宣传新文化、新思想，因此当年曾是重庆地区宣传革命思想的主要阵地。"九一八"事变后，周钦岳到上海积极参加抗日救亡运动，被国民党逮捕，受到严刑拷打，始终保持革命气节。1938 年以后，他回到了重庆，又担任了《新蜀报》的总经理。范长江伯伯又介绍说，现在的《新蜀报》的总编辑是杨丙初，副总编辑是漆鲁鱼（后来父亲才知道他是中共党员），内部人员比较复杂，其中还有托派分子。范长江希望父亲到《新蜀报》去，和周钦岳合作，把报纸整顿一下，把托派分子弄出去，把报纸的印数提高，使它成为当地有影响的中间偏左的报纸，成为《新华日报》的友军。父亲接受了范长江的建议。范长江就把他介绍给周钦岳。从此，父亲当了《新蜀报》的总经理，周钦岳当了社长。

父亲担任《新蜀报》的工作后，我们家从江北回到重庆，在枣子岚垭犹庄租了两间房子安家。重庆是个山城，到哪儿去都得上坡下坡。犹庄离良庄很近，上个坡就到了。那里住着沈钧儒、邹韬奋和王炳南，离沈志远家也不远，下个坡就到了。大家经常来往。我和妹妹上了张家花园的巴蜀学校，每天上学得先下坡，穿过一个山坳，再上坡就到了。巴蜀学校是中华职业教育社办的，是一家声誉很好的私立学校，教学质量很高，老师们多是从上海来的。我的班主任朱光熙，是徐雪寒的夫人，妹妹的班主任王之慧是孙起孟的夫人，都是很有教学经验的老师。正因学校有名，各方面的人都把子女送来求学。我的同学中既有国民党要人何应钦的女儿何丽珠，四川将军杨森的儿女杨汉华、杨汉英，又有进步文化人邹韬奋的儿子邹家骝。

父亲到《新蜀报》后发现，原来报社已购买了轮转印刷机，只由于社址在白象街，商店林立，人烟稠密，无处再建印刷厂，又害怕轰炸，再加上卷筒纸不好买，机器一直没安装使用。父亲便建议在郊区化龙桥一带盖个简易厂房，把轮转机安上，先改进印刷质量。周钦岳等同意了。父亲找来他在北京新闻专科学校的一位学生白广荣，让他当厂长，负责建厂工作。正好这时有个四川资本家办了个嘉乐纸厂能生产卷筒纸。周钦岳和当地士绅熟悉，利用他的关系订购到了卷筒纸。轮转机使用起来，报纸的印刷质量得到了提高。

那时，重庆也有报业工会，一些关于报纸出版发行的事，如：报价、纸张分配、广告价格、报贩雇佣等等，都要在这儿研究讨论。在重庆出版发行的报纸约有十几家，大部分属于国民党或地方势力。每当开会时，作为《新华日报》的代表熊瑾玎或潘梓年和作为《新蜀报》代表的父亲，常常互相配合，以维护两家报纸的利益。譬如：在纸张分配上，国民党当局有时故意少分配给《新华日报》，潘梓年据理力争，父亲从旁支持，力争好的结果。

抗战时期的重庆，纸张是紧缺物资，《新华日报》作为公开的中国共产党的报纸，纸张来源就更困难。有时，《新华日报》缺纸，《新蜀报》就暗中支援。国民党有时故意对《新华日报》停电，使它无法开印。《新蜀报》印刷厂就在旁边，经常帮忙。

1941 年 1 月，发生了震惊中外的皖南事变。早在 1940 年 10 月 9 日和 12 月 8 日，何应钦和白崇禧就以国民党政府军事委员会正副参谋长的名义发出皓电与齐电，污蔑八路军和新四军，强令长江以南的共产党部队在一个月内撤到长江以北地区。12 月 9 日，蒋介石又发出手令，要新四军“限期北移”，并密令顾祝同“按照前定计划，妥为部署”，将新四军在皖南部队“立即解决”。1941 年 1 月，中国共产党为了坚持团结，顾全大局，一面理直气壮地驳斥了国民党的造谣污蔑，一面答应将皖南的新四军北移。不料国民党反动派竟冒天下之大不韪，对北移的新四军包围袭击，致使九千余名抗日将士无辜牺牲。国民党中央通讯社对这件事发出了一条歪曲事实的电讯，并强令各报按电文发表。

对这件事，父亲满腔义愤。收到这条消息后，父亲认为必须想出个对策。《新蜀报》是中间面目的报纸，不能像《新华日报》那样干脆拒绝刊登，但也绝不能照中央社发的消息那样刊登。大家研究的结果是在标题上做文章：即把中央社所发消息的标题的前半句“抗命背叛”四字不用，只用标题的后半句“新四军全部解散”，以期有心人读到这条消息时想一想，为什么《新蜀报》的标题与其他报不同，新四军全部解散的真正原因到底是什么？为了做好应付国民党中宣部质问的准备，父亲劝说周钦岳这几天不要上班，以便让别人来推搪。

皖南事变后，重庆一片白色恐怖。国民党四处追捕共产党员和进步人士，几乎天天都听说有熟人失踪的消息。和我们同住犹庄的一位名叫郑代巩的青年，是全国学联的代表，就在一个夜晚失踪了。据说被关在川东师范的防空洞里，以后再也没有回来。

父亲每天都很晚才下班回家，我们都提心吊胆生怕他也被抓去。母亲总是叮嘱他尽早回家，光天化日之下安全些，但父亲却并不在意。

在这种形势下，一些人悄悄地离开重庆了。在邹韬奋伯伯改名换姓躲过一品场检查哨后，周恩来先生劝父亲也离开重庆，到海外去做宣传工作。

本来我家已打算走了，突然《新蜀报》印刷厂遭了火灾，厂房全部被烧毁。父亲觉得在《新蜀报》困难时刻甩手而去，对不起朋友，决定留下来。由于父亲有经验，在印刷厂一建成后就在一家英国保险公司保了险，因而有希望得到赔偿。父亲开始为争取保险费而奔走。在救国会的一位律师朋友的帮助下，保险公司终于同意了赔偿。补偿的钱竟能使《新蜀报》印刷厂盖起了像样的瓦房。

当时调查这起火灾的起因，据说是国民党特务往铅锅里浇了冷水，激起的火苗蹿上茅草房引起的。肇事者万万想不到，他们的破坏反而使印刷厂由草房变成了瓦房。

记得在重庆时，我的四叔萨阐曾到过我们家一次。他是经过重庆，并说已经结了婚，当时父亲不在家，母亲留他多待一会儿。他说，为了找我们的家已耽误了很长时间，同行的人还在等他，不能等父亲了，等他安顿好了会给我们来信，但是从此以后再没有来过信，直到解放以后，我们也再没得到过他的消息，估计他已不在人世。这是我对四叔的唯一印象。

《新蜀报》的事都办妥当以后，我们又重新准备离开重庆。这时已是1941年的夏天，在沈钧儒老先生的帮助下，用他侄子公司的工程师的名义，父亲化名带着全家通过了一品场的检查哨，离开了重庆。

我们是乘汽车先到贵阳，从贵阳到桂林。从桂林往香港需乘飞机。为了等办这个手续，在桂林住了很久。后来是在广西李济深的帮助下才买到飞机票，到香港时已经是8月了。

第三章

身陷囹圄　民主宣传人

香港沦陷前后

1941年8月,我们全家又到了香港。

父亲原本打算经香港到新加坡去找胡愈之伯伯,在那里办个新闻通讯社。船票买好,动身在即。这时,邹韬奋和廖承志找父亲商谈,希望他留在香港,参加创办中国民主政团同盟的机关报《光明报》。他们谈了创办这张报纸的重要意义,也谈到办报的困难,以及报社成员的复杂情况。由于邹韬奋代表救国会,廖承志代表共产党,父亲作为救国会的成员,就接受了这项任务,退掉了去新加坡的船票。

中国民主政团同盟的前身是统一建国同志会。它成立于1939年11月,是由张澜、黄炎培、沈钧儒、梁漱溟、章伯钧、罗隆基及青年党和国社党的代表发起组成。以巩固统一积极建国为旗帜,主张宪法颁布后立即实施宪政政府,开展民主宪政运动。

到了1940年底,开始酝酿在统一建国同志会的基础上筹建民主政团同盟。1941年3月18日,民主政团同盟筹备会在中国国家社会党首领张君劢家举行。救国会领导人沈钧儒,虽为中国民主政团同盟创意人之一,但未正式参加会议。因为有部分创意人认为，沈钧儒和救国会与共产党关系密切，参加进来怕国民党当局不批准“同盟”成立。19日，中国民主政团同盟在重庆上清寺特园召开成立大会，选举黄炎培为中央常委会主席。特园是四川省开明爱国士绅鲜特生的私宅。鲜特生在一定程度上代表了地方势力，蒋介石对他有所顾忌，因此各民主党派常利用这个地方开会、活动，共产党的代表周恩来、董必武也常去此处。

沈钧儒和救国会虽未能参加同盟，但在大会上发表了声明，支持中国民主政团同盟的主张，并在行动上与同盟配合一致。

然而，尽管救国会未加盟，中国民主政团同盟在国民党地区仍未获得合法地位，不能公开活动。于是决定派梁漱溟到香港办报，在海外建立言论机构，宣传同盟的主张，争取社会舆论的支持与同情，公开同盟的组织。梁漱溟的这个行动得到了周恩来的热情支持。他到达香港后，又得到救国会海外工作委员会负责人邹韬奋的支持与帮助。因此，才有了让我父亲帮助梁漱溟办《光明报》这件事。后来，救国会还是正式加入了中国民主政团同盟。中国民主政团同盟遂成为救国会、中华民族解放行动委员会（后改名为中国农工民主党）、中华职业教育社、乡村建设派、青年党、国家社会党（后改成民主社会党）三党三派的政治联盟。

邹韬奋把父亲介绍给梁漱溟，他当时是中国民主政团同盟的常委、宣传部长，也是将成立的《光明报》的社长。邹韬奋向梁漱溟介绍了父亲办报的经历，并说，可以给他当个帮手。梁漱溟接受了这个建议。他向父亲说，我相信邹韬奋先生的介绍，我相信在我们共同工作中会进一步互相了解。这样父亲到《光明报》

的事就确定了。

父亲要在香港安家,先要找房子。正好这时碰上金山原在九龙汉口道租的房子因故不租了,我家就接着租了下来。汉口道离弥敦道和尖沙咀码头都不远,是个热闹的街区,和我们过去住的太子道真是大相径庭。白天,汽车声、木屐声、收音机放送粤曲声,一片喧嚣。房子倒是很讲究,客厅、卧房都已陈设着欧式家具,卫生设备俱全,厨房还安着带烤箱的煤气灶。房东是个英国老太太,经常上门作客,实际上是看看我们有没有弄坏她的家具。

紧接着要解决我和妹妹的上学问题。因为9月1日各校要开学了。妹妹被送入了附近的小学。我则被送入了在金巴伦道刚成立的一个中学——立华中学初中一年级。这个中学是"五四"以来,中国妇女运动的领袖之一刘清扬办的,学校的老师都是进步的妇女工作者。我还记得其中有个老师叫丁洁如。她教地理,在课堂上绘声绘色地讲山川,讲人文,给我留下了深刻的印象。本来父亲从香港到新疆的经历,已经打动了我想旅行的心思,丁老师的地理课更诱发了我向往旅行、渴望了解世界的梦想。我曾向父亲说了我的向往。父亲就在这年我生日的那天送给了我一本翻译的《非洲旅行记》,上面还写着:"送给苦茶作为生日礼物,祝愿她实现周游世界的壮志。爸爸。1941年12月6日。"遗憾的是,我甚至还没看它,就爆发了战争。这本书在战火中丢失。也许这就预示着,我不可能实现自己的梦想。

父亲开始为创办《光明报》奔忙。首先到香港政府注册登记,他承担了《光明报》的督印人。《光明报》的阵容是这样的:社长梁漱溟，总编辑俞颂华，总经理兼副刊《鸡鸣》主编萨空了，国际新闻编辑羊枣，副经理李炳海等。

由于《光明报》是各党派联盟的报纸，工作人员来自各方面，为了便于工作，在创刊前经与各方面协商，订立了中国民主政团同盟机关报《光明报》出版公约五项：（一）抗战建国为国人共勉之大业，抗战建国纲领亦为公认之方针。在此大前提下，举国之内，义不当有政敌而不可无诤友。吾人本此信念，于任何方面不取敌对态度，而窃愿附事诤友之义，贡其诤言。（二）眼前最切之要求为加强国内团结，本报言论是以此为目的，其持论措辞，有不利于团结者，均所不取。（三）民主精神为团结之本，其意甚近，并不在远，吾人以政治上实现民主为基本，而先以言论之民主精神自勉。（四）国内如有力之党派又难发抒其言论，而大多数之国民顾未得自建其言论机关，本报愿贡献国人为言论发抒之公共园地，凡无背上列原则者悉为刊载。（五）凡代表本报之言论例不具名外，其余皆以具有姓名或笔名为原则，以明责任。

订立这个公约的目的是协调三党三派的关系，避免出现某一党或某一派坚持刊登不符合团结抗日宗旨的文章。因为当时青年党和国社党的政治态度就不明朗。后来，到 1946 年 11 月，国民党召开伪国大时，中国民主同盟抵制伪国大召开，而这两个党违背盟约参加了伪国大，从而被开除盟籍。

《光明报》于 1941 年 9 月 18 日在香港创刊发行。随之，报上连载了梁漱溟著《我努力的是什么》。梁漱溟在此之前曾到过延安，见到过毛泽东主席，他是持团结抗日主张的。

10 月 10 日，《光明报》公开发表了《中国民主政团同盟成立宣言》和《中国民主政团同盟对时局主张纲领》。据父亲说，这是1941年国内外有影响的重大新闻之一。当时为了避免香港政府华民司新闻检查处审查扣发，父亲出了个主意，把这两个文件以广告形式登出来，因为广告不送检，打了个马虎眼就登出来了。随后，10月16日，在一切既成事实以后，《光明报》又发表了题为《中国民主政团同盟的成立宣言》的社论，介绍了中国民主政团同盟的组织与宗旨。此文首先阐明，中国民主政团同盟已在重庆成立。接着又阐明，他不是单一政党而是各党派的联合体，它不拥有武力，保证和平无害，目的是促进团结抗日，并不会与国共两党在政治上争什么。

但是，即使这样一个联合体，也惊动了国民党统治集团。他们派孙科到香港，向香港政府施加压力，说：重庆并没有中国民主政团同盟这一组织，香港政府允许中国民主政团同盟的机关报在香港发行，是干涉中国内政。香港政府在国民党的压力下，非法搜查了《光明报》社长梁漱溟的家，警察总监传讯了我的父亲这个督印人，诬陷《光明报》在香港组织政治团体，目的是颠覆中国政府。在香港的国民党报刊也群起围攻《光明报》。从此，香港华民司新闻检查处常常无理删扣《光明报》上刊登的消息和文章，文章被删得支离破碎，不成句读，有时甚至被迫“开天窗”。

与此同时，由于《光明报》是三党三派联合的报纸，虽说团结抗日这个大前提是一致的，但涉及具体问题时，每每因意见不同，举棋不定，左右摇摆。这就需要花许多精力做许多工作才能协调。于是我们家就成了许多人来商量问题的地方，不止是《光明报》的人，还有各方面的代表人物。这是因为我们家的地点适中，从香港到九龙，或从九龙到香港，往往从尖沙咀码头过海，我家正离尖沙咀不远；再就是因为梁漱溟爷爷单身一人在香港，他爱吃北方口味，又不吃荤，在外面吃饭很不方便，我妈妈会做北方面食，他便常在我家吃饭，因事找他的人也往这儿跑。

我常常坐在旮旯的小凳上，看他们激烈地议论着，当然是什么也不懂。只见，梁爷爷总是静静地听，然后慢慢地说自己的意见，仿佛从不生气，也不着急。他那长者的风度，让人肃然起敬。给我印象深的还有高汾阿姨，她们是姐妹两人，当时都正在青春年华，长得漂亮，活泼能干，说起话来头头是道，让我十分羡慕。几十年后，我自己已是一个离休的女记者，在一次华商报史学会的聚会上，偶然听到有人叫高汾的名字，顺声望去，她已是一位瘦瘦的老太太，但说起话来不失当年风采，只是容貌已完全变样了。我走向前去，对她说了当年她曾给过我那么深的印象，使我羡慕做一个女记者。她完全不记得我，也当然想不到她曾给过一个小女孩的影响。而我，在告诉她这件事后，仿佛了却了一个心愿。

那时，父亲白天得应付各种纷至沓来的矛盾，晚上则在编辑部和同人们议论当前的斗争形势和报纸的版面安排。他主编的副刊《鸡鸣》还要和攻击《光明报》的报纸对垒。《光明报》在摆花街的编辑部十分狭窄，斗室条桌，坐次栉比，条件是艰苦的，但人人灯下苦干，乐意为正义事业贡献精力。

正当《光明报》的工作有了起色的时候，不料，在 1941 年 12 月 8 日爆发了太平洋战争，香港被战火席卷。直到这时，中国政府才跟随英美等国向德、意、日正式宣战。

那天正是星期一。我们刚吃完早饭要去上学,突然发出了警报声。父亲刚刚起床,说不要上学了,先看看情况。他到盥洗室刚要洗脸,忽听得一阵急促的敲门声。女仆陈妹不敢开门,还是父亲自己去开了门。拥进来几个英国警察,拿枪指着父亲,不知说些什么。父亲也用英文和他们对话,然后又回到盥洗室,边洗脸边对妈妈说,他们让去一趟警察局。待到他穿好衣服拿出证件给英国警察看后,他们不知向父亲说了些什么又都走了。关好门,父亲说,他们以为我是日本人。据他们说以前这儿住过日本人。我们走到骑楼上,看见那些警察正向一辆囚车走去。父亲赶忙离家到范长江的住处。范长江也刚刚起床,还穿着睡衣。父亲问他可知道什么消息。他说,大概是防空演习。父亲把刚才发生在我们家的事告诉他。他立刻警觉起来说,可能是战争爆发了。他赶忙穿好衣服打算和父亲一起过海去了解情况。刚刚下楼就碰到从香港过来的孟秋江,他带来了日本对英、美正式宣战的消息,并说香港政府有命令,由香港可以自由到九龙,从九龙到香港,除军人外必须到亚士厘道西人青年会旁门去领通行证方可放行。父亲和范长江到西人青年会,那里已挤得水泄不通。他们俩便又往海边走,看有没有私搭乘客的小艇。走到九龙仓前的汽艇码头,果然仍有汽艇招揽过海客人。待渡的人很多,还碰见了生活书店的徐伯昕和读书生活社的黄洛峰。在争渡的混乱中,父亲登上了小汽艇,另外三人却登上了小舢板,汽艇十分钟就过了海,后来听说,舢板竟摇了一个小时。

这一天的香港早晨与往日不大一样,大街上的行人不再是匆匆地赶去上班,而是在街头徘徊观望,似乎希望能从哪儿知道点新消息。街口墙壁上《星岛日报》的报框架里，贴着几张纸，只有寥寥的几个字："日本今晨同时向英美宣战。"过往行人伫立细看，仿佛想从这几个字里找出什么其他信息。

据说这天一清早，英文报就发出了号外，说英国情报部证实，日军不止进攻香港，还进攻马来西亚和菲律宾。但中文报却迟迟出不来，因为中文报必须通过香港政府华民司新闻检查处检查，战争猝起，检查处未上班，何能出报！已在市上发卖的报，还是头天的消息，谁还要看？父亲痛感香港政府不能平等对待英文报与华文报，在政治上有多大损失。香港是中国人聚居的地方，中国人多希望知道自己的处境，可是竟不能！如果说要保卫香港的话，光靠英国人行吗？

父亲到《光明报》已十点，他首先决定办两件事：一是从银行提款，以便不时之需；二是买粮食，以便能坚持工作。把急需解决的事安排好，他又到朋友们经常碰面聚会的地方去打听消息。他到了"Dairy Farm"和"Wisemen"，所碰到的中外朋友都没有什么新消息，大家比较一致的认识是，从香港政府切断港九交通的做法来看，似乎将放弃九龙，死守香港，等候援兵。香港的防守力量，支持两三个星期应有把握。因此，大家商议，应乘尚有小艇、舢板来往渡人，立即把家眷集中到香港来，以便安心在香港，与香港政府一起抗日到底。

回到报社，父亲才知道取回的钱都是五百元、一百元的大票，米已买回，可供同人吃十天左右，纸张也可以维持相当一时期。他翻阅当天的号外和晚报都没有什么新信息。商量了以后取得消息的新办法以后，父亲决定到九龙，把家眷接到香港。他走到街上，路灯全不亮了，伸手不见五指，漆黑的夜，寂静得像死市。走到天星码头，几盏用黑布罩上的电灯略有些光亮。这时已晚上十点五分，码头收费处也没有人。问一个职员，他说渡轮每小时开一次。上次船刚走，下次将在十一时开。不久九龙开来一条船，下来的都是军人和 A. R. P.（防护团），没有普通乘客。父亲上了船，陆续又上来了一些人，左右环顾，他是船上唯一穿便服的乘客。大家都不说话，静悄悄的，只听见海水的波浪轻轻拍打船身的声音。

十一点十分，渡轮靠岸。跨上尖沙咀码头，父亲发现九龙也和香港一样寂静黑暗。码头上没有巴士，也没有的士，连人力车也没有。走到家里，母亲还坐在用防空灯罩罩着的电灯下等候。他们当晚收拾好东西，准备明天全家到香港去住。父亲刚睡下，突然警报响了，把睡着的我们也惊醒了，惶惶间却又响起了解除警报的声音。后来听说，是中国民航的飞机来港接要人和他们的眷属，港方误以为是敌机来了。

第二天整个上午在警报与轰炸中度过。中午看到报纸，父亲从日军轰炸新加坡、马尼拉、珍珠港，并在马来亚北部、菲律宾马尼拉半岛登陆，还开入泰国假道等消息分析，香港并非主要战场，相持的可能性较大，因此他更下决心把全家搬到香港去住。下午他出去到一些朋友家，不少人已全家搬到香港了。他又到避风塘一带，听说这两天常有船从这儿偷渡，后来警察发现了，驱散了群众。

第三天父亲才找到偷渡的烂仔船，用六十元港币的代价带全家人过海。因为小舢板是在湾仔靠岸，我们就投奔到住在附近的张友渔家。到那儿才知道，已经有好几家人在此避难。我们在这儿只住了一晚，就搬到俞寰澄家。

到了 12 月 12 日，香港的情况愈发紧急，不止是有敌机轰炸，还有大炮射击。爆炸声、炮弹的呼啸声终日不绝于耳。加上传闻英军已弃守九龙，更让人心惶惶。其实，当时日军并未到九龙，是一些伪军的便衣和九龙的烂仔在趁火打劫。人们虽然都知道，九龙与香港之间只需十来分钟渡海就能到达，九龙一旦沦陷，香港难以自守，但是总还期望着国军能助一臂之力，或是英军能从海上来救援。甚至有人还说，国军若能在香港击退日军，这块殖民地租界地就顺理成章地归还中国了。

父亲和他的朋友们都认为，既然英、美、中都对日宣战，大家是站在一条战线上的，就应当帮助香港政府宣传、组织抗日活动。父亲出于要坚持工作岗位的想法，觉得家人住在跑马地离中环办公的地方太远，照顾不方便，就和《光明报》经理李炳海商议，把我们搬到他家去住。于是，在 12 月 12 日晚我们搬到了李家。

李家住在西环般含道荣华台，是在半山上，由坚道下山，到中环的《光明报》很方便。李炳海家只有一个妹妹和一个未婚妻，房子很狭窄。我们搬去，一下子增加了好几个人，窘迫之状可想而知。父亲告诫我们，这是逃难，在战争时期，大家要懂得互相照顾、忍让。

按照父亲的想法，是要坚持出报。但是，报社的同人都说出报怕是不容易，主要是没有自己的印刷厂。当时印报在一家民生印务公司，老板从不体恤工人，战争爆发工人更无心工作。父亲是一个从不畏惧困难的人，只要目标确定了，天大的困难也要想方设法去克服。他相信事在人为。他亲自到了印刷厂，找到工头，允诺增加工资，要求坚守岗位照常出报。工头答应了，父亲又和编辑部的同人商量，坚持出报到最后一刻，大家也都同意。同时，他又为报社的主要领导人，如：梁漱溟、俞颂华、羊枣等人找好了隐蔽的地方，一旦日军占领香港，他们可以立即躲避起来。对于其他的同人，则提前发了工资，以备不时之需。解决了大家的后顾之忧，《光明报》照常出版就这样敲定了。

第二天，父亲到报社后了解到，由于夜里炮火激烈，工人常躲避，影响了工作，报纸仍未排完。父亲即和另一编辑施白芜同去民生印务公司。这个印务公司在一座旧式的楼房里，炮弹一响，就把房子震得晃动，房子虽倒不了，炮弹也不一定正命中，只是对工人的精神威胁是无法抗拒的。父亲亲自体验了工人的感受，理解这是不可改变的客观现实，遂决定，只拼出一张四开临时版就可付印发行。

回到报社，他看到送来的《大公报》已宣布因纸张在九龙仓无法运来而停刊。他想，因各种困难不能出报的一定还有。他去找范长江商量对策，因为范长江搞的《华商报》当时也在民生印务公司印刷。找到范长江才知道《华商报》已在当天停刊。而且又听到消息说，从九龙放过一只小船，带来日本司令官致港督杨慕琦的劝降信。范长江认为局势很可能急转直下，不能不做香港沦陷的准备。

父亲匆匆回到报社，把重要文件、订户名册全部销毁。并请梁漱溟等报社领导人各到自己的隐蔽住处。由于九龙失陷香港政府并没向民众宣布,因此谁也不知道香港陷落会在何时,也许一觉醒来,日本国旗已插在街头,及早准备是必要的。

父亲自嘲,在这样的环境下要坚持出报真是书生意气。他回想,自从抗战以来,五年间,他已五次被迫离开工作岗位,心中充满悲愤。他回到暂住的李炳海家,看到大家惶恐不安的神情,心情十分沉重。他伫立在厨房的窗前,那窗子正朝着九龙方向。我悄悄走到他的身旁,也朝远方望去,只见一片漆黑,当对岸放炮时才闪现出红色的火团。香港的夜景原来是很美的,在这半山区,可以看到无数璀璨的灯光构成楼宇的廓形,海上行驶的轮船上的灯光如点点流星,给人以繁华兴旺的印象。而如今呢?一片死寂。我轻轻地伸手拉住爸爸的手,怯怯地轻声叫道:“阿爸!”现在,连我们这些孩子说话时也压低了嗓门,仿佛怕惊动了敌人。父亲紧紧地攥了攥我的手,说:“别怕!”

12 月 14 日,听说港督拒绝投降,而且从九龙方面打过来的炮弹又增多了,敌机也不断在头顶上盘旋。不顾大家的劝阻,父亲一定要去看看梁漱溟、俞颂华、羊枣等人的情况。还是由李炳海陪着他出门去了。李炳海那时不到三十岁,瘦高身材,戴着一副黑边眼镜,是广东人,普通话说得不好,他给我的印象是非常能干,不辞辛苦,诚挚实在。他敬重父亲,为了父亲的安全,总是陪着他,因为父亲不会说广州话,碰到情况,总是他上前去交涉。

他们俩不顾呼啸的炮弹穿行在街道上,还买了点土豆腊肉带给要去看望的同事。父亲一直惦念着,怕他们不会说广州话,买不到食物,见面后见一切都好,就放心了。

也正是这次上街,遇到了国民党中宣部国际宣传处驻香港负责人温源宁。他在上海文化界救亡协会工作时就认识父亲，也共过事。温源宁说，英国情报部驻港办事处主任麦克都格(D. M. Macdougall)知道《光明报》也已停刊，但仍希望各报能继续做宣传抗敌的工作。温源宁让父亲找廖承志、范长江一起商议，把回话告诉他，他每天中午在香港大酒店饭厅吃饭。

父亲是个精力充沛的人，不能没有工作。他本来就认为，在抗日危急的关头更应多干事，而不是闲下来，听了温源宁的信息，便马上去找梁漱溟商量。梁先生同意复刊。父亲便和张云川(也是《光明报》同人，是梁先生的学生)到香港大酒店，但是除了爱泼斯坦外，没有看见别的人。他们去找范长江，和他谈复刊的打算。范长江也打算《华商报》复刊。父亲建议出个联合报，因为大家都有这样那样的困难。现在停刊的有《大公报》、《立报》加上《光明报》、《华商报》，四家如果联合起来出个战时新闻版，对英国当局也可表示我们中国人联合抗日的精神。范长江、张云川都同意父亲的这个想法，便让父亲去找《大公报》的负责人，并和温源宁谈谈。父亲在去香港大酒店的途中正好碰到了《大公报》负责人胡政之。父亲说，为了表现中国人的团结抗日精神，想出个联合报，希望《大公报》参加。胡政之答应参加，但要《国民日报》也参加，并说以后有事可以找徐铸成。

后来，父亲在香港大酒店找到了温源宁，告诉他，《光明报》、《华商报》、《大公报》联合出版的意思。还说，如果联合出报，可以请香港政府拨一处牢固大厦的地下室作排字房，炮弹不会震坏，工人无生命之忧，可以安心工作。而且由于印数不大，在地下室集中一两台对开平版印刷机即可印刷。温源宁也认为可行，于是约定，再由父亲通知范长江、徐铸成；温源宁则去通知国民党中宣部的邓友德、《国民日报》社长陈训畲，第二天在香港大酒店磋商一切。只有《立报》总编辑吴范寰因仍留在九龙未能找到。

次日，所有被邀请的人都出席了，没有人反对出联合报，只是陈训畲主张邀请《华侨日报》、《工商日报》等一切报纸都参加，免得中宣部责备他，其他报纸能独立出，而他却参加联合报。大家决定请邓友德去和《华侨日报》和《工商日报》去商议。

这一天，听说九龙敌方又派一只插着白旗的小艇到香港，仍是促降，但香港总督更迅速地拒绝了。恼羞成怒的敌人用更激烈的炮火攻击香港。大家在轰鸣声中过了一夜。

天亮后，又有空袭，敌机轰炸了中环一带。据统计，从开战到这天（18日）中午，敌机已轰炸五十次。炸毁的建筑，炸死的平民都无以数计。父亲和张云川中午时分又去了香港大酒店。范长江在那里，他推测联合报组成恐怕不易。父亲以为条件好的报纸，可能对联合出版兴趣不大，条件差的报纸可先联合起来，争取香港政府协助，给予稳定的印刷条件，就可能继续出版。以后谁有了困难愿意参加进来也不拒绝。徐铸成同意父亲的意见。不一会儿，邓友德来了，他说“华侨”、“工商”不愿参加，因而“国民”也不参加了。父亲请邓友德通过中国政府的代表陈策向香港政府提出拨大厦地下室办联合报的请求，邓答应去办。

这天晚上香港断了电。次日，得到日军已在北角和太古船坞登陆的消息。父亲到香港大酒店，常去的人都未去。但是邓友德和陈训畲却来了。他们说《国民日报》因无电亦已停刊。又说，形势很紧，办联合报的事看一两天再说。

以后的一天就是在轰炸和炮击中度过的。第二天父亲就坐不住了，又去香港大酒店，没有遇到常去的人。只见到张今铎和邱茉莉。父亲和邱茉莉又说起联合报的事，都非常同情，答应帮忙。邱茉莉告诉他，由她任发行人，张今铎任编辑，出版了一种十六开的中文《战时快报》。父亲想，战前没有的报，战争中却出现了；战前有的报，却没力量出。他惭愧自己的无能，也知道自己的条件差，没有强有力的后盾。因为，也就是在这天，他才知道，《国民日报》亦已复刊出版，也是十六开小报。而且正是经陈策向港府交涉，拨给他们华人行的几间房，搬去了排字房和脚踏印刷机。

经邱茉莉的帮助，麦克都格答应拨给亚细亚行的几间房子办联合报。也是经过邱茉莉的介绍，战时专门办理华人事务的罗旭龢爵士接见了梁漱溟先生。罗爵士能听懂国语，但不能讲。父亲和邱茉莉陪同梁漱溟和他谈话，并做些翻译。梁先生谈话的主要意思是，建议发挥中国人的作用保卫香港。如：请中国政府派空军和陆军解香港之围；募集中国义勇军由中国在港之军人指挥，补充英军军力之不足。因为据了解，自 12 月 8 日以来，防卫香港的英军就一直没换过防。梁先生把书面意见交给了罗旭龢。这个建议是他们几个人共同商议出来的。

罗旭龢向梁漱溟先生讲了许多仰慕的话，并答应把建议反映给香港政府。最后他叹息地说："从开战以来，我们真是浪费了许多时间，现在做这一切都太晚了。"

是太晚了，就在这天下午六时，香港挂起了白旗。日军的先头部队已经占领香港大酒店。

父亲想宣传动员中国居民,帮助香港政府抵御日军所做的种种努力,就在12月25日这天完全失败了。香港终于沦陷了。

从香港战争爆发以来,我们住在荣华台李炳海家的事大家都知道,这儿再不是什么隐蔽的场所。经过李炳海的奔走,又在般含道找了一个可以隐居的地方。于是,香港沦陷后,父亲就和梁漱溟先生、张云川、黄瓒搬到那边去住。

他们借的这房子在三楼,那里有一张床、三副铺板、一个方桌、两张小书桌。梁先生睡在床上,其他的人各睡在一副铺板上。二楼是房东留下来看守房子的女仆和她的儿子,就由她给父亲等四人做饭。这四人中只有黄瓒一人是广东人,所以一切里里外外都将靠他应付。

梁先生等三人本来就穿中式服装,只有父亲十五年来一直穿西装,现在也买了一套中装衫裤。黄瓒有件丝棉袍穿着不合身,送给了父亲。父亲就这么装扮起来,不过看上去还像知识分子。

从此,他们几个人便过起隐居生活,足不出户,除了看书就是闲谈。唯一和外界的联系就是站在阳台上眺望。到了晚上,由于没有电灯,更只能闲谈了。这也是个难得的机会,在患难中互相了解。

父亲和梁漱溟在《光明报》共事以前,只是在重庆特园鲜特生家见过一面。虽然读过他的著作,知道他多年努力于乡村建设运动,但对他并不了解。创办《光明报》以前,虽然和他谈过一次话,也是事务性质的。三个月的共事和阅读他在《光明报》发表的文章《我所努力的是什么》和《中国问题》,使父亲对他有了一些了解。现在,在黑暗中闲谈,使父亲对他的政治思想和哲学思想有了深一步的认识。梁漱溟先生是"言笃信,行忠敬"的忠实履践者。这种笃行精神,对于和他接近的人,都会有一种精神感召力。也就是这种精神使他成为一个社会进步的推动者,而不是空想的哲学家。这从他在《东西文化及其哲学》自序中的一段话中可以看出:

> 我并不好谈学问,并没有在这里著书立说,我只是说我想要说的话。我……对于事情总爱靠实,总好认真,……自从会用心思的年龄起,就爱寻求一条准道理,最怕听"无可无不可"这句话,所以对于事事都自己有一点主见,而自己的生活行事都牢牢把定一条意义去走。

他一生都是知道一步就做一步。

他从事乡村建设运动是因为最初他认为中国的问题在于乡村,从建设乡村一点一滴做起,依百尺之台起于垒土的原则,中国逐渐可以走上轨道。根据这个理想,北伐战争后,他先是想到广州去实现,未能如愿,后与梁仲华等合作,在河南办河南村治学院,又因战争而停顿;后又到山东邹平办山东乡村建设研究院,在邹平开展工作时间较长,也有些成果,因日军侵入而告终。山东乡村建设研究院下设三个组织:(一)乡村建设研究部——研究理论,为决策机构;(二)乡村服务人员训练部——培养人才;(三)乡村建设实验区——实验场所。他的这套办法,在当地农业生产的改进方面，乡村抗敌自卫方面和对农民的教育方面都有些收获。但抗战爆发后，所有一切全被毁掉了。乡村以自己的力量曾组织过一批人，甚至还拥有几千支枪，也失散了。在实践中梁先生认识到，他的这些努力，任何政治力量都可以轻而易举地粉碎掉，所以抗战后，他的目标集中到中国政治的改造。他受聘为参议员后，曾深入华北视察，凭所见所闻，认为只有团结、进步、抗日才能抵御入侵之敌，才能建设新中国。从此，他就为这个目标而努力。梁先生早年倾向佛教，养成素食习惯，后来除了鸡蛋不吃荤腥，但也并不固执，非纯素不吃，与不知他吃素的友人共餐，他也可以吃有肉炒的青菜。至于衣服，只求蔽体御寒，生活十分简单，且无家累，夫人已去世，二子正读书。梁先生是超脱于物欲的人。父亲对他很敬重。

自从父亲圣诞节搬到般含道去住以后，一直都没来看过我们，我们都很惦念他。日军占领香港后，社会秩序一度很乱，据说在跑马地一带曾有日军入室强奸妇女，抢物杀人的事发生。当地的烂仔(地痞)也趁火打劫。后来日本宪兵部队发出通告，如有歹徒在夜间抢劫奸淫，可以鸣锣或敲脸盆为号，一家敲响，他家可以响应，宪兵闻声就会来逮捕。因此，夜间常能听到急促的敲脸盆声。一响就会传成一片。我们孩子听来，既害怕——有人抢劫了，又是安慰——大家互相支持。听李炳海说，爸爸他们住的地方曾有烂仔去收保护费，他们已付了钱，不知是否真能得到保护。

大人们在议论柴米贵，我们储存的柴米已不多。父亲他们那边也没有米了。年三十，他到我们住处来，装了一饼干桶米回去。我们真怕他在回去的路上碰见烂仔，为抢他带的米而伤害他。

占领者公布设立平价粜米站十处，每人可买米一斤，每斤四毫港币或两毫军票。同时传说还将设立平价柴站。由于柴米困难，我们开始每天吃一顿干饭和一顿稀粥。而且煮饭开始用书烧火。爸爸心疼书，每次来到我们这儿总去干那烧火的差使，一边烧一边看，特别舍不得的，还是要挑出来留下。而我们孩子们却只想少吃一顿饭，饿！父亲总说我们是心理作用，平时饭吃得不多，还总要剩饭，现在却喊饿。我们觉得很委屈，他不知道，我们平时总吃零食，现在零食没有了，饭自然要多吃。可是看到大人们各个愁眉不展，我和妹妹都悄悄地躲开了。

不只是吃，接着，天气骤冷，穿的也不够。妈妈让我们坐在床上，盖上毯子，我们那时穿裙子，腿冷。爸爸便想到要过海到九龙给我们拿衣服、毛裤或长筒毛袜。正好这时港九交通已通，允许过海，但仍是乘舢板。父亲由李炳海陪同到了九龙。回到我们家一看，门前钉了“清木部队”的木牌。正迟疑间，楼下邻居、一个山东女人走了出来，她认出了父亲，告诉他说，日军并未占住这房子，但是东西都被女仆搬走了。父亲上楼开门一看，衣柜里、箱子间里的好衣服全被拿走了，只剩下些旧衣物。父亲只好挑了一些较好的余物，放进一个布包里带过海。这些东西多少也可以解决一些御寒问题。

由于香港柴米匮乏，日军宣布成立归乡指挥委员会，疏散当地人口。这事对于被滞留在香港的父亲和他的朋友们，真是个大好消息。这样，他们就有可能溜出香港了。张云川急着要过海到九龙去找他的一个大鹏湾的朋友，想先到大鹏湾，再到广东东江，那里有抗日的共产党东江纵队。他终于过海找到了朋友，据那朋友说，这条路非常艰苦，先得步行四十里，才能上船。船行约两天，再乘车，且路上常有歹徒出没抢劫。张云川让人带信给梁先生，如愿走这条路，后天便可成行。梁先生慎重考虑后，决定先不走，再看看。父亲当然更不能走这条路了，带着妇孺，四十里路怎么走。

父亲到荷里活道的群英饭店，这是梁漱溟先生的一个学生关先生开的，这儿也是父亲和范长江约好的联络地点。在这里父亲收到范长江留下的一封信，说正在找离港的出路，一有消息会通知他。据关先生说，现在每天有从香港到长洲的小渔船，这些船从长洲运鱼来港，售出后再贩货回长洲。乘这种船到长洲后可再雇船去澳门，从澳门经石岐可回内地。这类船多停泊在西环。

隔了一天，父亲又去荷里活道，收到范长江约他见面的信，日期正好是这天上午。父亲赶到约会地点，看到一个头戴旧呢帽，身穿短衫长裤的人，他几乎认不出这就是范长江了。范长江告诉父亲说，明天有一条直赴澳门的舢板，如果要走，还有两个人的位置，每人六十元港币，问父亲想不想走。父亲立即想到应让梁漱溟先走，另一个位置就给陪梁先生走的人。因为梁先生名气大，危险也大。范长江说，如果决定走，下午四点交一百二十元港币来。父亲答应照办。

离开范长江，父亲思忖到底让谁陪梁先生合适。张云川去九龙未归，当然他是最合适的人选，但时间不允许等待。他想到了陈此生，他广西熟人多，陪梁先生走有许多方便之处。但陈此生的家眷也在香港，和他的岳父同住，不知他能不能走。父亲便去找了陈此生。陈此生听了愿意明天就走，只愁没有钱。此时，香港百元以上大票还不通用，十元以下的港币找六十元是很难的。父亲转回般含道，向梁先生一说，梁先生听说同行的有范长江，陈此生也愿意一起走，事情就这么定了。父亲把能凑出来的钱集中起来算了算仍不够，便请梁先生写一便条向关先生借，一共凑了一百一十五元，再加上零钱凑齐了一百二十元港币替梁先生等买了船票。回来的路上，父亲想起母亲手中还有一点钱，又去荣华台拿了钱才回般含道，交给了梁先生以备不时之需。

这天晚上，梁先生给张云川留了一封信安排《光明报》的善后工作。一切安排好后，梁先生把他手中仅有的一张五百元大票给了父亲，并说，你家人口多，将来大票能通用了，会有点帮助。

第二天早上四点半，大家都起来了，收拾好行李已到六时，但天还未亮。在黑暗中背着行李走太危险，他们又等了一阵，到了七点，天仍不亮，但听见路上已有了行人。父亲和黄瓒便送梁先生去德辅道西。黄瓒替梁先生背着行李卷，里面是一条被子、一条毯子和几件冬衣。梁先生没穿长袍，只穿了一身夹裤褂。到了约定地点，范长江已在那儿等。他说，一批人已先上船去了，他特留下来等梁先生。大家匆匆紧紧握手告别，约定在桂林相见。父亲嘱咐他们到澳门后即由原船带信回来送到荣华台，父亲准备随下一趟船也去澳门。

送走了一批朋友，父亲感到心情轻松许多，但一想到一条舢板漂过大海，途中说不定会遇到敌人和强盗，又不禁担心起来。

这些人都是他的朋友，也是中国的先进力量啊！

送梁先生回来，父亲走小道上山到荣华台，不料碰到了烂仔。他们拿着手枪和匕首，不让父亲声张，让他拿出钱来。父亲为给梁漱溟和陈此生买船票，把身上最后的一笔钱都拿出来了，梁先生给的五百元大票，因为当时不能用，也没带在身上。他确实是一文不名。一想到找不到分文的烂仔在气愤中也许会给他一刀，他真是着急了。他尽量用能想到的广东话表达说，他的确没有钱，可以把棉衣给他们。烂仔们不信，在他身上搜了一遍，真的什么也没搜出来。领头的烂仔突然笑了，说，看不出这个人真穷得一个仙士（即一分钱）也没有。他们没有要棉衣，扬长而去。父亲庆幸自己遇到的不是强盗，而可能是迫于生计而走险的贫民。

不几天，听说五百元大票可以对折使用。父亲就把梁先生留下来的五百元换掉，实际上是按45%兑换的，只换了二百二十五元。父亲和张云川商量，把这钱分给了大家。

梁先生走后，黄瓒决定乘船去长洲再转赴澳门。张云川决定赴大鹏湾，般含道的住所取消了。父亲又回到荣华台和我们住在一起。我们很高兴，再困难也是一家人厮守在一起好，免得天天提心吊胆，牵肠挂肚。

不久，李炳海和他的哥哥商量，也要带妹妹和未婚妻回广州了。

父亲一直在寻找离港的办法，但没有结果。只因我们的拖累，父亲又不愿丢下我们自己回内地，留在原地动弹不得。我看熟识的人渐渐离去，不禁为父亲担忧。日本人是不会放过抗日分子的。从旁看去，父亲却像没事似的，有时上街去看看，还给我们买点零食，待在家的时候就是看书。这时，徐伯昕伯伯来找爸爸，说他有从东江回内地的计划，不过这条路太苦，妇女孩子恐怕难走。父亲说，不能带眷属他就不走，否则留下妻子带三个孩子将无以为生。这一天，他又去德辅道西，找到了送范长江走的那个船老板。老板说，船已安全到达，只是还没有回来。

父亲每天都出去买报纸，了解情况，判断时局动向。日军在香港的统治正在逐渐步入常轨：银行开始营业，但只允许每个存户取五十元港币；成立了配米站，按人口供米；疏散返乡粤人有免费航船；港人交纳公用事业费需用军票，军票和港币兑换是1:2；每天军票交换所只兑换五千元；社会名流已不断被邀请去参加各种社会活动。

日军占领香港，社会生活一旦稳定，必将腾出手来对付抗日分子。这对父亲以及仍滞留在港的朋友们将是更大的威胁。父亲决定一定要尽快离港，路线仍选择从香港到澳门再往内地，因为他看到报载，从澳门有直到石岐的公共汽车，票价也很便宜。正好在这时，报载港澳之间的轮船已通航，便去干诺道的永安码头，看看去澳门的人多不多，卖票的情况怎样。

这一天恰巧原在《华商报》工作的张惠通来看父亲。张惠通会说广州话，父亲便和他一起先到一家熟悉的银号按黑市兑换了二十元军票，然后一同去永安码头。一看，那儿排队的人非常多，而且是买到票立即上船。许多人都拖家带口露宿街头等候买票。

第二天，父亲又同李炳海再去永安码头，排队的人比前一天更多。队伍约有一华里长。父亲想,不得已的时候只好先找两个人和他自己排队占位子,等到快轮到买票时,再让母亲和我们也去排队。

第三天一清早,父亲和李炳海、张惠通同去永安码头。忽然发现,码头门外贴有一张手写的布告:“海珠丸头等舱票在内河营运组出售。”海珠丸是前一天开往澳门的一条船,是不是以后开往澳门轮船的头等舱都在内河营运组出售呢?这真是太好的消息了。内河营运组在油麻地码头,他们赶忙去油麻地。到那里看到买去广州船票的人也是排着不见首尾的长队。他们好不容易挤过人群,找到内河营运组的办公室,果然看见门口贴着一张手写的布告:“25日驶往澳门的宜阳丸头等舱票在本组出售。”张惠通进去问,宜阳丸的票现在能买吗?答复是下午两点开始卖,每张军票五元。父亲天天看报,却没看到过这个消息,估计知道的人不多,便决心下午来试试。

下午一时半,父亲由李炳海陪同到油麻地内河营运组。门前排队的人不多,他们排在第五个。两点开始卖票。真是意想不到的顺利,很快就买到了船票。宜阳丸是第二天早上八时起航。我们终于可以离开香港了。梁先生等是1月10日离港的,相距已半个月。

父亲买到票回来,全家真不知有多高兴。父亲、母亲便动手收拾行装,乱七八糟的东西整理起来也装满了两个帆布袋、一只藤箱和一个麻包。张惠通下午送来了给他在澳门的叔祖母的介绍信,让我们到澳门住到那里,并说他自己也即将到澳门和我们同返内地。

次日天还未亮,李炳海的妹妹便起来烧饭,让我们全家吃了饭再走。在这狭小的房间里,我们全家和李炳海一家同住了整整一个多月,在患难中,彼此建立了真挚的情谊,在分手时,真是依依难舍。六点多钟,大家胡乱吃了一点饭,接着便雇了两个挑夫挑着行李赶往码头。七点多钟便登上了船。头等舱是一个小间,四个床位,我们占了三个床位。

李炳海不能送上船,一直站在码头上。父亲走到甲板上挥手示意,让他回去。他摇摇头,意思要等开船。我和妹妹站在父亲身边,不断向他摆手。父亲回过头来说:“不用摆手了,他不会走的。”停了一会,他又说:“像李叔叔这样的好人,应当记住!”

不一会,码头入口处来了两个全副武装的日本兵,对乘船的旅客搜身并检查行李。我们上船早,躲过了这一关。八点半,另外两条开往澳门的小轮船——福海丸和天鹏丸开行了,可宜阳丸还迟迟不动。直到九点,宜阳丸才起锚开行。离岸后我们仍看见李炳海叔叔在挥手。

艰难世事(上)

1942 年 2 月,经过千难万险,我们全家才到了桂林。

香港沦陷后,父亲的许多朋友到了东江的抗日游击区,或从东江辗转到内地。我们是跟随父亲的一个原在香港中国旅行社工作的朋友李润才从西江到桂林的。李润才和父亲并没有什么深的交情,但当他看到父亲带着一家五口人困在澳门,就决定带着我们和中国旅行社的同事们一起到桂林,而且先不要我们交旅费，待到桂林后，父亲筹到钱再还他。

在我的记忆中，李润才中等身材，精明能干，热情豪爽，总是精力充沛，高高兴兴的，什么地方有了他，就会立刻热闹起来。

李润才带我们走的路线是从澳门到石岐，由石岐偷渡到江门。从江门经肇庆到梧州，再从梧州到桂林。石岐是日军占领地，各条马路的路口都有日军站岗。中国人经过岗哨，必须双手捧着自己的“良民证”向他们鞠躬，让他们检查。我那时虽小，但已深深感受到做“亡国奴”的屈辱。好在他们只是看看“良民证”，并不一一盘问，如果盘问起来，父亲、母亲不会说广东话便会有麻烦，因为我们是假装成还乡的难民取得“良民证”的。

最惊险的是从石岐偷渡过江了，过江到江门便是国统区。渡江是在半夜进行的，人们被领到江边，登上小渔船，躲进船舱里，不能出一点声音。因为江上常有日军巡逻艇出没，江对岸的小山上，设有通航的标志，是在一根高高的木竿上挂着一件蓑衣。只要巡逻艇一出现，蓑衣就会落下。巡逻艇过去了，蓑衣就会高高挂起。这时，船家就拼命摇船，很快摇进对岸的小河湾，就可以慢慢进入平安地带了。上船以前，父亲一遍又一遍地嘱咐我和妹妹，不管遇上什么情况都绝对不许出声，如果想咳嗽要捂住嘴。我的妹妹从小调皮，总爱提特别的问题。这时，她忽然想出个问题，说：“我要撒尿怎么办？”父亲说：“先撒了尿再上船。”妹妹坚持地说：“上船后还想尿，憋不住怎么办？”父亲说：“就尿在裤子里！”这么一说，妹妹倒乐了。非常紧张的空气，似乎松快了一些。其实最让人担心的还是我的两岁多的小弟弟。他要是哭起来，谁能管得了？妈妈说，她将把奶嘴塞进他的嘴里。

我们在江边的苇丛中上船后,看到蓑衣稳稳地挂在木竿上。可是船家刚把船摇出苇丛,蓑衣一下子就落下来了,远处传来了汽艇的突突声。船家说了声"敌船来了",就立即把船摇回苇丛,停了下来。船上的十几个人,都屏息侧耳静听。母亲把奶瓶子的嘴塞进弟弟嘴里。爸爸紧紧地搂住了妹妹和我。

敌艇的突突声由远而近,我们的心也随着突突声渐响而紧张地跳动着。好在敌人并未发现我们。终于,巡逻艇驶过去了。大家提着的心才放下来。这时,山上的蓑衣又慢慢地升起来。船家立即用力摇船,只听见急促的划水声,我们的小船迅速地进入了河湾。有惊无险,我们终于脱离了危险地带。

我们到桂林时,父亲的许多朋友早已到了桂林。在朋友的帮助下,我们在三多路的嵩庐租了两间房子。嵩庐建在水塘边,是二层楼的砖瓦结构的房子。房东住楼上,楼下全是租户。当时和我们同住在那里的有导演宋之的、王苹夫妇。他们搬走后又有电影演员蒋君超、白璐夫妇来住。那时,由于广西的头脑人物不是国民党嫡系,政治环境略松于重庆,于是内地的文化人和从香港撤退回来的文化人都聚集在这里,桂林便成了抗战时期西南有名的文化城。

进步文化人在这里办出版社出版进步书籍,办刊物发表文章,进步的戏剧工作者在这儿演出话剧,进步的美术家举办展览……桂林真是热闹非常,文化生活非常丰富。特别值得一提的是桂林的话剧活动,由于戏剧家欧阳予倩是广西艺术馆馆长,他除了致力于广西地方戏桂剧的改革外,还积极支持进步的话剧活动,加上许多戏剧界著名人士,如:田汉、宋之的、瞿白音等等聚集在桂林，上演了许多非常好的戏。我记得剧宣五队曾在这里上演过反法西斯的话剧《人兽之间》，新中国剧社曾演出过曹禺的《家》、《北京人》，田汉的《秋声赋》，奥斯托洛夫斯基的《大雷雨》。后来，在这儿还举办过西南话剧展览，一些专业的和业余的话剧团都演出过好戏。我国的一些著名的导演和演员在那时就已崭露头角。我和欧阳予倩的女儿欧阳敬如是同班同学，借着她的关系，常常跑到后台去看戏。那时我就看过蓝马、朱琳、沙蒙、王苹、风子、钟耀群、钱风、鲍方、刘甦等人的戏，而且留下了深刻的印象。抗战中，桂林文艺界在中国文化史上的作用功不可没。

中国第一位芭蕾舞女演员戴爱莲的舞蹈和她吸收桂剧《哑子背疯》表演技巧改编的舞蹈，都是在那时我第一次看到的。戴爱莲那时刚从英国回国，不会说中国话，父亲会说英语，她乐意和我家交往。我对她能吃苦，热爱艺术，愿为之献身的精神十分敬慕。

桂林文化界的活跃，让国民党当局非常不快。他们先是彬彬有礼地请文化名人们去重庆，后来就板起面孔说，如不去重庆，广西各单位不许安排他们工作。于是，有些人便去了重庆，有些人投有去。我父亲也曾被他的老朋友《世界日报》社长成舍我和中央通讯社社长肖同滋邀请去重庆，到他们那儿去工作。父亲没有去，虽然那时，父亲没有工作，没有工薪收入，我们家的生活非常困难。父亲只能化名写文章挣点稿费，不够养家，他变卖了他的手表以及其他值钱的东西。

那时，我在桂林女中上学，每次交学费，爸爸都要去筹借。

学校要求学生穿制服，制服是一件蓝布上衣和一条黑布裙子。我们家买不起，妈妈染了一件旧衣服给我做上衣，用她的一条黑绸裤给我改了条裙子。有时，爸爸想给我点零钱到街边小摊上买一个糯米饭团或一块荔浦芋头当早点，可是在口袋里摸半天也掏不出钱来。我为了怕他难过，往往不等他掏口袋就匆匆跑了出去。父亲常对我说，人要活得有骨气，穷不要紧，要洁身自好。我们家的生活水平虽然大大下降，但我仍感到生活得很幸福。通过战乱一家人能平平安安地在一起，多么难能可贵！我有爸爸，我有妈妈，我有妹妹、弟弟，有这么多亲人都生活在一起，这就比什么都好。

父亲仍然很忙，一则要出去寻找维持一家生计的机会，再则因为到桂林以后，民主政团同盟的接待外国记者的任务由他担任起来，他要和各方面的领导人联络，以便把外国记者引荐给他们，有时他自己也给他们介绍民盟的情况。

为了家庭的生活，母亲决定只身再去香港，帮一位朋友的朋友取回她存在香港银行保险箱内的珍贵物品，这个人答应给母亲报酬。

母亲离家后，放学回家总觉得空空落落。这时家里请了一位小脚老太太帮忙照看弟弟，也管做做饭。但她晚上回家住，于是看弟弟睡觉的任务就落在我身上。弟弟不肯好好睡觉，晚上得给他唱许多首歌，才能把他哄睡。爸爸经常回来得很晚，不管我睡得多熟，只要他喊一声“苦茶”，我在梦中都会听见，立刻应声起来开门。为了印证我的感觉，我每次开完门都要问他：“阿爸，你喊了我几声？”

那时桂林也常有空袭。每当警报拉响,父亲和我们两姐妹都会从不同的地方往家里跑,汇集一起再往城外跑。即使父亲已在城外,听见警报也会进城来接我们。有一次,警报拉响后,父亲久久不来,我和妹妹拉着弟弟便往城外跑。弟弟太小走不动,我和妹妹便一人抱头,一人抱脚,把他抬起来,在涌动的人流中,踉踉跄跄往前走。这时,忽然看到有一个人挣扎着逆人流而来,我们认出了这是我们的爸爸,便高兴地大叫:"阿爸!阿爸!"父亲看到我们,急忙走过来,抱过弟弟,长长舒了一口气。父亲是深深爱我们的。

母亲从香港回来,发现她的一个同学,给爸爸写的情书,非常生气。这位董小姐刚刚守寡,母亲同情她的不幸,常请她到家里来玩。母亲去香港时还托她照顾我们,但她没过多久就离开桂林去了昆明。没想到她竟然爱上了爸爸。也可能就是为了这个,她不愿伤害我们家才匆匆走了。但是,她给爸爸的信,仍然起到了破坏我们家庭的作用。妈妈一气之下,扔下我们去了重庆,并且贸然在《新华日报》上登了一个和父亲离婚的启事。据她后来说,在重庆邓颖超曾劝过她,不要登这个启事,但她不听。我一直不明白,妈妈为什么这么做,其实她是爱爸爸的。也可能是爱之愈甚,恨之愈深。她的任性造成了我们家的不幸,也影响了我们的一生。

我们的家就这样破裂了。母亲从重庆回到桂林后,我和妹妹曾哭着求他们不要离婚,但他们谁也不肯说一句和解的话。他们终于分手了。妈妈带走了弟弟,在离三多路不远的棠梓巷租了两间房子,把我和妹妹留给了爸爸。很多年以后,当我长大成人，才省悟过来，妈妈是出于自尊和任性主动要和爸爸离婚，而爸爸是不再爱妈妈了。女人，比较容易原谅男人的感情外溢，而男人却不会原谅女人的感情外溢。爸爸并不恨妈妈，像对老朋友一样对她怀着善意，但不是爱。更主要的是，他们之间对事物认识的距离越来越大。虽然他们迈向社会大道时在一条起跑线上，但是父亲不断前进，而母亲却落后了。她从一个追求进步的女知识分子变成了家庭妇女，成了依附于人的太太，他们两人失去了共同的语言。他们离婚的时候父亲三十五岁，母亲三十三岁，那是1942年的冬天。

父母离婚后，父亲在外面活动的时候更多了，家里经常只剩我和妹妹。我们就跑到妈妈那儿去吃饭。后来，我听同学说，看见父亲和一个女人在街上走，她们问我，是不是我爸爸交了女朋友？我不知道有这件事。有一天，我在榕荫路上看见爸爸和郁风走在一起，而且看见他们走进了郁风的住处。我回想起以前的种种情况，郁风和她的妹妹郁怡民都来过我们家，而且郁怡民还和我处得挺好。我想大约真有这么回事。我问爸爸，爸爸说，你觉得她怎么样？我说不知道。后来，父亲的朋友们似乎都知道这件事了，有人就问我，你是不是快有新妈妈啦？弄得我十分恼火。

1943年5月17日，我正在学校上课。传达室的校工叫我出来说，有人有急事找我。我走到校门口，看见郁怡民在那里，她一副紧张的表情，急促地说："你爸爸被抓走了。"我立刻惊呆了，眼泪模糊了眼睛。我忍住呜咽问道："怎么回事？在哪儿抓的？"她简单地说："就在乐群社那一带，别的我也不知道。你快找人想办法。别找我们。”说完，她急匆匆地走了。我茫然地看着她的背影，仿佛自己被扔在渺无人烟的荒原上，孤立无援。泪珠顺着面颊流下来，我使劲地用手抹掉，急忙往家里跑。回到家里；一切都没变，没有人来过我们家。我又往妈妈家跑，告诉妈妈出了事。

妈妈不信这消息，狐疑地说：“是不是你爸爸和郁风走了，扔下你们不管了，故意让她妹妹放这个风？”

我急了，跺着脚说：“都什么时候了，你还胡思乱想。”

妈妈愣了一会儿说：“我去找梁漱溟爷爷，你去找欧阳伯伯，看看他们有什么办法把事情打听清楚。”说完她匆匆走了。

我又跑到榕荫路欧阳予倩家。这时他的女儿欧阳敬如已放学回来，在学校里她已听说我爸爸被捕的事，而且已经告诉她爸爸了。欧阳伯伯见到我便愤慨地说：“谁不知道萨空了是著名文化人、新闻记者，会犯什么罪？凭什么抓他？”他说要去找广西省主席黄旭初和其他朋友，大家一定会设法营救的。敬如亲切地搂着我说：“不要着急，我爸爸一定会帮忙想办法。”欧阳伯母刘韵秋也安慰我说：“一定会救出你爸爸。现在你要照顾好妹妹，你是姐姐啊！”听到这话，我更伤心地哭了。当时我才十四岁，妹妹才十一岁啊！

几天的奔走，找父亲的朋友帮忙，都没有一点结果。省里推说是中央调查统计局干的，他们不知道。可是我们又上哪儿去找中央调查统计局的人？我们简直绝望了。怕就怕他们偷偷地抓人，又悄悄地把人害了，然后推说一个不知道。我心里千百遍地呼唤：“阿爸、阿爸，你在哪里？”我悲伤，我愤恨。没有了爸爸，我和妹妹又怎么生活呢?

我和妹妹先仍住在嵩庐,到妈妈那儿去吃饭。我们总盼望,没准儿爸爸会突然回来,后来,妈妈让我们搬去和她同住,把嵩庐的房子退了。因为我和妹妹不名一文,也付不起房租。我们只好靠妈妈养活了。

一天,来了个瘦瘦的中年人,他让我和妹妹到室外去,他要单独和妈妈谈话,谈了好一会儿,那人走了。我忙问那人是谁?妈妈说,是中统局的,问爸爸是不是共产党。原来他们想钻爸爸妈妈离婚的空子,让妈妈提供证据。我着急地说:“妈妈,你可别说爸爸坏话呀!”妈妈说:“你怎么这么傻,为了你们,我也不会那么做。何况我和你爸爸十几岁时相识,就算没有夫妻之情,也还有相交之义。别人说他好,我没准儿会说他点不好之处。现在他遭难,我不会落井下石。我告诉那人,你爸爸熟悉的人都不是共产党,我指出梁漱溟、成舍我、黎蒙、欧阳予倩等人。还说你爸爸是个坚持‘君子不党’的人。”我感谢妈妈在关键时刻保护了爸爸。以后再没有特务来找过妈妈。

我们等待父亲的消息度日如年。这时,我听说,郁风已离开了桂林。有些父亲的朋友也疏远了我们。在那个时代,谁不怕沾包!欧阳伯伯是个非常仗义的人,他关心我们。他找过许多广西方面的头面人物,只是没有结果。我放学回家,经过他家门口,敬如总拉我进去坐坐,欧阳伯母总想留我吃饭。但是,在他家吃饭的亲友那么多,我实在不忍心增加他们的负担。

没想到喜讯正是从他家传来的。有一次敬如告诉我,她的干妈和干姐姐看见我爸爸了,让我到她家去。敬如的干妈是国民党著名法官陈豹隐的原夫人，当时在广西高级法院当书记官。她告诉我，她带着女儿去探视监禁在夹山的儿子，在那里竟意外地看见了我父亲，并带出了他给我的信。她说，下星期她们还要去的，可以带我一起去。陈伯母是个干练坚强的人，她一点不怕受牵连，愿意担风险带我去，这是多么难得的人啊！我真是感激不尽。爸爸托她带出来的信，实际上只是几张小纸条。除了给我的以外，还有给李济深、黄旭初的，都让交给梁漱溟爷爷转交。

在星期日的清晨，我随着陈姐姐去看爸爸。我早就听敬如说过，她的两个在桂林中学上高中的干哥哥陈寅辛和陈传辛。由于思想进步被捕了，没想到竟有一位和爸爸关在一起。我带着给爸爸的食物，跟着陈姐姐走出丽泽门，经过躲警报时跟爸爸常去的文化供应社、老君洞，又走了一段偏僻的山村小路才到夹山。老远就看见山脚下有一座瓦木结构的房子，它依傍山崖，用木柱支撑在干涸的池塘上，朝南是一排窗子，窗前有一个狭长的走廊。一条石铺的塘边坎道从西边的屋门直通大道。陈姐姐说，这就到了。我既激动，又害怕。激动是因为就要见到日夜思念的爸爸了，害怕的是万一门卫不让我进去呢？那么，我就站在石板坎道上，让爸爸看看我也好。被监禁的人，一定比在外面的人更想见亲人！我暗暗告诫自己，在爸爸面前一定不能哭，免得让他难过。

我跟着陈姐姐进了屋，一进去是黑洞洞的灶堂，有一个大灶，还有佛台，两个尼姑站在那儿。原来，这里是个尼姑庵。再往里走是两间大房子。外间有几个士兵在闲待着，看见我们进来，默默地上下打量。陈家哥哥(陈寅辛)赶忙从里间迎了出来，后面跟着的正是爸爸。我轻轻叫了声："阿爸！"陈寅辛一边让我们进里屋去，一面向卫兵们介绍说："这是萨先生的女儿。"我们走进里屋，外间的卫兵也跟了进来。我们把食品放在桌上，陈寅辛和爸爸把食品分赠给卫兵，他们接过食品便退到走廊上。爸爸让我坐在床边，仔细地端详着我，大概想知道离开我们这些日子，我们受到了什么苦。可我却看出爸爸瘦多了，我心里一阵酸楚，强忍住了眼目。

我问爸爸，他们打你没有？爸爸说，你看，我不是好好的吗！爸爸向我讲述了他被捕的经过，原来在出事的前一天，他从外面回家，邻居交给他一封信，说是乐群社的茶房送来的。据茶房说，信是住在他们那儿的两位苏联旅客让送来的。父亲拆开信封一看，信是周恩来写的，一封给父亲，一个封给广西地下党组织负责人邵荃麟。父亲立刻把信送给了邵荃麟。回来时，顺便去看望了两位苏联朋友彼得洛夫和毕德尼亚阔夫。父亲一向警惕性很高，他早就听说过，乐群社名义上是旅社，实际上是特务活动的场所。让茶房送来这样的信，对父亲非常不利。他本来就打算和郁风去昆明，躲一躲在桂林活动渐渐猖獗的特务们的注意。这件事的发生，便促使他决定赶快离开桂林。没想到就在第二天，当他和郁风、郁怡民在街上买东西时，被两个特务绑架到汽车上，一直就送到了这个地方。虽然有人来和他谈过话，但也弄不清强加给他的罪名到底是什么。估计是认为他是共产党。父亲说，他不是共产党，只不过是个爱国的新闻记者，主张团结抗日，主张民主自由，反对贪污腐败，这有什么罪？要理直气壮地斗争，要向广西省政府要人，他们凭什么抓人？父亲还让我去找陆蔚芳阿姨，她是父亲在《立报》时的同事，为人热情实在，心地善良，而且又是一个不引人注目的人，让她以后陪我来看他。我太小有些事不会办，她可以帮助我。

我也告诉他，外面的欧阳伯伯、梁漱溟爷爷为他奔走的情况，他让陈伯母带出去的信已转交过去了。我还告诉他，郁风已经走了，到重庆去了。父亲听了一愣，大概没想到她会这样快离桂而去。不过他还是说："走了也好，免得她受牵连。"父亲告诉我，他决定在狱中写书，一则可以消磨时间，过去想写的东西很多，一直没时间写，现在的时间是太富裕了。二则可以挣点稿费保障我和妹妹的生活。父亲悲痛地说："我现在只有你们两个孩子了，我一定要尽力保障你们的生活。"我忍不住哭了。

自从我们找到了爸爸以后，国民党广西党部再不能装作不知道什么了。爸爸被关押的夹山尼姑庵，是广西省政府卫士驻守的地方。原来，这尼姑庵的后面接连着一个天然岩洞，省府为了防空袭，便把它作为贮藏档案的地方，卫兵是保卫档案而驻在此地的。后来，

70 年代，文革后，萨空了与学生白广荣(右一)及《立报》时期的老同事陆蔚芳在北京福绥境 42 号家中合影

省党部发现，这儿也是个关人的好地方。有时便送政治犯到这儿来，交给卫兵看管。现在，广西省政府无可推诿，只得说，逮捕令是从重庆中央方面发来的，什么罪名，他们也不清楚，但答应一定给弄明白。同时，他们保证改善父亲在夹山的生活待遇。这一点，他们确实做到了。他们给父亲买了一张床，增加了伙食津贴，允许他自己加菜，另外还正式准许我们去探望他。这虽然是小小的松动，但在当时争取到也是很不容易的。我永远不会忘记，为这件事奔走过的欧阳予倩、梁漱溟、熊佛西等长辈们。

在以后的一年里，不论风刀霜剑的寒冬，或是骄阳酷暑的炎夏，从丽泽门到夹山，都留下我和陆蔚芳阿姨的脚印。起初妹妹苦荼也跟着去，后来妈妈在桂林郊区双潭墟的武穆中学找到了一个教书的工作，就带着妹妹弟弟搬到郊区去了，只留下我一个人在学校里住宿。爸爸知道学校伙食苦，有时还给我炒点萝卜干丝装进瓶子里，让我带回学校吃。在那破木屋里，爸爸为我炒咸菜的情景，至今深深印在我的记忆中。它表达的是身陷囹圄的父亲，仅能给予女儿的深深的爱。

父亲刚刚被捕、被监禁时，总想弄明白，强加给他的罪名到底是什么。在他想来，弄清了罪名，就可以想办法证明他无罪，就可以释放了。因此，他曾向绑架他的人问过，回答是不知道，是奉命而为。后来，在我们找到他后，黄旭初不得不派人来和他见面，来的是广西日报社社长黎蒙和黄旭初的机要秘书黄学玑。父亲又问他们被捕的原因。黎蒙说：黄旭初的确是奉蒋总裁（蒋介石）的命令而办，执行以后四次打电报请示该怎么办都没有回音。他实在做不了主。后来，父亲的老朋友戏剧家熊佛西在国民党宣传部长张道藩到桂林时,曾去和张谈过,问他为什么囚禁父亲。张道藩说,逮捕是应盛世才的要求而办的,并不是重庆当局的意思,他回重庆后当代为疏通。熊佛西伯伯是个实在的人,他为父亲不平,又把张道藩的话信以为真,赶紧写信把消息告诉父亲。我把信交给父亲,他看后说,这些政客说的都不是真话。经过几个月的囚禁,他也明白,想马上弄清罪名,剖白求释的想法是太天真了。

他反复想过,说他是共产党而逮捕,国民党自己也不能堂而皇之地这么说,因为他们是知道的,他不是。他们说是因为新疆的要求,这更不可能。因为就在1942年秋天,盛世才还给父亲写过信,说:“香港沦陷后,得知我兄安全回抵桂林,非常高兴,希望继续为国努力。”盛世才若认为父亲和杜重远案有牵连,这封信完全可以不写。想来想去,答案只有一个,自己虽在桂林没做任何工作,但社会活动很多,特别是外国记者来到桂林多来找他了解民主党派的情况,让国民党当局不高兴。于是只能不明不白,含含糊糊地逮捕了他,然后又找种种借口来搪塞。想通以后,父亲反而安下心来,作长期坐牢的打算。他每天写书,向同被监禁的难友学打太极拳,教难友学英文,把自己的生活重作安排。他曾写了一首诗表达自己的心情:

缧绁非吾愿,屋陋睡转安;山拱如朝我,松挺像贞坚;世事愈难问,雄心未逊前;倚风一长啸,天地为之宽。

后来,在他出狱以后,曾把这首诗写在一张皮纸上,后面写道：

民国卅二年（1943 年）五月十七日桂林夹山尼庵中口占寄远人。卅四年生辰追忆录出，不胜前尘若梦之感。

1979 年，在一次清理东西的时候，这张已破旧的字被发现，我向父亲要了，作为纪念。这大概是父亲留下来的最年轻时代的手迹了。

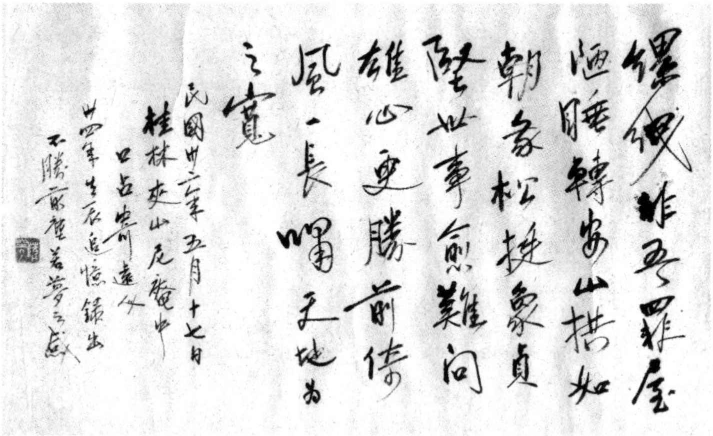

萨空了手迹

父亲在逆境中顽强地著书，在挥汗如雨的炎夏和手脚冻僵的严冬，他都坚持每天写三千字。从 1943 年 5 月到 1944 年 5 月，他以惊人的毅力写出了：《青年职业修养讲话》、《科学的新闻学概论》、《懦夫》（中篇小说）、《由香港到新疆》、《科学的艺术概论》，编译了《宣传心理学研究》，翻译了《一个民主的斗士——潘恩》(节本)和《窦德大使日记》。他虽然在监禁中不能参加社会上的斗争,但却用笔把想说的话写了出来。

就是凭着这些书稿,父亲为我和妹妹筹措生活费。我那时只有十四五岁,在父亲被捕以后深深懂得了人情冷暖,世态炎凉。有些父亲的朋友仗义执言,奔走呼号;也有的朋友怕受牵连,冷漠相拒。我还记得,曾去向一位父亲极熟的书店经理拿钱时看到的脸色,虽说是父亲给以书稿,换取稿费,只因是预支,视为施舍。有一次他在家宴客,我到了他家门口,他让我在门外等。我一直站在外面,听着里面的饮酒说笑声。等啊等,等了许久,他才想起给我送出钱来。另外一位书店经理,也是父亲的老朋友,直到桂林沦陷前,我们急需要钱逃难,她都毫不讲朋友之情和慈悲之心。她冷冷地说:书没出,哪有钱!照道理,她说得不错。可彼此之间毕竟是多年的朋友啊!朋友有难,孩子幼小,竟全不为之动心!一个钱字,多能显出人的灵魂!

1944 年 5 月,日军占领长沙,接着便沿铁路直取桂林。重庆当局命令广西省党部把父亲押送到重庆集中营。

一天下午,忽然有两个人来到夹山对父亲说,让他搬个地方。搬地方,谁知他们搞的什么把戏。父亲好不容易和我们联系上了,这就等于和集中营外的世界建立了联系。我们可以给他送报刊书信,可以带出他的书稿信件,虽说是偷偷地利用允许他看书报杂志的机会夹带出进,也可算是十分方便的了。换个地方,谁知会是什么情况,谁又知道换地方的真实意义是什么?

父亲说:“我不能离开这地方。在这里,我知道自己是关在省府卫士队部中,有黄旭初对我负责。现在叫我搬,你们拿出手续来。搬到哪儿？为什么搬？你们关了我一年，没有审讯，到底罪名是什么至今也没宣布。这一切已经够滑稽了，别再搞滑稽的把戏吧！”

这两个人中的一个说：“我们正是奉黄主席的命令请你搬一搬。”父亲让他拿出黄的手令来，他们却又拿不出。父亲愤愤地说：“你们就是不会说真话，你们这些人根本谈不到人格，我凭什么相信你们！譬如说，我现在问你们姓名，工作机关，你们会说么？说出来也是假的。”

那两个人看谈不出结果就退了出去，并拉上卫队长到门外去商量。

这时，和父亲同被监禁的卢炜昌老先生悄悄地对父亲说：“你还是要做走的准备，他们要一定拉你走呢？”父亲说：“我坚决不走！”卢老先生说：“另一方面的准备也得有啊！”

他这么一说，父亲倒冷静了。卢老先生说出了他不愿想的事。实际上这种可能太大了。许多革命志士就是在被捕后，在时间的流逝中，悄悄地丧失了生命，又随着时间的流逝被世人忘记。他开始收拾自己的东西，把在夹山写的日记和书信、手稿都交给了卢老先生。父亲还给陆蔚芳写了信，让她告诉我们将被搬走的情况。一旦有可能，将会通知他所在的地方。父亲说：“别的东西，如果不方便给他们，就销毁算了。信一定要设法带出去。”卢老先生让父亲放心，他会想办法的。

卢炜昌在夹山已关了四年，他已六十四岁，当过上海精武体育会的会长，足迹遍布南洋。他被捕的原因，据他说，是得罪了桂林警察局长周某。周卸职后，仍当省府参议，所以他的事就一直拖了下来。一年前周某死了,恨他的人虽死,但肯保他的人,为他说话的人却没有,因此他就成了被遗忘的囚犯。他已放弃了出狱的希望,但仍有强烈的生存愿望。他经常锻炼身体,而且教难友打太极拳。父亲是相信他的人品的。

过了大约一个多小时,来过的两个人带着新来的两个人进来了,其中一个人自我介绍说:"我就是梁凤庭。"

父亲听了他的自我介绍,倒笑了,说:"我早就听说广西中统的负责人是你,还给你写过信。后来却把信退回来了,说没有这个人。现在你又出来了。"

梁凤庭坚持说,没有看到过父亲写的信,随后又说:"我是来请你搬到城里我住的地方去住,因为重庆有电话来,叫把你送到那边去。黄主席已有批示,叫我送你去。我已买好了飞机票,明天为我们安排了两个人的座位,所以今天一定要住到城里去。你不是希望快点解决你的问题么?到重庆后可以很快解决。"梁凤庭给父亲看了一张电报,电报上确有黄旭初写的"着梁凤庭押送赴渝"字样,至于全文,因为梁凤庭收回太快,父亲没能看清。

梁凤庭让父亲随他走,父亲又提出两个孩子的问题。父亲说:"我走了,谁来负责照顾她们?现在同在一个城市,他们可以来看我,我可以告诉他们到哪儿去借钱。我到重庆去,难道叫他们去要饭?拘禁我没有罪状,现在又要置我的孩子于绝境,我当然反对。更何况时局这么紧张,留下他们怎么办?除非答应我把我的两个孩子带走。"

梁凤庭掏出飞机票给父亲看,那飞机票上确实贴着他的照片。他说:"飞机票只有两张。由于桂林紧急,现在票很难买。

临时再添两个人是办不到的。”

父亲看见票上的照片，不禁怒从中来。他清楚地记得，这是一位自称后辈的桂林记者，到家里来拜访，告辞出来时，父亲送他到大门口，他要求给父亲照一张相，父亲答应了。背景就是我家住房的“嵩庐”二字。这张照片，绑架父亲的特务，曾给他看过，并得意地说，他们花钱买得这张照片，就是按这张照片，逮捕他的。这张照片是一个记者无耻行为的明证。他更坚决地说，不答应他的要求，他绝不走。

梁凤庭也硬了起来，说：“如果好说不肯去，我们就采取其他办法了。”

父亲冷笑说：“早已置生死于度外，你们可以用枪打死我。请你拿出你的办法来吧！”

梁凤庭看硬的不行，又转过来采取商量的态度，说：“我这是奉命，实在由不得我。你若不肯去重庆，也先到我们那儿，那里有电话，你可以直接和黄主席商量。至于你的女儿，她在桂林女中上学，进城时先到那儿，带上她一同到我们那儿商量个办法。”

这时，卫士队长也来劝父亲，一切进城后再说。父亲只好随他们进城了。他们一行的确到桂林女中找过我，但正巧我因患盲肠炎住院了。

因为没见到我，又得知我因生病住院，父亲又气又急，他再一次强调，没有我的确切消息，绝不去重庆。他说：“我是政治犯。政治问题不会永无解决之日。尽管政见不同，但谁也不应去创造一种永不能弥补的创伤。在我的女儿生死不明之际，你们都不肯留一点人情叫我见她一面，那将是你们永远不能弥补的后悔。”

梁凤庭把父亲带到他们的住处,是在一条叫德润里的巷子里,从外面看是普通的居民院。他们让父亲坐在第二进院子的穿堂屋里,这里大约是他们的礼堂,因为屏门上端贴着孙中山像,下面贴着“国民党党员十二守则”。屏门旁开着一扇门,可以通到后一进院内。

梁凤庭一面安排人为父亲准备饭和打扫住房,一面就去打电话。桂林的这种老式住房,多是木板墙,是无法隔音的。父亲听到他在报告已把萨空了带到城里,并说了因孩子生病住院,父亲不肯走的情况。父亲听出,梁凤庭是在和国民党广西党部书记刘士衡说话,但是梁凤庭回来却向父亲说,黄旭初主席同意你明日不走,改乘下班飞机,具体什么时间很难说。父亲急切地让他们派一个人去找陆蔚芳,让她来这里,以便安排陆去找我。梁凤庭也答应了。

吃过饭,他们把父亲引到礼堂后进院的一间房子里,房内只有一张单人竹床,父亲要求找一张桌子和一把椅子,因为他要在离开桂林以前把《窦德大使日记》的最后一点译完。他们也照办了。当父亲要求把老式的窗户支起,换换空气时,他们却不作声了。原来窗子都是用大钉子钉得死死的。这原来是牢房啊!但他们答应把窗纸撕下来。

晚上,陆蔚芳被带来了。她真够有勇气的,深夜里随特务来探监。父亲在礼堂旁边的房子里,也就是梁凤庭打电话的那间房子里,和陆蔚芳见了面,旁边有特务监视着。父亲告诉她,我住院了,请她去医院看看我的病情,并请她去借一点钱,因为以后不知搬到哪里，可能一时和朋友联系不上，得做些准备。另外还请她写信给重庆的朋友和在成都的郁风，告诉他们，他将被押到重庆，希望大家设法帮忙把两个孩子也搬到重庆去。陆蔚芳答应去办，第二天再来报告结果。这时已是晚上十点多钟了。

临睡前，特务带父亲去厕所。厕所在厨房旁边，是架在水塘上面用竹席围盖起来的。原来这房子后临水塘，只有前门一个出路，确是囚人的好地方。

在德润里父亲住了近一个月。陆蔚芳带我第一次去那儿，特务就对我说，父亲到重庆后，有高层人物过问，问题容易解决。我当然不信，可是父亲被他们捏在手里，谁也没有别的办法救他。当时，湘桂战火蔓延很快，大家都在准备逃难，他能到重庆去也许比在桂林安全，在兵荒马乱中，特务要杀死个人是很容易的，那时又向谁去要人？父亲说，梁凤庭答应为我和妹妹买飞机票去重庆。哪有那样的好事？父亲被捕一年间，碰到各种各样的事太多了。我觉得人是那么难以捉摸，一切只能姑妄听之。

住在特务机关里，父亲亲身体验到那阴森和恐怖。有几个晚上，他听到了犯人被施刑时那凄厉的号叫声。他虽看不见，那惨不忍闻的呼号，震撼着他的精神。真是太残酷了，这难道是人的世界么？他想到，这种酷刑之所以没有用在他身上，只因为他在社会上有些名气，而且他被国民党逮捕的事已公开于众，民主政团同盟的领袖们已出面询问他的下落。当局为了不想把事态弄僵弄大，才对他比较客气。但是，只要一天没有人身自由，就很难说不会出现什么情况。他知道，他的命运是和政治形势紧密相连着的。

6月初，梁凤庭告诉父亲，已买到6日赴重庆的飞机票。父亲让他们通知我和陆蔚芳去看他。我为他带去一双皮鞋。前次去看他时，我看见他穿的鞋已破，想到以后不知还能不能有人给他买，便在一个同学家的鞋铺里赊了一双便宜鞋。父亲把我介绍给梁凤庭，当面请他一定要为我们两个孩子买飞机票。在那时，时局那么紧张，达官贵人纷纷逃往重庆，飞机票非常难买，没有特殊关系根本不可能买到，哪能轮到普通老百姓？梁凤庭满口答应。父亲要我赶快去筹钱，准备买飞机票。我答应着。其实我心里充满悲伤，我真不知道以后会是怎样。在这战争即将来临的城市，人们都为自己求生，谁会向我们伸出援助之手？父亲爱女心切，又相信人是应当讲信用的，这是做人的起码原则。殊不知中国知识分子遵循的做人之道，在这些人中早不存在了。

6月6日，父亲离开桂林的那天，一清早我就到了德润里，特务不让我进去，我就在门口等，心想，他们只要出来，我就能见到。等了许久，一个特务出来说，你还在这儿干什么，你爸爸早走了。我只好失望地离开德润里，辛酸的泪水忍不住扑簌簌流下，是生离，还是死别，谁能知道？

后来我才知道，父亲那时根本没走，只不过是梁凤庭不想让父亲和我见面。据父亲说，那天早上他起床后，把行李整理好，把译完的《窦德大使日记》书稿交给梁凤庭，让他看过，请他派人送给陆蔚芳，找出版社出版，换稿费给我和妹妹作生活费。梁凤庭答应了。

在吃早饭的时候，厨子悄悄告诉父亲说："你的小姐很早就等在门外了，没见到面么？"父亲听了非常生气，立刻找梁凤庭交涉，让他立刻让孩子进来。但是，据到门口去的那个特务回来说：“门口已经没有人了。”我想，也许正是这个应带我进去的人，却告诉我父亲已走，把我支开了。

父亲九点钟离开德润里，到飞机场后，汽车停在距飞机较远的地方，直到其他乘客登机完毕后，才让他和梁凤庭登机。

这是一架普通的美国运输机，旅客两厢对坐，中间放行李。旅客什么样的人都有，梁凤庭坐在父亲身边。父亲是多次乘坐过飞机的人，去新疆时，飞越秦岭、天山都没有任何不适之感，而这次，当飞机飞越贵州花秋坪入四川境时，却感到头晕，心跳得厉害，手足冰凉。一年的囚禁生活，低劣的伙食，使他的健康大大受损。本来，长年的新闻工作紧张劳累，使他在三十岁时就患有高血压症。一年的监禁，缺医少药，无疑会使他病情加重。但在那个时代，生存都很困难，谁还会去想到病。

我的父亲在逆境中泰然若素，坚韧不拔的精神，是我十分敬重的。试想想，无论在心理上或在生活上都处于极端困难的条件下，能写、译那么多书，没有超人的毅力是难以完成的。我那时年纪虽小，也知道应以父亲为榜样，在逆境中，要挺得住，精神上永不被压倒。就是这点认识，使我一生受益匪浅。而父亲在极其困苦的条件下，不顾自己安危，为维护自己孩子的生存，挣扎奋斗所表达的爱，更使我刻骨铭心，须臾不忘。在那时我就想，只要活着，就将以同样的爱来回报父亲。

艰难世事(下)

到了重庆,父亲知道自己受了骗。什么到那儿可以见到上层人士,问题就会很快解决,全是胡编。书生绝对斗不过政客,一个遇事想的是不能失去人格,他要以人格的完善面对世人;一个遇事想的是权利,他不得不以欺骗来达到目的。

6月6日下午三时许,飞机抵达重庆珊瑚坝机场。一下飞机,四五个面无表情的男人,凶神恶煞似地扑向前来,把父亲和梁凤庭与鱼贯而下的乘客隔开,带他们到旁边的一个草棚里。待到旅客走尽,他们才簇拥着父亲乘渡船过河,乘轿上坡。到了大路上,一辆大黑轿车开了过来。梁凤庭让父亲上车,自己却转身上了第二辆。而那几个特务跟随父亲上了这辆车,而且把他挤在中间,和绑架那次一样。汽车沿着马路向前驶。由于父亲对重庆的街道很熟,不久便发现,车正向重庆郊区飞奔。而后面坐着梁凤庭的那辆车,早已不知去向。汽车过了化龙桥、小龙坎、山洞,仍不断沿着成渝公路前进。

父亲心想,不知会把他押送到哪里。离重庆这么远,看来短期内不像有释放之意。他本来也知道,抓人容易放人难,既抓了就不会轻易放,却又总抱着一线希望。这就是人的弱点,明知希望渺茫,却仍要希望,因为希望能给人勇气和力量,放弃了希望就会失去精神支柱。现在,他不得不面对现实,并且马上想到,寄希望梁凤庭把孩子送到重庆是根本不可能的了。想到这些,他感到焦躁不安,同时感到恶心难过。

到了青木关，汽车停在青木关社会服务处门口。他们这一行人坐在茶座上，特务问父亲想吃什么。父亲感到身体不适，便说什么也不吃。那特务警告说，在这儿不吃，今晚就没东西吃了。父亲便要了一碗白糖水和两个煮鸡蛋。那几个人大吃了一顿后便又上路了。出了青木关，汽车便离开了成渝公路，转向赴北碚的公路。不久，车停下来，呼唤滑竿。这时，天已经全黑了，滑竿只找到一个。他们便让父亲坐上滑竿，找了一个农夫背着父亲的行李，几个人跟在后面走。滑竿离开公路，爬上山坡，走向更荒僻的山野。四川的山村小路就是不断地上坡下坡。抬滑竿的农夫走惯了山路，抬着一个人还走得很快。而那几个特务，走着走着就跟不上了。只有一个身体最壮的人，拿着手枪一直跟在后面。走了约半个多小时，听到了流水声，又爬上一个坡，看到了一堵高高的围墙。滑竿抬进了围墙，在一道城门前停了下来。这时，有两个荷枪的卫兵走上前来，特务们说："送人的！"卫兵便把他们带进城门。原来里面还有一道门，这两个门之间有一个会客室，他们这一行人就在这儿坐下休息。不一会儿，落在后面的特务也赶到了。父亲便问他们："你们谁是负责送我到这儿来的？我有几句话想问问。"其中一个瘦高个儿的人说："有什么事，问我吧！"父亲说："在桂林，梁凤庭说蒋委员长要见我，把我送到重庆不出一个月就会释放。到了重庆，梁凤庭溜跑了，换了你们几位，把我送到这儿来。这是什么地方？送到这儿来是什么意思？我还有两个孩子在桂林，需要有人抚养。梁凤庭答应在一个月内把我的孩子送来，现在他跑了。我到底犯了什么罪？我的孩子怎么办？"

那个瘦高个儿的人说:“这里是五云山战地青年训导团。因为没有地方可以让你住,只好暂时送到这儿来。至于你的孩子,我们回去一定向上边报告,希望他们帮你解决。”

父亲接着说要见中统局局长徐恩曾,并说,他们让一个人在社会上失踪许久,决非是对政府有利的事。那人连声答应代为转达。

这时,一个卫兵让大家进去。进了城门,看见城垣之内地方很大,走了许久才到三间旧式屋宇之内,一个睡眼惺忪的公务员似的人物出来和那几个特务打交道,并一再说,你们要补手续来。然后便吩咐把父亲送到二队去。

父亲跟着卫兵走到另一个院落,穿过几道门到了一排房子跟前,向一个王区队长报告。王区队长让留下箱子,把人送到二队。他们把父亲带到一间长方形的屋子里,那儿放着十几张双架床。他们让父亲到一个上铺上去睡。

虽然经过一天的折腾,父亲已经非常疲劳,但却久久不能入睡。直到天快亮了才朦胧入睡。不一会儿,一阵响亮的号声又把他惊醒了。只见各床的人都已起身,一律是光头,一色的草黄色军服,都在忙着打绑腿,洗脸漱口。忙碌了一阵,一下子又全都跑出去了,这时又听得一阵号声传来,原来是集合了。

王区队长带着一个张班长走了进来,向父亲说:“让张班长带你去换衣服,然后去见队长。”王区队长走后,张班长解释说,来到这儿来受训的人,都要把头发剃光,穿军服。父亲一听就生气地说:“昨天送我来的人说,暂时住在这儿,怎么又受训?我不同意。”

1944 年萨空了在五云山

张班长迟疑地说："这恐怕不行。"接着他又说："我劝你考虑一下，过去我已见过好几个不肯受训的人的下场。这里的长官都不是人，凶残得很。一个人要能屈能伸，送到这儿来就得耐心受点委屈。受训并不可怕，拒绝，苦头就要吃大了。"

张班长说得恳切，他是一片好心。父亲就要求带他去见见队长，如果他们不讲理，就接受他的劝告。张班长把父亲带到队长处，父亲又向他说了一遍被捕前后的经过，以及梁凤庭曾向他说过的话。

那个队长听完后，对父亲说，战时青年训导团只是一个训导机关，无权过问送来的人的过去一切。父亲的情况虽与其他人不同，但是，来了就必须受训，有什么问题，以后再通过训导团的总队长、主任、副主任来解决。父亲只好落发改装。

五分钟后父亲已变成光头，看着自己落地的头发，心中充满受屈辱的感觉。然后发给他两套军服、两套草黄色的衬衣裤、一顶军帽、一副绑腿、一双草鞋、一顶蚊帐、一领草席、一条军毯和一个木洗脸盆。因为父亲自己有被褥,就没给他发。他的其他衣服,开了一张清单后,放入箱子,交给贮藏室保存。

父亲从此变成了一个小兵。他得学军队的规矩,见了长官得敬礼,入门得喊"报告",他得学会打绑腿,把被子叠得见棱见角。每天早上五点起床,晚上九点睡觉。全天都是集体行动。区队长哨子一吹,就得迅速集合。集合点名、集合上操、集合劳动、集合学习、集合……这对一个自由职业者的新闻记者来说,实在是太痛苦了。

再就是吃饭也成了痛苦的事。六个人一桌,一菜一汤,菜是无油的盐水煮青菜,汤是白水上漂几片青叶,饭里有着无数谷子、稗子和小沙子。一声"开动"的口令声,大家狼吞虎咽地把菜饭扒进嘴里,不到十分钟,难友们三碗饭落肚,而父亲一碗饭还没吃光。又一声"立正",大家必须放下碗。队长们先走出,难友们也跟随着走出去。只有少数人直奔队长的饭桌,抢吃剩下的饭菜。饥饿使人们忘记了尊严,只要能填饱肚子,什么都能倒进胃里。吃饭,对于一向肠胃有病的父亲从此便成了大问题。

这里的作息时间是:上午上课,学的是孙中山总理的遗教和蒋介石总裁的言论,一般是自学要做笔记,有个训育员负责监督。下午劳动,在五云山的山坡上挖土、担水、除草,种植高粱、玉米和南瓜、扁豆、茄子、青椒等,晚上自修,在一盏小桐油灯下阅读。

难友们宁愿顶着大太阳在山坡上劳动,也不愿去上课。因为笔记很难写，不知哪句话犯了忌，就要挨罚。还有那些不时来上课的教官，他们讲哲学、历史、地理、军事时，胡说八道，信口胡编，凡有点知识的人都能听出，他们文化水平极低。但大家还得正襟危坐，洗耳恭听。最让大家犯难的是，每个人都要写一篇自传，不但要把姓名、年龄、籍贯、学历、经历、家庭详细写清，还要写被捕经过、原因。最重要的是征询对国事的意见。这也是大家的一道难关。能批评国民党吗？如果能自由发表意见，就不会入集中营了。说国民党好，那无异于表示投降。因此许多难友对着发下来的纸，苦思冥想，难以下笔。

父亲早把一切看透，所以没有为写自传犯难。他只花了三个上午便写好了。他如实写了自己的经历，被捕经过，也坦然地说明了自己的政见。他不是共产党，也不是国民党，他有自己的独立意志，他要自由思想，要自由地行自己之所信。他引用孙中山先生主张联俄容共的话，希望国共合作，共同抗日。

难友们看见父亲这么快写好自传，都想借鉴一下。一看他写得这么大胆，要求国共合作，都劝他不要这么写。国民党把要求国共合作的人都当成共产党，当作敌人，这样写是要吃大亏的。这一点，父亲已有了精神准备，他知道，只有当政局有所变化，他才有可能获得自由。他做了长久打算，但也还要斗争，不能让这训导团在精神上把自己压倒。

虽然到这儿才短短几天，他已看出，训导团的目的就是要把那些敢于有独立意志的人，从精神上彻底毁掉，使他们受尽屈辱，成为再也抬不起头来的人，然后把这个废人放回到社会上去。

受训的人要写自传，"端正"对国事的看法；被迫承认自己参加了共产党的人，要上台去骂自己误入歧途，骂共产党种种不是；要写文章在训导团办的刊物上发表，说自己将在三民主义的旗帜下奋斗。这无异于对自己的背叛。因为有些人根本不是共产党，只不过出于爱国，说点公正的话。经过酷刑，屈打成招，承认自己是共产党。肉体的痛苦解除了，随之而来的是无穷无尽的精神折磨，直至精神崩溃。所以在集中营中，最主要的是用斗争支撑精神。

经过一段时间的了解，父亲总算把这个战时青年训导团的组织机构大概了解清楚了。这个团隶属内政部，由三民主义青年团主办，中央党部、政治部、中央调查统计局和军事委员会调查统计局协办组成。由三青团的头子康泽任主任，徐君佩任副主任。到父亲入团时，它已成立了三年零八个月，任务是对受共产党思想影响的青年"纠正其思想行动"，变成国民党的党徒或特务。除五云山总团外，还在上饶、老河口、恩施、叶县、衡阳、洛阳设有分团，贵阳有个收容所。第一年，首批受训的是一千五百多名。后来因为战争，有的团有迁移变化。这只是国民党集中营中的一个，是康泽主办的集中营。在这个团受训，六个月为一期，每年有两期，三年多总计受训的人应当是一万多人。受训者经考核不能通过者，要继续受训，直至合格。受训出团的人须办两项手续：自首和寻保人。

父亲到集中营后不久就病倒了。由于营养不良，劳动很重，加上胃病，使他身体十分虚弱。恰巧这时他的一位学生通过关系来探视他，顺便说起郁风已与别人订婚的消息，他抵挡不住了。虽然早就有种种迹象让他感到郁风感情有变化，但他总不肯正视现实,不愿相信,当一个人对另一个人的生存丧失信心时,情爱也会随之消失。事实无情地摆到了面前,爱情的幻影破灭了。这件事对他的刺激很大,在本来就极端困难的条件下,对他是打击太大了。训导团允许医生给他看病,经医生建议还允许让他到小卖部买馒头吃,以维持他的生命。

又过了两个月,有一天团内忽然紧张起来,长官命令打扫环境,整理内务,一阵忙乱。原来是团的一位副主任汤如炎要来了。据老学员说,汤如炎是黄埔军校出身,和康泽是同学。康泽本人很少到团里来,实际上团里的事一切都由汤掌握。

汤如炎来后,在一次早升旗时,向大家训话。从他的言词中,父亲听出他还有些旧学基础。过了约二十天,训育员通知父亲,汤如炎要见他。父亲到了汤如炎的办公室。汤如炎例行公事地问了问他被捕经过。父亲回答后,又提出为什么逮捕他和女儿流离失所的问题。父亲说:"过去一年多,一直没有遇见一个政府方面的负责人,现在到了团里,遇到了团里的最高负责人,这两个问题总该得到解答了吧!"

汤如炎拿出一个公文给父亲看,那是由徐恩曾签署的,中央调查统计局给战时青年训导团的文件,上面写道:"伪奸分子,与新疆阴谋暴动有关之萨空了,现奉谕交贵团长期管训。"父亲看后说:"这些罪名全非事实。政府到底允不允许分辩,有没有道理可讲?"

汤如炎说:"政府当然是讲理的,你有意见尽可以讲。"

父亲说:"二十年来,我在社会上当新闻记者,我的行为都昭昭在人耳目。如果说,中统连我是不是共产党都弄不清,他们的经费真是全白浪费了。所以是否伪奸分子，我不想分辩什么。至于和新疆'阴谋暴动'有关，请问什么暴动？哪一年的暴动？如果说所谓的暴动在我离开新疆几年以后，我身距新疆万里以外，和我有什么关系？这种诬陷也太不技巧了。"

汤如炎听后，让父亲把在新疆的时间和情况写一份材料，他会去中统局交涉，至于孩子的问题，也得到中统局去询问。汤如炎还表示了对父亲生活的关心，问了问他病后身体怎样，谈话就结束了。

父亲虽然知道谈话不会有什么结果，但是从谈话中终于弄明白了是莫须有的罪名，而且要长期管训，倒更坦然了。

不料第二天队长就通知父亲，因为他身体不好，允许长期"半休"。这就是说可以不做苦工，不上操。这样一来，父亲就决定借机多看些书。团里有个中山室，里面有书可以出借，其中也有进步图书，目的是试探哪些人看哪些书。因此，这些书是没人敢借的。父亲想，他是什么样的人，反正特务都清楚，用不着掩饰，想看什么就借什么。有时，在教官讲课时，他也公然埋头看书，教官也装作没看见，他们只怕父亲提问题，他们答不出，尴尬难堪。

看到汤如炎如此优待父亲，队长们也都客气起来。父亲则采取人不犯我，我不犯人的态度。有一次，二队队长指定了一个倒垃圾的地点，区队长却说那儿不能倒，而且破口骂人。父亲生气地说："你受过教育没有？"那区队长从未被人顶撞过，先是愣了一下，接着又大喊道："你——你受过教育！"父亲平静地说："正因为我受过高深教育，才这样问你！你们自己命令不一致，还要骂人。世界上哪有这种道理!”

难友们见状都窃笑,觉得出了口恶气。次日,队长向父亲说,即使长官不对,也不应当那么不客气。从此以后,长官们觉得父亲搅得他们管理其他学员都很不容易,想让他离开二队,便对父亲说,副主任对你很关照,你可以写个呈文给他,要求调到研究室,那边的生活比队上好得多。

研究室的确比队上的生活好一点,伙食比队里好,日常生活也比较自由,星期日还能休息,可以离开五云山,到附近的墟场去玩。但是那儿也有不好之处,那就是那儿办了两个刊物,到研究室的政治犯必须为它写稿。刊物本身销路很少,但期期目录都登在大报上。社会上的人一看见某人肯为这个刊物写稿,那他一定是向国民党屈服了,被迫自首了。加上,据说研究室主任很难对付,虽然他不常来,每月只来一次,住两三天,可是得小心。因此,父亲还是不打算去研究室。

到了1944年9月,国际反法西斯力量在军事上有了好转,中国的民主力量也有所发展。9月5日,在国民参政会上,民盟的参政员黄炎培、左舜生对司法部长谢冠生提出了关于杜重远和萨空了的质询案。杜重远是死是活?萨空了失踪已久,到底在何处?这件事立即在重庆的《大公报》和《新华日报》登了出来。不久,《大公报》又刊登了一条加框的消息说:“萨空了在桂隐居后,现在重庆南岸劳动服务。”

父亲被捕一年多,报上未披露过一个字。只是在1943年7月重庆出版的《时与潮》杂志的消息栏中,登过一条简讯说,萨空了因病在桂林逝世。父亲的朋友看到这条消息非常着急,以为是特务要害死父亲，先放个风试探一下。因此就用我的名义在桂林登了个启事，说这是讹传。《时与潮》在10月号登了更正。《时与潮》的报道，当时很少有人知道。这次就不一样了，《大公报》、《新华日报》是销路很广的大报，影响自然也大。

训导团里就订有《大公报》，有人去兴隆场赶墟又带回来《新华日报》，在报上，父亲的名字是用三号字排出的，一时之间，人们似乎发现父亲不同于一般人，而且感到他身上的政治气息浓厚。

正巧那时快到中秋节了，团里要买一口猪，打牙祭，父亲又正好在当伙食委员，被派去买猪。与他同去的难友家就在不远的村子里，他想回家，就极力说他家的猪又好又便宜。队长就同意了去他家买猪。其实，他家很远，去了一天到天黑才往回返。更巧的是这天汤如炎有个朋友来到团里，他在报上看见萨空了在南岸的事，便想乘机和父亲见见面。汤如炎让人找父亲。可是父亲去买猪还没回来。队长怕父亲跑了，这个责任是太重了，便派人打着火把去找。好在走出没多远，就看见买猪回来的父亲，他们如释重负，还立刻给采购人员煮了鸡蛋挂面。第二天，队长发出命令，再不许父亲出去采买。他们的精神实在经不起这种紧张了。

报纸的消息发表半个多月后，汤如炎又找父亲谈话，说他已把父亲的答辩交给了中统局。中统局仍坚持父亲与新疆的暴动有关，但又拿不出证据。因此，汤如炎认为，父亲可能是受了冤枉。本来这个案子是盛世才向中央控告的，现在盛世才已离新疆，担任了农林部长。这也有利于问题的解决。汤如炎又说：

“现在的问题只是你是不是共产党。你说你不是,用什么来证明呢?”

父亲说:“你们可以调查呀!”

汤如炎说:“调查不容易查清楚,不如你加入国民党,就可以证明你不是共产党。”

父亲严正地说:“如果我肯入国民党,二十年代就加入了。我的朋友中,二十年代入党的,现在已是国民党中央委员或政府部长。我不是共产党是尽人皆知的事,我在社会上的历史可以说明一切。我又不是突然出现的人物,何须用什么来证明。”

汤如炎又问,你在国民党中有什么认识的人。父亲列举了黄少谷、谷正纲、成舍我等人。汤如炎说,他将和这些人商量如何解决问题。接着又提出调父亲去研究室,父亲拒绝了。

又过了一个月,研究室的叶主任又找父亲谈话。在谈到中国问题时,父亲又提出国共合作,共同抗日救国的主张,同时指出,中国是个人才缺乏的国家,受过教育的人本来就少,十几年来的内战又使许多受过相当教育的青年牺牲了,对国家来说是个无可弥补的损失。父亲还谈到国民党的贪污、黑暗、无能,用特务制度荼毒有识的青年,实在是太残酷了。叶主任针对父亲的看法说:“政党不能不斗争,斗争不能不残酷。”他又说,他知道的国民党的黑暗面比父亲多,认为这的确是国民党存亡所系的关键。他已写了改革国民党的意见书给蒋介石。接着话题一转,他劝父亲,正因为国民党需要人才,应加入国民党。父亲干脆地拒绝了。

后来,从长官群中传出的消息才知道,研究室叶主任本来是奉汤如炎的命令和父亲谈话，为的是要调他去研究室，只因话不投机，他没提这件事，便回了重庆。

又过了半个月后，一个在研究室当研究员的刘某来找父亲，约他为研究室办的刊物《时代青年》写稿，父亲当场拒绝了。过了几天刘某又来了。父亲以为还是约稿，就干脆痛快地说，他是不会给这个刊物写稿的，别再费唇舌了。不料刘某却说，不是谈写文章，而是奉代理叶主任的王教官的命来谈话的，如果父亲能答应不多接见朋友，就可以调到研究室去。父亲说，他并没有要求调研究室。听说研究室的人要为刊物写文章，还要写研究论文，他是办不到的。刘某说，王教官说了，不要你为《时代青年》写稿，研究论文可以写关于技术的，但是一定不要让你的朋友来看你，因为研究室在训导团围墙之外，来访比较容易，不事先说好，怕大家都不好办。

父亲回答说，在团里他本已失去自由，一切听他们摆布，他们一定要调他去研究室，他只好去，但是文章是一定不写的，为此造成什么后果都在所不惜。

刘某对父亲的答复表示满意，但又说："你决不能到重庆去。因为在星期日，研究员中有的人家在重庆是可以回家的。但你在重庆认识的人太多，被报纸登出来不好。连汤如炎副主任也负不起这个责任。

父亲说："在问题没有解决以前，我也不想去重庆，否则朋友问我从哪儿来，我如何回答！"

刘某和父亲谈话后的第三天，训育员对父亲说，调研究室的事已定。父亲原听说，调研究室要找保人，暗自思忖这保人很难找，因为保单上要求保人得保证所担保的人“不危害民国”。这种很不明确的词，是很容易被强加罪名的。他想，如果要保人，就不去研究室，免得牵连朋友。可是，他们并没有让父亲“找保”。

又过了半个月，汤如炎又找父亲谈话。他说，他已知道父亲蒙受了冤枉。他曾拜访过黄少谷，也见过徐恩曾，他们商定由五个人联名向蒋介石上呈保释。黄少谷证明父亲不是共产党，肖同滋和成舍我证明二十年来他是一个新闻工作者，徐恩曾证明他与新疆的案子无关，汤如炎自己则证明父亲受训期间一切良好。蒋介石只要一批，就可以释放了。汤如炎接着说，已决定调他到研究室，这是优待。他又问父亲还有没有别的名字？父亲说，没有。送他到团里来买机票用的是萨忠。汤如炎说，为了报名册，就用萨非空这个名字吧！父亲不明白这么做是为什么，反正不是他的名字，就由他们去吧！

父亲又提出孩子的问题，因为当时桂林已沦陷，他完全失去了我们姐妹的消息。父亲激动地说，如果孩子发生了不幸，一定要和中统局算账，中统桂林的主任梁凤庭是推卸不了责任的。汤如炎答应去了解情况。

过了两天，区队长就通知父亲调研究室去，叫他到训导团秘书室去报到，并领徽章。父亲感到惊异，他们就这么放心，不怕他跑掉？因为戴了徽章就可以自由出入训导团大门了。他回想起这一时期从报纸上看到的种种迹象，可能是美国对蒋介石政府表示了不满意，蒋介石不得不做出一点民主的姿态。

就在父亲去研究室的前一天，他收到我从宜山寄给他的，经重庆他的学生转过来的信。信上说想到重庆来，但无钱，天冷了没有衣服，且又生病，正好这天父亲看见报纸上已登出宜山即将陷落的消息。父亲连忙写信给在贵阳的朋友，请在难民中去找孩子。但是，他心里明白，这可能只是尽人力，求心安，实际上对孩子可能已不能有什么帮助了。父亲悲愤地想，汤如炎努力想用优待他的办法来缓和他对国民党的反感，殊不知，对他个人的优待，并不能抹去他心目中国民党对无辜百姓所犯罪行的记忆。就以训导团来说，他们对学员不只是精神折磨，对反抗他们的人，所施的肉体折磨是极其凶残的。这种深深印在脑海中的事实，是能轻易忘记的么！孩子的无辜牺牲，只不过是无数残酷事实中最令他痛心的一例而已。

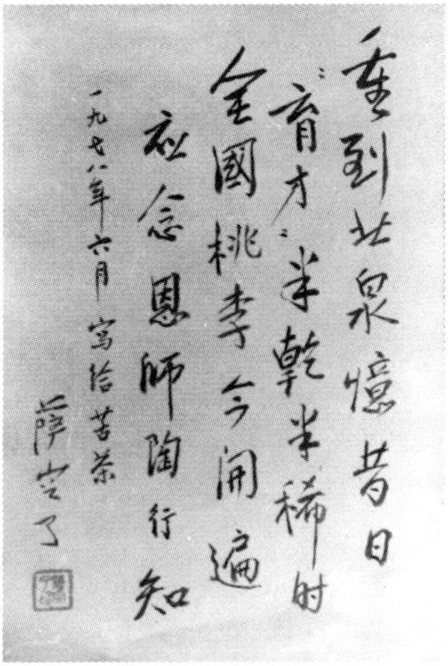

萨空了题字

父亲的担心并不多余，在桂林战争中，我和妹妹颠沛流离，几遭危难，但是我们活下来了。梁凤庭的话本来就是骗父亲的，他们哪有什么善心顾念犯人的孩子。我曾去过德润里找他，特务说，他不回来了。这当然是意料中的事。只不过是姑妄一试而已。但是，桂林的情况是危急的，日军在渐渐迫近，居民纷纷离开，我们怎么办？

在桂林郊区教书的母亲带着妹弟到城里来了，要和她的同事们一起离开，但手头没钱，要我去找爸爸的朋友去借。我硬着头皮先去找了书店老板，遭到拒绝，又找了几个朋友，大家都没钱。后来还是狄超白伯伯给了我四千元，大约相当现在的四十元吧。不管怎样，我十分感激他。因为在我的印象中，他和父亲的关系并不十分密切，在这兵荒马乱，各自逃命的时候，拿出钱来接济可能无望获释的朋友的孩子是难能可贵的。钱实在是太少了，我把它全给了母亲，让母亲带妹妹弟弟先走。那年我十五岁，妹妹十二岁，弟弟才三岁，他们比我更需要早点离开桂林。何况，父亲的一个学生王家振答应带我走，欧阳伯伯也说可以跟他们走。我大了，跟别人走会容易些。母亲不放心，可也没有办法，不能大家困死在桂林，便狠心带着弟妹走了。

王家振约好和我在车站见面。一到火车站，我完全懵了，人山人海，拥挤不堪。火车厢内是人，车顶上是人，甚至车底下也搭上木板，用绳扎住，上面坐人。到哪儿去找他们？我在人群中钻来钻去，也找不到他们。我急得哭了，正打算往回走，碰到我的同学的一家。他们也是那天离开桂林，就让我跟他们走，反正是这趟车，到宜山后再说吧！我跟着他们挤上了一节货车厢，糊里糊涂地离开了桂林。一路上遭轰炸，遭乱兵抢，到处看到死人，到处有人为失散亲人和丢失财物而哭号。我很幸运，没有死，能穿的衣服全穿在身上，两手空空。到宜山后，曾给父亲的学生写信，那还是父亲离桂林前告诉我的通讯地址。我告诉他，我没有路费去重庆。很久没有回信，同行的人遇到熟人可以搭便车去昆明，问我怎么办？我一个女孩子，不敢一个人留下，只好随他们走了。

父亲是1944年11月18日到研究室的,王教官告诉他,研究室人很少,出入大家互相通知一下。王说得很客气,实际上是让父亲不要随意离开。他又问父亲研究问题的题目,父亲说是"中国印刷用铅字字架之研究",并告诉他,在自动铸版机未造成以前,设计一个简捷便利的排字设备很有必要。王教官连声说好。这表示他决心履行诺言。父亲也直率地保证,不得他的同意决不出去,也不叫朋友来访。

从此,父亲每日读书,由于到了一个新的地方,所处的人和队里的不一样,反而觉得比在队里还苦闷。因为研究室的人多是已受训完毕,自是"思想改造"已完成,说起话来总得提高警惕。但是难得的是有一个可以自由外出游玩的星期日,这对父亲无比珍贵。他失去自由已经一年多了,在自由人中间的感觉也失去了一年多。乍一走出那集中营的高墙,顿时有一种说不出的舒畅。虽说同在一个五云山,同在一个蓝天下,却觉得空气特别新鲜,田野分外翠绿。父亲和奉命陪同他外出的刘某,每个星期日到五云山下的一个乡场,一天走六七十里是寻常事。两个月后,他们已跑遍各乡场,了解了行情,以后便是按照各乡场的墟日,前去赶热闹。坐在茶馆里,慢慢喝着盖碗茶,听着小贩的吆喝,农民们摆龙门阵,甚至他们的争吵,都让他感到欢愉。那是一种置身于人群之间的温暖。没有失去过自由的人,是体会不到自由之于人是多么可贵!

父亲调到研究室不久,训导团为职工子弟办了一个小学,校长就是二队的训导员,他向研究室提出请父亲去教高年级的历史。父亲答应了。他认为孩子正在求知时期,应该给他们很好的教育。他们天真无邪,不能因父母受到歧视。当他看到学校采用的教育部规定的课本,不只是观点错误,史料安排也杂乱无章,痛感这种“固定”课本贻害子孙,便决定自己编写教材来教他们。他以科学观点编写了中国和世界的历史大纲,从原始社会、封建社会、资本主义社会的发展过程,循序渐进地讲,再把他们买的课本中的史实,用讲故事的方法加以批判,孩子们听得很有兴趣。父亲感到了欣慰,因为为了使孩子们能听懂,他花了许多时间和心血去备课,甚至比教大学更辛苦。同时,他也有所担心,怕训导团的长官们发现他用辨证唯物史观来教育他们的孩子,会来制止。其实他是多虑了,他们根本不具备判断这一切的知识。

父亲的性格是积极的,思想是活跃的,他愿意干事,而且是认真地干每一件事,一干起来或在干的过程中,他又会产生新的设想,新的发展方向。在教小学的过程中,他就想到要用这历史的大纲来编写一部小学高年级的历史教科书,对教育下一代做一点贡献。

中国的时局总是在矛盾中发展。父亲到研究室一个月内,日军早已进入了贵州省独山,意欲直捣重庆。国民党惶惶然,一时之间,民主合作的宣传又出现在报上。敌人加紧进攻,国共合作就有了转机。然而不久,日军按兵不动,国民党得以喘息,国共关系又趋于紧张,放宽民主的意念也收了起来。父亲已摸到了这个规律。从汤如炎和他谈话以后,又过了许久,一切在停滞之中。

两个月后,汤如炎告诉父亲,蒋委员长对几个人联合保释你的签呈已经批了,批的是“与盛世才一谈”。这有什么用,和盛世才有什么好谈的。这大概是因为他已忘了你的案情。我已和康主任商量过,由他单独向委员长上个签呈,我再到侍从室六组去关照一下,大约批准释放就没问题了。汤如炎又给了父亲一个新的说法,父亲只好再等新的说法的兑现。

这时,我的妹妹苦荼终于到达了重庆。父亲得到消息后,立即请求接她到研究室来。训导团同意了。

妹妹自从和母亲离开桂林后,到独山就用光了路费,身无分文,连饭都吃不上。靠熟人帮忙,搭便车到了贵阳。因为没有钱,再无法继续向重庆走,便和父亲的学生联系,等候接济。一直到 1945 年初才到重庆,寄住在母亲的一个亲戚家。

半年的逃难生涯,给十二岁的妹妹太深的精神创伤,她已经完全变了。她忘不了那蓬头垢面、衣衫褴褛、骨瘦如柴的难民,忘不了横卧在地无人收殓的死尸,以及一声“敌人来了”引起难民仓皇乱跑的惊吓。再加上母亲为钱发愁,不免向妹妹发牢骚,使她感到自己是母亲的额外负担。因为按离婚协议,我和妹妹本应归父亲赡养的。缺衣,少食,头上长了虱子,身上生了疥疮,使一个活泼快活的女孩变得沉默寡言,像一只随时提防受伤害的小兔子。

当爸爸的学生来接妹妹去五云山时,她不肯跟这个青年人走。她不相信任何人,何况这人没有任何证据证明他是爸爸让他来的。她怕受到伤害。母亲毕竟是自己的亲人,她想和母亲在一起。但是,当她看到母亲无奈的表情,看到舅母不欢迎的目光,想到多一张嘴吃饭会给艰难的家庭增加沉重的负担,她还是答应跟陌生人走了。能见到爸爸的一线希望吸引着她。

汽车在嘉陵江两岸爬行,天气阴沉沉,雾蒙蒙,陌生人没有对妹妹说一句话。可能他真不知道如何向这个孩子解释一切。妹妹忐忑不安地坐在车上,她真怕被人卖了,并且拿定了主意,若是见不到爸爸,就投入嘉陵江……

下午,在沙坪坝重庆大学的校园里,妹妹见到了爸爸。若是以前的妹妹,准会飞快地投到爸爸怀里,可是现在的妹妹没有,她只是叫了声"阿爸",便站在那里愣愣地看着爸爸。既没有欢笑,也没有眼泪。父亲拉住妹妹的手把她带到一个朋友的家里。父亲向她说:他离开桂林后一直被关在五云山的训导团里,虽然现在调到了研究室,但仍然没有自由,不能亲自去接她。他无时不在思念着自己的孩子,现在当局已答应可以带她到五云山和他住在一起。听到这里,妹妹轻轻地问:"是真的吗?"看到爸爸肯定地点头回答说:"是真的!"她才咧嘴笑了一笑。

爸爸很快发现妹妹头上有虱子,身上长了疥疮,门牙上还有个洞。他拍拍妹妹的肩膀说:"我们会有办法能解决你的问题的。"他征得同来的刘某的同意,先到沙坪坝的沙磁医院给妹妹补牙。医院电力不足,昏暗的灯光,磨牙机有气无力地转动。使第一次补牙的妹妹感到害怕,爸爸紧紧地握住她的手。妹妹感到父爱的温暖,觉得一切有了依靠。

第二天一早,父亲带妹妹离开了重庆大学,乘汽车走了一段路,下来后便爬山坡。孩子的忧伤毕竟是短暂的,妹妹就像一株被严冬摧垮的小草,在父爱的阳光抚慰下,得到了复苏。她的脸上出现了笑容,跟在父亲身后走了一会儿,就开始蹦蹦跳跳。走了一个多小时，她就蹲在地上说："走不动了。"父亲把她拉起来说："路还远着呢！一个人要学会克服困难，要能坚持。"接着他又说："不要蹦蹦跳跳，要会节省体力，迈同样大小的步子，用同样的快慢走。"这样，妹妹跟着爸爸走到了五云山目的地。那是在山顶下的两排红砖平房，四周都是农田。妹妹跟着爸爸到了又一个陌生的地方，见到了一些陌生的人，她紧跟在爸爸身旁，并不害怕。

转天爸爸就开始了他解决妹妹头上虱子和身上疥疮的计划。他用煤油搓妹妹的头发，耐心地把死虱虮子捋下来。每天晚上烧热水，用硫磺水擦洗疥疮。爸爸很快解决了妹妹头上长虱子，身上长疥疮的问题。此时的妹妹穿得虽旧，但是干干净净，补得整整齐齐。

白天，爸爸教妹妹看书、写字，他自己也在一旁伏案工作。休息时间，带她到四周散步，星期日则带她到兴隆场坐茶馆。

据妹妹说，从小爸爸给她的印象就是"忙"。总有急事、要事缠身，来去匆匆。只有在五云山研究室的这一段时间内，她感到爸爸离她最近，和她说的话最多，和她最亲。这是因为作为社会活动家的父亲，尽管对自己的子女怀着深深的爱，但平时却没有时间来关心教育他们。只有在五云山这特定的条件下，才有时间把对妹妹的关心和教育放在首位。他除了在生活上关心妹妹外，开始对妹妹进行启蒙政治教育。这教育是在他与妹妹在田野中散步时进行的。

爸爸指着山顶上那阴森森的城堡，对妹妹说，那就是集中营，自己就曾关在那里，不准随便出来。爸爸用孩子能听懂的语言，用事实作例子，告诉她国民党特务是欺侮老百姓的坏人，共产党和爱国人士是爱护老百姓的，是反抗日本侵略的。妹妹知道爸爸与共产党和爱国人士是一边的，那她当然也跟爸爸站在一边。

集中营不是一个孩子应该久留的地方，爸爸在医治了妹妹的心灵创伤和身体的疾病以后，开始考虑到她的前途，如何安排她今后的生活。经过反复思考后，一天他对妹妹说："苦茶，你不能总在政治犯中生活，你应当到学校去上学。虽然目前的情况还好，但我什么时候能被放出去，还不知道。我已和朋友商量过，有的人说，可以把你接到他们家，送你去上学，负责你的生活。我相信他是会这样做的，那是好朋友。但是，我还是决定把你送到北碚草街子陶行知伯伯办的育才学校去。那儿专门收容难童和孤儿，生活会比在重庆苦，但对你今后会有好处。"当时妹妹并不懂得爸爸这个决定的含义是什么，只觉得在北碚离爸爸近。后来，我们才懂得，这不只是一个选择学校的问题，而是安排生活道路的问题。妹妹不愿意离开爸爸，说："你不是很有学问，可以教我吗？干嘛非上学校去？"爸爸说："刚刚聚会，我也舍不得离开你。但是，一个人不能感情用事，要从长远着想。育才是个很好的学校，是一个特殊的大家庭，那儿的孩子都像是兄弟姐妹，老师也被叫成大哥、大姐，你去后会喜欢那儿的。"

妹妹跟爸爸在五云山住了二十天左右，爸爸为妹妹收拾了仅有的一点衣物，准备送她到育才学校。临行前，爸爸拿出一件天蓝色的厚毛衣给她。这是一件由小麻花组成方块图案的毛衣，很漂亮。妹妹脱下又破又旧的毛衣，穿上了新毛衣，感到非常暖和，同时感到爸爸是多么爱她。她高兴得想哭。爸爸轻轻地拍着她的头问：“喜欢吗？”妹妹说：“喜欢。真漂亮。又大又暖和。”妹妹始终不知道，爸爸托哪位阿姨给她手织成这件毛衣。爸爸什么时候拿到的，又一直藏在哪儿。爸爸大约是想在临别时送给妹妹给她一个意外的惊喜，用以冲洗临别的忧伤。

父亲请准了假，由刘某陪同，带着妹妹离开五云山，踏上了去北碚的路。妹妹怀着既兴奋又恐惧的心情，跟在爸爸后面去迎接新的生活。

育才学校坐落在北碚草街子凤凰山山顶上，这里本来是一座庙宇，名叫古圣寺。妹妹安顿好住处后，想到爸爸马上要离开，自己又将独自留在陌生人中，开始惶恐不安。爸爸察觉了她的心情，答应以后每个星期六来看她。从此，每星期六，爸爸便和陪他出入的刘某一同去育才学校，在那儿住一夜，第二天再回研究室。陶行知伯伯让同学们很好地接待刘某，他每次一到古圣寺，大家便带他到别处，把他和爸爸分开。这样，爸爸就可以在这里和同学们座谈，谈国内外时事，谈他们演出的节目，也解答他们提出的问题。渐渐地，他似乎成了那儿的客座老师，甚至答应在那里成立一个新闻研究小组。当然，通过育才，也使他和社会联系起来。他和朋友们也沟通了。

1945 年的元旦，父亲照例去育才学校看小女儿，陪他同去的刘某和他在北碚茶馆喝茶时，忽然说，不想和他一同去育才学校了。那里的师生都把他看成是特务，他不想在过年时找不痛快。他说，你去育才，和你的女儿过节，我也找个玩的地方。我相信你也不会跑，三号还在这儿见面，一起回五云山。他们说好就分手了。

父亲一个人在街上转了转，看没有人跟踪，就决定乘机去一趟重庆。他急忙买了张船票，悄悄上了船，当天下午在上清寺上了岸。他在船上就想过，不能去《新华日报》，也不能去“周公馆”，那里经常有特务监视着。于是便决定先去重庆新郫，老朋友阎宝航家。他到阎家一敲门，开门的正是阎宝航。父亲进去后便说，他是偷偷跑出来的，要看几个朋友，再做下一步决定，该怎么办。父亲问他，沈钧儒是否仍住在原来的地方。听阎宝航说没有变化，他立即又动身去良庄。沈老先生听父亲说完逃跑出来的经过后，马上找来同楼居住的王炳南。王炳南也是父亲的老朋友，父亲见到他就说，不打算再回集中营，想去延安。王炳南说，他不能决定，要去周公馆问问。他立即出去了，到深夜才回来。他向父亲说，周恩来回延安去了，曾家岩五十号周公馆的负责人是王若飞。他已向王若飞谈了父亲的想法，王若飞说要考虑一下，明天一早他会到这儿来。

当晚，父亲就睡在王炳南家书房的地板上。虽说房间非常温暖，桌上瓷盆里的水仙花开得正旺，放出阵阵清香，一切是那么安谧，但忐忑不安的心情，使父亲不能入睡。

第二天一清早，王若飞果然来了。这是父亲第一次和他见面，但也是最后一次见面。因为不久以后他乘飞机返回延安时，飞机失事，在黑茶山遇难了。

王若飞听了父亲叙述被捕经过和在集中营的情况后说，我们已商量过，认为你应该回去。父亲听了这话很感意外。王若飞接着说，我们研究了你的情况，认为国民党不会对你怎么样。

跑出来好，还是等释放好？我们以为等释放好。否则就不能再在蒋管区工作了。我们认为，你能在蒋管区公开活动的作用，比去延安更大。他希望父亲同意这个意见。他说，现在是新年的第二天，按约好的时间是三号回去，还来得及，谁也不会知道你到过重庆。

这一天，他们谈了许多关于集中营的情况。当父亲说到那儿关着一批曾在新疆伊犁受过苏联培训的飞行员时，王若飞让带点钱去帮助他们，解决他们的困难。当时父亲并不知道，在新疆培训的人员中许多是共产党员。次日，父亲听从了党的意见，又回到集中营。

那时，时局时好时坏，国共关系时紧时松，总的来说，是向民主方向渐进。父亲既然同意重回集中营，就不再打算逃亡，只好熬下去等释放。集中营的情况也在变。国际上要求中国实行民主的压力，以及国内人民民主运动的不断发展，使那些镇压民主的人更为敏感和不安。何况国民党内部的派系斗争，使康泽系统处于劣势，训导团的人员抱着等着瞧，混着看的态度。研究室中，有些找到别的出路的人开始离开五云山。王教官和刘某走了。新上任的人不抓管理，研究室变得极为松散。父亲不仅可以自己去育才学校，在经过北碚时，遇到朋友有时也逗留。那时，北碚是重庆近郊的一个文化点，许多学校在北碚附近，父亲许多文化界的朋友就在那里工作、居住。他到那里的茶馆坐一会儿，准会遇到熟人。他还参加过在那儿举行的两次民盟的大学教授盟员的座谈会，其中一次会上，张申府和邓初民做了报告，听到不少圈内的消息。这一切，让父亲感到兴奋，感到自己好像又回到了社会。然而，真正的重返社会又得等到什么时候？

汤如炎虽说要请康泽再上签呈，但他是不是真的这么做，谁也不知道。既然要等释放，而且要堂堂正正地被释放，不卑躬屈膝，不卖身投靠，那就还是要斗争。当然，父亲也明白，斗争的结果，只能让他们恨他的倔犟。但是，一看到他们的伪装，看到他们的欺骗，他就忍不住要揭穿。人总是要死的，死没有什么可怕，人总是要追求真理和正义的，那么为真理和正义而献身也是值得的！

利用研究室的方便条件，也是利用团里为表现"公正"所给予他的特殊待遇。父亲常帮助集中营的难友买日用品，乘机夹送一点他们在大墙里面看不到的报刊。在研究室的讨论会上，他公然阐述国共合作共同抗日的主张，民主建国的重要意义。他肆无忌惮的言行，使长官们厌烦，也使他们恐慌。但是由于他是"钦犯"，又奈何他不得。

历史总是要向前发展的。如果说，在1941年由于国民党的压制，中国民主政团同盟只能赴香港去宣布它的存在，召开国民大会、组织联合政府，只是民盟向世界宣布的一个理想。那么，到了1945年，这个理想已成为国内外共同的要求，从而迫使国民党不能不考虑接受。过去，人们不满意政府只能腹诽，而不敢直言，更不要说署名写文章发表了。那么，现在，在报纸上公开发表不同政见文章的人已不是一个两个，甚至国民党的知名人士也公开阐述自己的观点。这一切变化，处于被监禁地位的父亲，特别敏锐地感到了。这正是他重获自由的希望所在。

1945年6月24日，汤如炎叫人通知父亲去见他。父亲到了那里，汤如炎突然说：“你可以离开研究室了。”由于完全没有想到，父亲不敢相信是真的。汤如炎接着说：“你如果认为研究室环境还好，当然，我还欢迎你住下去。”

父亲问：“有什么条件么？”

汤如炎回答：“没有条件。”

“要办什么手续么？”

“也没有。只希望你到重庆后去看看黄少谷，和他谈谈。”

“如果是这样，我明日就离开这里。黄少谷是我的老朋友，我会去看他。”

父亲回到研究室，把这消息告诉了室主任，请他问问汤如炎，准备明天离开五云山，看他还有什么要说的没有。父亲的意思是问问，是不是有什么条件没有说，如果有，他宁愿不走，也不会接受。

室主任回来说，汤如炎说没有别的条件，只希望以后慎重自处。为释放的事，他实在费了不少力。父亲请室主任转达他的感谢。

第二天，正好是星期日，更巧的是有一架滑竿上山来。于是父亲便带着他那唯一的箱子，离开了五云山。

从 1943 年 5 月 16 日，在桂林被捕，至 1945 年 6 月 25 日离开五云山集中营，整是两年零一个半月，父亲无辜地失去了自由。

第四章

新中国成立　工作大忙人

为争取人民民主奔忙

父亲突然被释放,实际上还是政治形势所促成的。那时,国民参政会将在1945年7月5日召开。中国共产党已决定不出席,中国民主同盟出不出席还未宣布。由于民盟在上届国民参政会上已提出过关于萨空了失踪问题的质询,国民党政府为了表示已在民主的道路上迈进了一步,开始尊重人权,特做出这种姿态,用以争取民盟参加国民参政会。

父亲去拜望了黄少谷。寒暄之后,父亲问,汤如炎为什么嘱咐去看望他。黄少谷说,汤如炎不久前找过他,说:你们几个人保释萨空了的事已获批准。希望萨空了出来后能给他安排一个工作。估计他还会从事新闻工作,那么不论在你办的《扫荡报》或是在成舍我办的《世界日报》都行。最好还是在《扫荡报》。

父亲说:“人各有志,不能相强。我们都是老朋友,我一直不参加国民党,也不想做官。许多老朋友或贵或富,我仍是一个清贫的记者。我并不羡慕他们。他们有他们的收获,我有我的收获。我就是要保存自己的气节。我希望老朋友不勉强我放弃我自珍的敝帚。”黄少谷没有说话。父亲接着又说了对他们三人——梁寒操、成舍我和黄少谷联名保释他的感谢。但他以为，这是政治形势的需要。实际上，当局是利用了他们三人的名义。父亲希望将来不致连累他们。

听了父亲的话，黄少谷笑了，说："你不要太书呆子气了！难道你再反对政府，他们还会把我们怎么样？那绝不会的！不过，你今后打算怎样，我们这些朋友是关心的。"

父亲说，他现在除了两个女儿别无拖累，现在小女儿在育才学校读书可以放心。只是大女儿流落在昆明，要去一趟昆明把她找回来。

黄少谷立即说："他们怕的就是这件事。不喜欢你去昆明。"经黄少谷这么一说，父亲就明白了，他说的倒是实话。因为云南当时在龙云的控制下，在那里，西南联大以及其他的大学的教授和学生们，正掀起了轰轰烈烈的爱国民主运动。

父亲说："他们没有理由不让我去找女儿。正因为他们不遵守诺言，让我的孩子吃了无数的苦。现在我恢复自由了，还干涉我自己去找孩子！他们不外是怕我不回来，我向你保证，我一定回来！"

听父亲这样说，黄少谷答应签字为父亲做保人，让他向航空公司检查所订赴昆明的机票。

此时正值邹韬奋逝世一周年即将来到。父亲的朋友们决定举行纪念活动，同时也一并纪念不知逝世确实日期的杜重远。他们决定在《新华日报》副刊上出纪念特刊，并在西南实业大厦开个纪念会。由于父亲刚从集中营出来，还没有固定工作，而且又和邹韬奋、杜重远都关系较深，便被推举出来作这个特刊的编辑。父亲也觉得自己被捕两年多,现在应当向社会表示一下,自己的政治态度没有变。编辑这个特刊,写篇纪念文章署上自己的姓名,正是一个公开表态的最好方法。他就这样做了。不仅如此,还在纪念大会上发了言。他的许多朋友这才知道,两年来他在社会上销声匿迹的原因,也知道了,虽经过种种磨难,他并没有屈服。父亲自己也感到,这才真正回到自己的社会圈子里来了。

然而,这个举动立刻引起了国民党方面的注意,压力随之而来。黄少谷让在《扫荡报》工作的一个父亲的学生阎奉璋通知他,汤如炎看见了《新华日报》,想约父亲吃一顿饭。父亲知道,他们是不满意。正好此时赴昆明的飞机票已买到,便以动身在即为借口,谢绝了邀请。

8 月 6 日父亲到昆明,我去飞机场接他。他未来之前,我已从吴范寰伯伯处得到了消息。

这是父亲第一次到昆明,但是这里却有他许多老朋友。有的过去相熟,现在又都是民盟成员,政治看法相同,往来就多一些,如:闻一多、李公朴、罗隆基等。他们当时在昆明参加民主运动十分活跃。父亲和他们的往来立刻引起了特务的注意。其实父亲也和过去《世界日报》、《立报》的老同事、老朋友往来,如:当时昆明《中央日报》社长钱沧硕和经理吴范寰、《扫荡报》社长李诚毅等,特务们却不理会了。不久,吴范寰拿来黄少谷的信让父亲看。黄少谷在给吴范寰的信上说:据报告萨空了到昆明后非常活跃,是负有民主同盟的使命去的。希望劝他早日回渝,因为自己是萨空了的保人。父亲向吴范寰说,已向航空检查所提出携女乘机返重庆的申请，只由于未获批准，迟迟不能成行。

其实黄少谷的情报是对的，父亲的确是为民盟即将召开临时全国代表大会到昆明来了解出席代表的情况。不过那时任务已完成。买不到机票也是实情，这是因为国民党当局知道民盟将在10月1日在重庆召开全国代表大会，故意不让父亲回去。

1945年8月，是历史上重大事件最多的一个月：8月6日，美国向日本广岛扔下第一颗原子弹；8月8日，苏联对日宣战，随之派海陆军向中国东北、朝鲜北部、库页岛南部的日本地带发起总攻；8月10日，蒙古人民共和国对日宣战，与苏军联合进攻日军；8月13日，日本宣布无条件投降。同日，蒋介石邀请毛泽东到重庆进行谈判；8月28日，毛泽东、周恩来、王若飞一行代表中国共产党飞抵重庆与国民党政府进行谈判。这些政治事件的突然来临，使人一时间不知所措。

父亲在昆明看到人们跃跃欲动的兴奋心情。一些人以为，从此中国的政局会朝民主大道前进，打算回到原来被敌人占据过的北平、上海，恢复原来的生活。复原之声骤起。父亲并不那么乐观，从他自身的经验就可以看出，国民党连中国民主同盟的一个公开的活动都容纳不了，还谈什么民主。他开始盘算自己该怎么办？他觉得还是去香港，也许还可以做些有助于民主活动的事。他打听，从昆明有无办法去香港，以免再回到重庆那大集中营。

正在这时，又忽然碰上了10月3日的昆明事变。蒋介石用武力把云南省主席龙云赶下台。日本刚刚投降，就把枪口对准了自己人。龙云只不过稍稍倾向于民主，就得到这种下场。四天的动乱平静下来后，宋子文把龙云带到重庆去了。当地的居民指出，事变中美军帮助了中央军，而且在华山南路的战斗中，是由美国坦克作先导的。

尽管国共谈判刚刚结束，昆明事变足以说明，民主在中国还非常遥远。这使父亲下决心不去他久居的北平，也不去他熟悉的上海，而是去香港。可是这时，甭说去香港，连去重庆的路线都被切断了。父亲的朋友劝父亲说，在动乱的情况下，特务下毒手的可能性较大，还是赶快离开昆明去重庆为好。父亲便又去航空公司询问，意外地得到可以买机票的通知，并且当日下午就有飞机。父亲急忙和朋友们告别，其中就有西南联大的闻一多，没想到这竟是和他最后的见面，1946 年他就在昆明被暗杀了。

1945 年 10 月 9 日，父亲从昆明回到重庆。他托阎奉璋转告黄少谷，他已经回来，了结一段公案。但想到汤如炎请吃饭一事，总觉得他们还会找麻烦，更是积极地设法离开重庆。

日本投降后，外地到重庆的人多急于返回故乡，乘飞机只是接收大员和达官贵人的权利，连买轮船票也得特殊批准，许多人不得不冒险乘木船或木炭汽车。不时传来木船翻船和汽车被抢的消息。离开重庆怎么走，就成了四川人所谓的“下江人”议论的话题。

重庆当局一方面调动军队策划内战，一方面又侈谈和平、民主，甚至准备召开政治协商会议。他们是在欺骗百姓和国际舆论，玩弄政治权术。就在这复杂混乱的政治局势中，为了平息各方面对复员交通安排的不满，公路总局新开辟了几条路线，其中一条就是从重庆到梧州。父亲是非常熟悉国内的交通路线的，便立即买了这趟长途汽车的车票。他打算到梧州后经广州到香港。到梧州后既可乘车,又可乘船就活络多了。他改名换姓,备了一份工程师的证件以应付检查。

在重庆期间,父亲参加了救国会 12 月 16 日举行的代表大会。会议主要商讨救国会改组问题。由沈钧儒老先生报告改组缘起,陶行知报告改组经过。鉴于抗战胜利后,救国会争取抗日胜利,民族解放的政治任务已完成,决定将救国会改称为中国人民救国会。父亲与沈钧儒、陶行知、史良、曹孟君、李公朴、何惧被选为中央常务委员。沈钧儒为主席。"人救会"决定父亲去香港的任务是,以常委身份会同在华南的中委筹划一切,并主持宣传工作。

那时,我和妹妹都已在陶行知办的育才学校读书,妹妹在音乐组,我在社会组。父亲让我们先留下,待他到香港安家以后再接我们去。和他同行的是后来成为他第二个妻子的方菁和她的两个女儿。方菁是个寡妇,她原来的丈夫叫贺孟斧,是个有名的戏剧家。她自己则是搞美术的,和父亲原来的女友郁风是同学。

父亲为了避人耳目,离开重庆的消息只有几个朋友知道,他甚至还去参加了当天圣诞节的联欢会。晚上,我送父亲去香港,那是一个下着蒙蒙细雨的黑夜,父亲带着我站在街角上等送他到码头去的汽车。不久,一辆小轿车悄然停在我们面前。车门开了,里面有人说:"快上来吧!"父亲边上车,边向里面的人说:"这是我的女儿,她送我过江。"里面的人连忙说:"挤一挤吧。"于是,我挤了上去。父亲对我说:"那位是徐冰伯伯,这位是周恩来伯伯。"我轻轻地叫了声:"徐伯伯、周伯伯。"但是看不清他们的脸,只听到徐冰伯伯说:"这是你的哪个女儿呀?苦茶还是苦荼?"爸爸说:"是苦荼。她在行知办的学校读书,苦茶也在那儿。"周恩来伯伯说:"育才学校办得不错,好好学习。等你爸爸在香港安定下来,再接你们去。"接着,他们就低声长谈起来。

汽车到储奇门码头停了下来。爸爸和我下了车,周伯伯和徐伯伯同爸爸握手道别后,车就开走了。我跟着爸爸走下长长的台阶,赶上到海棠溪的轮渡。当晚就住在海棠溪的一个旅店里。第二天一大早,我送爸爸一行到公路汽车站。汽车十点多才开。他们经贵州、广西、广东到香港共走了十六天。

1946 年 1 月 11 日,父亲到达香港,当晚住在九龙弥敦道星光酒店里。这附近恰巧就是邹韬奋伯伯曾经住过的地方,而后面的九龙酒店又是杜重远伯伯赴新疆前,最后寄居的地方。情景依旧,可父亲这两位朋友都已离开人世。父亲感叹良久。为了中国的民主,需要多少人为之献出生命呢!

父亲到香港后,便遵照周恩来的建议去找了中国共产党在香港的负责人之一——连贯。连贯把父亲安排到刚刚复刊的《华商报》工作。

《华商报》(晚报)创刊于 1941 年 4 月 8 日。当时,由于国民党正掀起抗战以来的第二次反共高潮,在制造"皖南事变"以后,又进一步迫害民主人士和民主党派,并查封进步报刊,一些爱国民主人士被迫纷纷逃往香港。在这种形势下,1941 年 2 月 10 日,八路军驻香港办理处主任廖承志打电报给中共中央周恩来同志请示说:

现到港文化人相当多。我们决定在港办一报纸，定名《华商晚报》。由邓文钊等做老板，胡仲持任总编辑。编委则由长江、夏衍、逸群和我担任。以救国会之姿态出现，但不太露锋芒，不过我党重要文件应发表。我们每月津贴一千元港币。我想在《新华日报》受压迫，而港其它报受国民党收买的情况下，为冲破他们的封锁办这个报，就是其生命只有几个月也是有意义的。如何盼示。

同月中旬，廖承志得到复示，着手办报。根据当时的条件，他便请了在香港华比银行的华人经理邓文田（廖承志的亲戚）作为督印人向香港政府申请注册。定名为《华商报》是为了易于被市民接受。邓文田还担任总经理，副总经理是邓文田的弟弟邓文钊和范长江（主持日常工作），总编辑是胡仲持，夏衍分管副刊和社论，主笔是张友渔，编辑主任是廖沫沙。这是十分强大的编辑阵容。他们的编辑方针也十分明确：在国内问题上，坚持抗战，反对投降；坚持团结，反对倒退。在国际问题上，坚决反对法西斯侵略，反对英美对日妥协，揭批绥靖主义和“东方慕尼黑”阴谋。

《华商报》创办后得到香港和海外爱国人士的支持。它的经费除了邓文田、邓文钊兄弟出资外，爱国华侨领袖陈嘉庚也慨然相助。就是用这些资金，《华商报》在皇后大道中租下了房子，在铜锣湾买了一个小印刷厂。但是由于太平洋战争突然爆发，刚刚开始的事业就被迫停止了。

《华商报》（日报）复刊在 1946 年 1 月 4 日。父亲是 3 月开始到《华商报》上班的。那时,《华商报》的总经理是邓文钊,副总经理是饶彰风,总编辑是刘思慕,副总编辑是廖沫沙,主笔是狄超白。父亲到《华商报》工作后,邓文钊改任督印人,由父亲担任了总经理。社址在干诺道中123号。

复刊后的《华商报》,最高权力机构是董事会,董事长是邓文钊,董事有:陈嘉庚、夏衍、连贯、萨空了、刘思慕、饶彰风、廖沫沙、杨奇。《华商报》董事会下属的机构包括:《华商报》、有利印务公司,新民主出版社。

最近,我在翻阅《华商报史话》时看到,上面刊登了一封1982年11月23日夏衍给吴仲的信,他对《华商报》的事是这样说的:"关于《华商报》、新民主出版社、有利印务公司三单位,都是党设在香港的外围组织,均由萨空了同志负责实际工作。"至于谈到复刊后《华商报》的经费来源,夏衍是这样说的;"后期(1946—1949)经费主要是周恩来同志从上海周公馆(南方局)支持的。……1947年我去新加坡,章汉夫、饶彰风同志曾嘱我在南洋一带为'香港进步文化人'筹款,我在新加坡通过《南侨日报》筹募了一笔经费(约新币五万元左右),陆续汇给章、饶。此事在当时《华商报》、《南侨日报》曾公开发表……"

实际上,《华商报》是在中国共产党直接领导下工作的。复刊初期由饶彰风代表党组织实行全面领导,1947年1月,中共中央香港分局正式成立后,在港澳工作委员会下,设立报纸工作委员会,委员会书记是章汉夫,此后报纸便由章汉夫领导。《华商报》的股东,如:我父亲、连贯、杨奇,他们的股本也都是受中共委托投资的。

抗战胜利后，全国人民久经战乱的惨痛，迫切要求有个和平、民主的生活环境，治愈战争的创伤，重建家园。国民党为了维持自己的统治，却重新聚集兵力挑起内战。那时，宣传工具主要掌握在国民党手里，致使许多人不明白真相，一味希冀和平，对蒋、美抱幻想。同时，也由于对中国共产党了解不够，而抱怀疑态度。因此进步人士的任务就是宣传中国共产党的政策，介绍解放区的情况，澄清人们的视听，还要揭露蒋介石假和平真内战，美帝国主义假调停真援蒋的阴谋。

1946 年 5 月 23 日，周恩来曾打电报给邓文钊、萨空了、刘思慕、千家驹四人，电文如下：

文钊、空了、思慕、家驹兄：

沫沙来此，得悉港澳情形，并知兄等对民主运动及，文化工作极尽贤劳。《华商报》、《自由世界》、《经济通讯》、《民主》等报刊，在诸兄努力之下，成就甚大，至为钦佩。目前时局一时尚不能明朗，但吾人谋取和平民主之方针既确定不移，大局前途仍有开展之望，但视吾人今日之努力为何如耳！东北停战迄未实现！而全国内战危机仍严重存在，关键不仅在东北一隅之进退，而主要在当局之根本决策必须变更。此即吾人所须悉力争取之目标，亟待各方面配合进行者也。诸兄在南方主持言论，盼于此方面多所注意。匆匆不赘。

顺颂时绥！

弟周恩来

电文文简意赅，对当时宣传方针及对他们工作的要求，都明确给予了指示。《华商报》的报道便是围绕这个中心进行，父亲的活动也是围绕这个中心转。

《华商报》把内地蒋介石集团假民主、假和平，真独裁、真内战的真相不断报道给港澳各界人士和海外侨胞。如：1940 年 1 月 10 日，在重庆召开的政治协商会议虽然有国民党、共产党、民主同盟、青年党及无党派人士参加，且通过了一些反映人民愿望，有利于和平、民主、团结的决议，但不久蒋介石便撕毁了决议，并且策划了 2 月 10 日捣毁在重庆较场口举行庆祝政协成功的群众大会的暴行。就此事，《华商报》不仅报道了事实真相，并且先后发表了好几篇社论：《严惩特务，严防反动》、《扑灭法西斯余烬》、《中国法西斯派向孙中山民主主义挑战》、《和平民主的危机》、《反民主派阴谋的剖视》等，唤醒群众，认清反动派的阴谋。

在以后的日子里，《华商报》随着时局的变化与发展，根据党的战略方针，总是站在时代的前沿，指引群众斗争的航向。内地国民党控制下的报刊上看不到的新闻报道，在《华商报》上都有详尽的披露，如：国民党特务在昆明暗杀闻一多、李公朴的报道；蒋介石大举进攻解放区，发动全面内战，以及各地各界人士反对内战的报道；北京女大学生惨遭美军施暴和全国各地教授、学生举行大规模抗议示威游行的报道；人民群众抵制美货，要求美军滚出中国的报道等等。

同时，《华商报》也对香港及海外发生的爱国民主运动和社会事件做了及时的报道，并配有社论。如：何香凝、蔡廷锴等人向国民党呼吁和平的报道；冯玉祥在美国发表反对美国援蒋内战，抨击南京政府独裁专制的讲话的报道；以及保护香港当地居民利益的消息和社论，如：《为七万小贩呼吁》、《救难惜民——抢救海上遇难的渔民》等等。

《华商报》的副刊《热风》（后改名《茶亭》）在创办的开场白中就宣称，以“敢说、敢笑、敢哭、敢怒、敢骂、敢打，正视和针对社会现实，有力地表示其爱恨，爱人民所爱的，恨人民所恨的”作为编辑宗旨。它的确发表和连载了许多很有影响的文章。如：萨空了的《两年的政治犯生活》、茅盾的《苏联游记》、郭沫若的《抗战回忆录》（后改名为《洪波曲》）、苏联作家爱伦堡的《美国印象》、章泯的五幕话剧《恶梦》、东方未白（廖沫沙、刘思慕、胡希明、吕剑的集体笔名）的杂文系列《无所不谈》，以及黄谷柳的长篇小说《春风秋雨》（后改名为《虾球传》）、侣伦的长篇小说《穷巷》等等。

在那一段时间里，父亲除了担负总经理的职务，管理报社繁杂的行政事务，担任报纸社论委员会的委员；还在《华商报》发表了一些文章，如：《政治协商会议的症结》（1946 年 1 月 27 日）、《负起我们应负的责任——纪念羊枣》（1946 年 2 月 10 日）、《关于盛世才的统治》（1946 年 2 月 18 日）、《渝港途中》（1946 年 2 月 20 日）、《论当前政局》（1946 年 3 月 7 日）、《中国妇女的当前任务》（1946 年 3 月 8 日）、《悼念公朴、一多》（1946 年 7 月 22 日）、《从私生活上向韬奋学习》（1946 年 7 月 24 日）等等。他也为其他杂志，如：《愿望》（旬刊）、《民主》（周刊）、《正报》（旬刊）、《光明报》（旬刊）等写稿。此外，他还在香港中国新闻学院授课，参加各种社会活动。他真是一个精力充沛的实干家。

1947年，萨空了与他的两个女儿——苦茶(萨沄，左)，苦茶(萨石，右)在香港

我和妹妹从重庆到香港是在1946年4月。那时，父亲已经和方菁生活在一起，住在千家驹伯伯寓所的一间房子里。我们到港后不久，便搬到马宝道66号三层楼，二层楼住的是邵荃麟，四层楼是新华社华南分社。隔壁65号和64号是大千印刷厂的房子，楼下是厂房，楼上住着孙起孟、杜宣等，何惧也短期在那儿住过。在我们楼的斜对面，靠海边的一幢楼里住着马叙伦。离我们不远的英皇道上，邹伯母沈粹缜、徐伯昕、乔冠华和龚澎都住在那儿。父亲的朋友们住得都很近，互相常来往。

那时我们家生活非常艰苦，因为只有父亲一个人工作，《华商报》工资又很低，却要养活我和妹妹、方菁和她的两个孩子。我记得书桌是用几个装苹果的木箱和一块大木板搭起来的，书架也是由苹果箱拼叠而成。父亲就是在那样的书桌上写文章、翻译文件和打文件。

由于我们的家是由两个家庭拼凑而成,再加上经济困难,矛盾和磨擦不断。后来甚至酿成妹妹和家庭绝裂的事。父亲为此深深自责,他沉痛地对我们说:“我原以为双方都有孩子,彼此都能谅解,没想到矛盾更大。”

1947 年 9 月,父亲决定把我和妹妹送到解放区去。我们从香港到上海,在上海等候方便的装货大木船到山东解放区。不料那时上海海口封锁很严,我们在木船上漂泊了几天都无法出海,不得已在崇明岛又登岸回上海,不久又回到香港。在上海时,我们曾收到父亲给我们的信,信是那样情真意切,充满了对我们的深情。几十年来,我一直保存着它。信是这样写的:

> 茶、荼:送你们走后,我一个人回到报馆,看着永生号开出港口(报社在海边——作者注)心里感到很寂寞。为了是不是送你们走,我一直自己和自己交战了很久。今天你们走了,我一面是高兴,因为我相信这样一来你们两个的前途都有了光明,一面是有点难过,因为我离开兴隆场就希望跟你们在一起,现在又分开了。虽然不过一两年,可在这期间我连说心里话的人也没有了,所以说感到寂寞。昨天我曾和荼说了一下只有这样才能使你们前途光明的道理。如果我再不下决心,那我将来会永久后悔,所以我希望你们明白,我对你们抱着极大的希望。
>
> 我希望你们好好保护自己的健康。健康是一切希望的基本条件,身体坏了就什么都谈不到了。荼的身体我有点担心,所以一定要自己好好注意。茶的身体不坏,可是太不

知道自己注意，以为我很健康就乱吃乱来。这一方面是基于任性，一方面是喜欢逞强。别人劝，不但不听，反而要多吃一点之类。这脾气一定要改掉，否则一定要吃许多苦。

在学习方面，两个人可以说都还没有进大门，升堂入室更谈不到。一个人一定要知道自己很不够才能进步。人是活到老学到老的，没有哪一个人的学识可以说很够了。你们在思想方面首先要搞通，现在是谈不到有思想的。不过这我倒可以放心，因为有了学习的机会，一定可以好起来的。作学问不应当三心二意，学一样就应当把它学好。不可见异思迁，学问是靠长时间不断努力才能有成就的。你们应当先注意把中文搞通顺，再认真学好一种外国文。

在做人方面一定要能吃亏。不要争一时一事，人是要活得很久很久的。希望你们也学学我，用最好的心待人，不对任何人存敌意，这会是一生享用不尽的幸福。

这次出门，也许会有许多坷坎，可是你们是为了一个远大的目的。成功没有不经过坷坎的。我从今天起就在盼望再见到你们的日子。我希望再看见你们时，一谈话就叫我知道，你们已经有了很大进步，那就不辜负我对你们的苦心了。记得我吩咐的一切，就证明你们是爱我的，没有忘记我。

爸

1947 年 9 月 4 日夜

那次，我们虽然没有能到解放区去，但是父亲的话，却使我们终生难忘。

父亲按照周恩来同志的意见进行着工作。《华商报》的工作人员都是竭尽全力，克服重重困难，努力工作着。这张独树一帜，宣传共产党主张的报纸，在香港起着耳目一新的作用。但是，也正因如此，在四十年代中，当国民党的势力还很嚣张，而广大群众对共产党还很生疏的时候，《华商报》鲜明的政治色彩，使一些读者害怕，不愿订阅，使一些商号害怕，不敢在这张报上登广告。而那时办报是得靠销售和广告来挣钱维持的。因此，《华商报》的经济十分拮据，除了党的支持，就是靠海外华侨的捐款。到了1947年秋，《华商报》曾开展过一次“救报运动”。父亲作为总经理在动员会上讲了话，经理部经理陈东做了动员。当时在《华商报》工作的多是中共党员和进步分子，大家对办报的意义十分了解，从而怀着对报纸的真挚热爱。报社员工立刻纷纷捐款，有的捐出自已应得的稿费，应得的佣金，甚至捐出自己的结婚戒指。“救报运动”传到社会上后，一些进步工会、学校、群众团体、工商界人士也热情响应，写来热情洋溢支持报纸的信，有的送来捐款，有的到《华商报》登广告。

据我所知，从1947年11月到1948年8月，父亲曾有一段时间没有去《华商报》上班，也没有拿《华商报》的工资。潘汉年让他当《国讯》杂志的主编，每月给他一百元的补贴，维持我家的最低生活。父亲晚年，我曾问过这件事，他只是说，看法不一样，党内也有不同意见，后来上面的意见来了，他才回去的。详细的事，他没有说。他去世后，我看他的日记，关于这件事，他只是简单地写着：“从去年11月底，我即不过问社内的事，语多不谅，所以我认为，我已不适于再负总经理名义。此事尚未解决。”后来又有一段这样写的："从 8 月 24 日起，我又天天到《华商报》了，不是负全面责任，只是管管采访，名义上仍然是总经理，又兼了主持采访的事。这个月以来，香港报纸竞争益烈，《文汇报》9 月 9 日出版两张售一毫，《华侨日报》出四张售两毫。《华商报》改版后略有进步，但成绩不显著，仍然不能适合大众要求。"

在不去《华商报》上班的这段时间里，父亲主要在连贯、潘汉年领导下从事民主党派的工作。自从 1946 年 1 月，他到香港后，连贯便让他帮助中国人民救国会和中国民主同盟南方总支部的工作。1946 年 9 月，潘汉年来到香港。父亲从 30 年代在上海参加救国会以后就认识了他，以后一直和他保持朋友关系。潘汉年当时是以中共上海分局驻港工作人员的身份参加华南分局文化工作委员会的工作(上海分局当时兼管华南分局工作)。他的具体活动是经由华南分局的机要部门直接向延安中央报告，并接受指示。他的主要任务是做统战工作，也就是做从蒋管区来港的各民主党派和民主人士的工作，帮助他们解决实际困难，建立在港的机构，开展活动。因此在这段时间里，潘汉年和父亲的联系更多，父亲做的许多工作，都是由潘汉年建议或安排的。

香港这个地方在太平洋战争以前，是绝对不允许任何中国政治团体在这里公开活动的。当时，国民党党部在香港的机关是以荣记公司的面目出现。中国民主同盟在香港的机关则以《光明报》的面目出现。二次世界大战以后，英国国际地位有所下降，国民党依靠美国的势力，在香港公开建立了港澳总支部。因此，从广西、广东、云南、四川来到香港的一些有远见的同志，认为在香港也应建立自己的机关以便开展海外工作同国民党抗衡。于是便出现了人救会的南方总支部和民盟的南方总支部。民盟的南方总支部在 1946 年 1 月组成,我父亲到港后即负责南方总支部国外关系委员会的工作。在父亲和有关同志共同策划下,于 3 月 1 日在香港大酒店召开成立大会,并发请柬广邀香港政府当局和各界人士参加,以造声势。那时英国刚刚返回香港掌握政权,处处小心翼翼,便采取默认态度。香港政府虽没有派人参加,但会后写信给南总主任委员李章达和外委负责人萨空了,邀与香港警察总监辛博逊及特务部主任麦唐纳会晤,其间详细询问了中国民主同盟的情况。父亲乘机正式当面通告,民盟南方总支部设在坚尼地道 25 号地下(即一层楼)。此后,中国民主同盟在香港的活动便成为公开的了。

民盟南总的工作大量的是对外关系方面的事。在英国统治的香港,依据法律展开民主运动得进行艰苦的斗争。为了抗议国民党暗杀李公朴、闻一多,民盟南总召开三千人大会。这事对香港与南洋的民主运动曾有过很大影响。然而召开这样的会是很不容易的。事先得向香港华民政务司、警察局报告,开会以后当局又提出许多此会不合乎香港法律的指责,经过多次解释、交涉、依法力争,才把事情了结。但是,为了扩大民主宣传,不管多么困难,群众性的集会活动还是要进行。父亲也不得不用许多时间和精力和华民司打交道。

1947 年 6 月,香港当局鉴于正面打交道常无回旋余地,他们又不愿意得罪民主党派,便通知南总外委会负责人——我的父亲,将派香港政府行政局议员、香港大学校长施乐诗(D. J. Sloss)代表香港政府与民盟建立非正式联系。此后,父亲与施乐诗和他的助手华森(M. Watsan)经常交往,争取到他们对某些问题的理解与同情,使民主党派,甚至中国共产党在香港的活动曾获得一定程度的便利。

1947 年 7 月,国民党当局悍然发布“戡乱总动员令”,集中兵力进攻解放区,并在国统区任意逮捕、监禁、屠杀工人、学生和爱国民主人士,形成一片白色恐怖。同年 10 月 27 日,又公然宣布中国民主同盟为非法团体,勒令解散。

当时民盟中央设在上海,主席为张澜。当民盟中常委扩大会议,听取黄炎培、罗隆基、叶笃义报告赴南京与国民党谈判经过,并讨论《民盟总部解散公告》稿时,沈钧儒、史良、张云川表示了异议,不同意在高压威胁下屈服。经过争论,最后决定:民盟宣布自行解散。

此时,在香港的民盟南方总支部是不同意民盟宣布解散的。11 月 7 日民盟总部宣布解散后,11 月 9 日民盟南方总支部在港发表《为民主和平奋斗到底郑重声明》,指出总部解散出于被迫,民盟南方总支“今后仍一本为民主和平而奋斗之素志,继续努力,绝不因独裁政府之非法压迫而停止其活动。”

民盟中常委沈钧儒老先生当年已届七十二岁,他在上海民盟总部被迫宣布解散后,即对朋友说:“民盟一定要搞下去,国内不能公开搞,就去香港。”沈老先生是国内受人尊敬的长者,他为民主坚持斗争的明朗态度,鼓舞了大家。沈老言行一致,于 11 月下旬,冒险来到香港。父亲为沈老安排了住处,并亲自去码头迎接他。后来父亲对我们说,我原以为衡老(朋友们对沈老先生的亲密称呼)为躲避国民党特务耳目,会割须化装前来香港,不料衡老还是衡老,从容不迫笑吟吟地走下船来。

随着沈钧儒老先生抵达香港,民主党派的领袖人物也纷纷来港。一时之间,香港成为中国民主斗争的重要舞台。

1948年,萨空了与沈钧儒在香港

从沈老抵达香港之日起,由于救国会和民盟的双重关系,父亲几乎天天和他会面。在当时的政治环境中,确有许多问题需要大家商谈,其中最重要的是,在国共和谈破裂,和平建国无望的情况下,充当中间调停人的民主党派和民主人士究竟应该怎么办?当时,一般民主人士反对国民党专制,要求民主自由,是一致的,但是放弃第三者的中间立场,站到中国共产党一边,为中国民主革命而奋斗,却犹豫不决。沈老先生的观点是明确的,站到人民一边,站到中国共产党一边。父亲和沈老的观点一致,他们之间有着共同的语言。

沈老为筹备民盟一届三中全会的召开做了大量工作。会议之前曾和各方面的朋友交换意见,阐明认识。父亲常陪同他看望朋友。仅就“中间路线”思想就常常引起辩论。沈老总是明确地指出,既然过去标榜的“中间路线”现在已走不通,除了参加革命,就是参加反革命,别无它路可走。父亲为这位高龄的老人能有这样清晰的头脑而叹服。他常常在家里说,和沈老商量问题总是容易的，他能虚心地听，正确地理解，公正地衡量。由于他德高望重，他的态度对社会各界很有影响，他在关键时刻的作用很重要。

1948年1月5日至1月19日，中国民主同盟在香港召开一届三中全会，出席会议的有沈钧儒、章伯钧、柳亚子、邓初民、周新民等二十八人，列席十二人。会议通过了《中国民主同盟一届三中全会紧急声明》、《中国民主同盟一届三中全会政治报告》、《中国民主同盟一届三中全会宣言》和《中国民主同盟今后组织工作计划》等决议案。

《中国民主同盟一届三中全会紧急声明》公开宣称："我们更代表本盟全体盟员表示不能接受本盟总部于去年11月5日在南京反动独裁政府劫持与威胁下，未经合法会议而发表的'辞职'、'解散总部'、'停止盟员活动'的声明。同人等兹依遵本盟组织规定程序，召开本届全会，恢复领导机构，决定继续奋斗方针……"

这次会议的突出特点就是宣布民盟是"独立的，站在人民立场上的民主政团"，指出：在是非之间，民主与反民主之间是没有"超然的"或者"中间路线"的存在可能。彻底摈弃了中间立场，公开申明愿意与中国共产党、国民党革命委员会和其他民主党派和民主人士，共同为中国人民的解放事业而奋斗。三中全会还正式宣布在香港重新建立民盟总部。

由于总部原有的有些部门的负责人不在香港，三中全会选出了代理各部门工作的人员，以便于开展工作。父亲代罗隆基和刘王立明主持民盟国际关系委员会的工作。

也是在这时期，中国国民党革命委员会在香港宣告成立，并发表了宣言和行动纲领，指出：当前之革命任务为推翻蒋介石独裁政权，实现中国之独立、民主与和平。

国民党政府为此向香港政府施加压力。香港辅政司便致函民盟和民革，说："香港不能允许在其领土内有干涉其友邦内政的活动。"为此父亲便找施乐诗交涉。施乐诗暗示，可写信表示不以香港为武装活动根据地，即可以不问。同时，施乐诗也想利用这种非官方的联系取得民主党派对香港政府某些施政方面的支持，并协调、疏通和民主人士及进步群众团体的关系。施乐诗还私下表示愿意帮助来港的文化人，香港大学也愿意聘请一位中国教授。一些民主党派的领袖和著名文化人，如：沈钧儒、章伯钧、马叙伦、郭沫若等，也曾与施乐诗晤谈。

担任外委会的工作，使父亲非常忙碌。由于民盟和"人救会"都经费拮据，无力雇佣工作人员，许多事情都得自己去干。他不仅得担任口头翻译，还得做文字翻译，并且连打字和送信都得自己去干。1948 年上半年民盟发表文件的全部译文都是他翻译的。加上其他的民主党派缺乏外文翻译人员，中共的人员又不宜出面帮助，父亲有时还得帮助他们搞外事活动。

父亲深知，争取外界对中国民主革命的支持与同情事关重大，便不遗余力地去努力做这项工作。由于他是新闻记者出身，与一些外国记者有联系，各国记者到港也去找他，他就乘机把民主党派的领导人介绍给他们，使他们了解中国民主运动和民主党派的情况，对国民党对民主党派进行的诬蔑和诽谤及时给以澄清和回击。例如：他曾引荐英国《泰晤士报》记者摩瑞逊和窦亭先后访问沈钧儒:国际学生联合会秘书勃烈克曼女士访问沈钧儒;美国《新闻与世界报导》杂志记者富洛姆与沈钧儒、章伯钧、胡愈之、千家驹会见;《远东基督教箴言报》记者路特与沈钧儒会见,并与沈钧儒、马叙伦、胡愈之一起在邓文钊家招待大主教何明华。同时,他还主动向英国《泰晤士报》、《每日工人报》,以及其他各种不同立场的报纸,提供有关中国民主运动的新闻报道,以求从不同方面影响英国当局。

有鉴于香港政府对在港民主党派的态度须受英国殖民部和外交部的节制,他积极设法通过英国援华会中的进步英国人士和平素以进步姿态出现的何明华,向英国国会中的进步议员和英国殖民部和外交部中的进步分子进行联络,并提供各民主党派的资料给他们。

1948 年 3 月,英国援华会主席、殖民部次大臣李斯托维尔爵士来远东视察,途经香港。父亲设法使民主党派的领袖沈钧儒、谭平山、马叙伦等直接与李斯托维尔会谈,并送给他各民主党派在港发表的各种文件的英文译稿,使他了解民主党派的态度。这次行动产生了良好的效果。同年 6 月 3 日,英国援华会曾公开发表声明,主张英国应与中国华北解放区建立坚强的经济和文化关系。

我在八十年代曾看见过一份当年美国驻香港领事 G·E·麦克肖纳给美国大使司徒雷登的报告,其中详细记录了他两次和民盟领导人沈钧儒谈话的情况和谈话内容。会晤是由父亲陪同去的,并担任翻译。从中可以看出,这些谈话增加了外国人对中国民主革命的了解。1948 年下半年,马来亚共产党为了反抗英帝屠杀，被迫展开了与英国的武装斗争。由此，英国政府改变了对民盟的看法，认为民盟就是共产党的伪装，在镇压马共的同时，也逮捕了在马来亚的近八十名知名民盟盟员。紧接着南洋各地都采取了对民盟盟员压迫的手段。他们采取的是或逮捕、或驱逐出境、或递解出境的办法。逮捕监禁固有生命之虞，驱逐、递解也有生命危险。因为民主党派成员，国民党不发给护照，而南洋各地当时一致禁止无护照者入境，这就逼迫这些民盟成员只能到厦门、汕头等国统地区上岸，在那儿等待他们的仍然是逮捕。

在这种情况下，民盟外委会便把营救南洋的盟员作为己任。父亲四处奔走，利用香港法律可用的条文来营救各地来港的同志。由于香港政府拒绝无护照的海外华侨登陆，一些人到港后又被递送走。父亲与施乐诗和华森交涉，可否让这些人先上岸，由民盟担保他们短期间出境。后来得到了某些通融。

为了使盟员免遭不幸，每有海外到港船只，父亲都上船去寻找有无被递解的民主党派人士。如有发现，就根据他们的不同情况，向港府要求担保登岸居留，不能居留者则担保他们暂时上岸再转口去其他地方，完全不许登岸的，则告诉他们避免国民党军警逮捕的办法。

我还记得，由于总听他说，今天有船来，得去看看。我便问他："你又不知道有谁来，怎能知道谁是被驱逐的同志呢?"父亲略带得意地笑着说："我从他们的神色中能看得出，而且还可以上前询问。"

1948 年 4 月，民盟荷属苏门答腊支部主任秘书费振东和东棉兰华文《民主日报》主笔邵宗汉，由于受国民党政府领事馆人员诬陷，被迫令出境。而英属新加坡当局又因他们没有护照不许登岸入境。如果不能设法让他们在香港上岸，势必被迫送往广东、福建而落入国民党之手。为了营救这两位同志，父亲花了两个月时间奔走设法。他给荷属印度尼西亚当局、英国当局，甚至联合国人权保障委员会，据理抗争。直到6月下旬，才争取到让他们在香港登岸。

由于马来亚时局的影响，在香港民盟的活动也渐渐受到严格限制。1948年11月，冯玉祥将军旅途遇难后，各民主党派拟召开追悼大会。父亲去华民司交涉，遭到拒绝，而且态度十分恶劣。父亲当场指责他毫无教养，出言不逊。接着，香港当局又让人搜查了中共负责人连贯的家。到了1949年1月，香港政府又封闭了各民主党派主办的达德学院。外委会代达德学院聘请律师向港督提出抗议，并通过施乐诗向港府交涉都没有结果。同年4月，施乐诗与华森结婚后同回英国伦敦。香港的外事工作更加艰难。

自从1948年5月1日，中国共产党在纪念“五一”劳动节的口号中号召，“各民主党派、各人民团体、各社会贤达迅速召开新政治协商会议，讨论并实现召集人民代表大会，成立民主联合政府”后，5月6日，在香港的各民主党派与民主人士：李济深、何香凝（中国国民党革命委员会）、沈钧儒、章伯钧（中国民主同盟）、马叙伦、王绍鏊（中国民主促进会）、陈其尤（致公党）、彭泽民（中国农工民主党）、李章达（中国人民救国会）、蔡廷锴（国民党民主促进会）、谭平山（三民主义同志会）、郭沫若（无党派）等联名致电中国共产党中央毛泽东主席,表示响应中共“五一号召”,赞同召开新政协,成立民主联合政府。

随着解放战争的节节胜利和解放区的扩大,同年9月初,民主党派领导人北行到解放区的事列上议事日程。9月12日在歌顿道7号沈钧儒老先生家,父亲与救国会的同志最后商定去解放区的安排。同时,中共中央香港分局成立了专门领导小组负责分期分批把民主人士和进步知识分子送往解放区。领导小组的负责人是章汉夫、潘汉年、许涤新、夏衍、饶彰风。父亲协助潘汉年做民主人士的工作。9月下旬,第一批离港赴解放区的是沈钧儒、谭平山、蔡铤锴、章伯钧。他们是在章汉夫陪同下,在黄昏时分,穿上短衫裤打扮成工人模样,乘小舢板登上苏联货船离港,通过朝鲜抵达哈尔滨。此后,在香港的人陆续离港北上。在上海的人也不断陆续到香港,转乘轮船北上。父亲按照党的安排参加接送这些人的工作。

1949年2月,柳亚子先生北上到解放区前夕,朋友们为他饯行。席间大家谈论起父亲在香港的作为,在谈笑间凑了两句话,表扬父亲,并由柳亚子先生书写出来。条幅是这样写的:

热心公益无事忙,有求必应香港脚。

乔木(乔冠华)、夏衍、铁生(张铁生)、仲华(金仲华)、尊棋(刘尊棋)、宗汉(邵宗汉)诸子戏为谐语赠空了道兄留念,并嘱亚子书于素纸,时1949年2月26日香岛。

解放后,这个条幅一直挂在父亲的客厅里,来我家造访的客人,看了都觉得有意思,但并不知道这谐语包含的深刻内容,以及父亲为之付出的艰辛劳动,特别是他奉献出来的一片赤诚的心。

北平解放后,各民主党派中央总部分批北上,民盟和“人救会”的总部也迁往北平。3 月 27 日,潘汉年通知父亲,当于次日乘船北上准备赴法国参加世界保卫和平大会,同行的有欧阳予倩、金仲华、马思聪。28 日父亲离开了香港。

我和妹妹离开香港先于父亲。1948 年 10 月,父亲再次送我和妹妹赴解放区。同行的有邹韬奋伯伯的夫人沈粹缜和她的女儿邹嘉骊,李公朴伯伯的夫人张曼筠和她的女儿张国男和儿子李国友,张冲伯伯的女儿张大简以及王健。我们一行乘湖南号轮船从香港到天津。除了邹伯母和邹嘉骊留在北京外(因为嘉骊生病),其余的人又从天津通过封锁线到了解放区。李伯母和王健去了河北平山,我们几个孩子都入了河北正定的华北大学。

在父亲的安排下,我们终于参加了革命。

迎接新生活

1949 年 3 月 28 日晚,父亲一行乘三民号轮船离开香港。4 月 4 日到达天津大沽口,在船上等待领港待了一天,5 日才进入塘沽港,在渣甸码头上岸。天津市军管会派人把他们接到镇南西路的招待所。在天津住了三天,他们和天津市长黄敬、市府秘书长吴砚农、公安局长许建国等见面,并参观了天津的一些地方。8 日下午乘火车到北平。沈钧儒、胡愈之等人和我的三叔一家到车站迎接。父亲住在六国饭店,后来又搬到北京饭店。

那时,解放军势如破竹,不断取得重大战役的胜利,南下大军正指日渡江直捣南京。国共和谈仍在进行,双方代表仍在磋商。另一方面,新政协和人民政府的组织工作在积极准备,和各民主党派和民主人士的磋商也正在进行。

从海外和外地到北平来的民主人士和知识分子,大都住在北京饭店和六国饭店,一些活动都在北京饭店进行。

起初大家还比较闲,出去访亲拜友,游览名园古迹。我记得有一天约定大家去逛北海,那天去的人挺多,除了爸爸带着我们两姐妹,还有沈钧儒公公和他的儿子叔羊、沈雁冰伯伯、胡愈之伯伯和沈兹九阿姨、徐伯昕伯伯和胡耐秋阿姨、邹伯母沈粹缜和她的儿子嘉骝和女儿嘉骊。大家玩得非常开心,多年来政治斗争造成的压迫感消失了,都感到轻松和洒脱。我们拍了好些照片。当我们姐妹俩和邹家兄妹俩在北海畔一棵大树下将要合影时,徐伯昕伯伯突然插身进来。我们都喊着说:你是长辈,不要你。他哈哈大笑。就是这个动态被拍了下来。在那张照片上,徐伯伯的身体是斜插入画面的。这张画面不协调的照片,我一直保存着,它记录着那难忘的时日。

4 月 20 日,由于南京方面拒签和平协定,解放军大举进攻,顺利渡江,4 月 24 日即占领南京。革命形势十分鼓舞人心,北京饭店的海外归子和远方来客,都怀着无限欣喜的心情。

我和妹妹 1949 年 1 月随华北大学从河北正定迁入北平,不久又转入外国语学校学习。父亲到北平后,我们每个星期日都去北京饭店看他。那时,北京饭店门口有解放军警卫,出入要通

1949年，萨空了任第一届全国政协委员时的照片

行证，会客要通报，允许后才能进入。我们身穿的解放区发的灰色土布制服倒成了革命的标志，进入北京饭店警卫从不过问。我们不无骄傲地感到高兴，因为他把我们当成老革命了。

每次到北京饭店，我们就跟着父亲和住在那儿的民主人士一起集体吃饭。北京饭店的伙食比起我们在学校吃的窝头、小米、高粱米、咸菜、水煮蔬菜当然好多了。我们吃得很多，很饱、很高兴。回到学校后，兴奋地告诉同学，我们吃得多美。结果晚上开生活会时就受到批评，说我们资产阶级思想又抬了头，贪慕优裕生活。那时，我们都是一帮小青年，绝大多数不到二十岁，自以为很革命，什么都吹毛求疵，要求纯而又纯。我们都很认真地看待生活上任何一件小事。父亲给我们一人一支钢笔，是派克牌的外国货。这在香港根本不算什么，可是拿回来就挨了批评，只好检讨一番，收起来。父亲给我们一人一件白洋布衬衣，我们穿在制服里面，露出一点领边，却很耀眼，也挨了批评。大家都穿土布，你们为什么穿洋布？资产阶级贪慕虚荣！我们每周去父亲那儿，每次回校自己就自动检讨受了什么资产阶级影响，还批评北京饭店的奢华生活（其实说不上奢华）。我们那么年轻，对革命充满美好的憧憬，愿意思想改造的心也是真诚的。但是真不知如何解决这么多的矛盾。我们和父亲说，他听后笑了，说：你们以后再不要特殊，饭还是可以吃的。

欢快闲散的生活很快就过去了，随着各方面人士的到齐，北京饭店不再是熙熙攘攘，开始了有规律的生活。在这里，经常有党的领导人做报告，向民主人士介绍各方面的情况，还组织讨论。党的各方面负责人分头拜访各方面人士交流意见。各民主党派也不断分头召开会议，讨论研究问题。加上百业待举，各条战线都要建立相应的机构，会议非常之多，真是忙得不可开交。

5月间，统战部决定将接受的北平《世界日报》拨给中国民主同盟办《光明日报》，并让胡愈之、我父亲和林仲易去接受。从此父亲就开始每天要去上班。

为了赶在中国人民政治协商会议筹备会成立大会召开时《光明日报》能够出刊，父亲与报社的同志们做了艰辛的努力。1949年6月16日，《光明日报》出版发行了。在报纸出版的前五天，编辑部才知道政协筹备会召开的消息要待到会议进行到第四天才发表。可他们早已宣布在16日出版，再改也不行了。结果出版的第一天还是没能发表这条重要消息。

《光明日报》是民盟的报纸，但是，把它办成什么样子，大家心中也不太有底。因为它仿佛与解放区的报纸或者与蒋管区的进步报纸都不一样。怎样才能办好它？1950年6月间政协全国委员会曾召集过一次会议，就《光明日报》工作进行座谈，出席的是各民主党派负责人和著名民主人士。如：李济深、章伯钧、陈叔通、邵力子、章乃器、张治中、王昆仑、李德全等。统战部长李维汉在会上讲了话。他指出,《光明日报》作为民盟机关报特点不显著,反映民盟动态不够;反映知识分子虽不少,但反映精神世界不够;报纸应在意识形态方面的改造与变化中起指导作用;要加强统一战线的报道,成为沟通各民主党派的桥梁;要开展批评与自我批评。7月间,乔冠华曾到《光明日报》谈报纸的任务。他指出,《光明日报》的历史性任务是从思想、政治、文化方面适当地调节中国共产党与各民主党派间的关系。它与《人民日报》不同,要注意民族资产阶级和小资产阶级。现存的各阶级利益不同,要调节四个阶级,逐步融合到一致,走向社会主义……

后来,由于父亲又担任了许多其他方面的工作,《光明日报》的工作就不大管了,只是有时参加一些会议,谈谈看法而已。

中国人民政治协商会议是9月间召开的,在这以前,为了使会议能真正代表全国人民,代表的人选是一个极为重要和慎重的问题。为此,中国共产党和各民主党派及各方面的代表人物,曾经过反复磋商。此外,还有需要通过的文件、法规,甚至关于代表的服装、乘车、补贴等等细微的事,也都经过研究商讨。

中国民主同盟和中国人民救国会都是在1949年3月间在北平成立了临时工作委员会,确定了各自的领导机构和领导人。周恩来先后分别与这两个组织的有关人员座谈,交换了意见。到了6月初,这两个组织分别酝酿参加中国人民政治协商会议的代表。我父亲和沈钧儒、沈志远等被推定去研究中国人民救国会参加新政协代表的名单。后来,他是作为中国人民救国会的代表参加了这次中国有史以来第一次具有广泛代表性的会议。

他怀着无比激动的心情,在东北人民政府赠送的"中国人民政治协商会议纪念”笔记本上，工工整整地记录了那次会议每时每分的进程，如：

……周恩来于孙宋庆龄入会场后，登台报告代表名额为662名，已到638名，未到24名，及主席团名单(89人)。推荐林伯渠为大会秘书长。主席团登台。摄影后由林伯渠宣布本日大会常务主席团为毛泽东、朱德、李济深、沈钧儒、郭沫若。毛泽东在朱德宣布下致开幕词，八时毕，刘少奇代表中共致词。宋庆龄八时十六分起致词(八时二十四分停电一分钟)，何香凝八时半起致词……

10月间，中央人民政府成立，父亲被任命为新闻总署副署长，兼新闻摄影局局长。当时，新闻摄影局的任务是通过形象与艺术形式进行马列主义、毛泽东思想和党的方针政策的宣传，如：发行新闻图片，出版画报、领袖像、宣传画、年画和连环画等。为了完成这些任务，需要有较好的彩色印刷厂。当时北平还没有这样的设备，首先得从把上海一个印刷厂迁来北平入手，接着便是购买摄影器材，建立冲印车间、筹备新闻图片的发行，以及筹办《人民画报》等等。一切都是从头开始，边建设边工作。

1950年初，父亲偶然看到一份美国的《工人日报》，上面刊登着毛泽东和斯大林的照片各一幅，毛泽东的照片是那张在延安拍的，穿制服的旧照片，斯大林的照片则是一张新照片，身穿大元帅服。父亲便向当时新闻总署署长胡乔木建议，摄影局应迅速把毛泽东主席的最新照片向世界发行。胡乔木表示同意。然

1950 年，在十三陵的长陵大殿前，右起：许广平、朱早观、郑振铎、萨空了、当地老农

后就是研究如何发行的问题，因为我国人民政府刚刚成立，在国外的发行渠道尚待建立，便决定采取直接与各国左翼书店或进步图片发行机构联系，请他们代发。

为了有更多更好的毛主席照片供国内外发行，曾得到毛主席本人同意，抽出一小时时间让摄影局派记者前去拍照。当时去了四位记者，他们是：齐观山、陈正清、郑景康、侯波。四位记者给毛主席拍了许多照片，但由于大家过于兴奋和紧张，照片多不理想。最后还是选了一张毛主席和第一届全国政协工人代表合影的照片，通过剪裁，制作出建国后第一张毛泽东主席的标准像。到了 1951 年，这张照片已印刷成 11 种大小不同开张的单张像，共两千多万张在国内外发行。与此同时，摄影局还制作了大量反映新中国的各种新闻图片，发行到全世界四十多个国家，被不少左翼报刊采用。这对宣传新建立的中华人民共和国，无疑起了积极的作用。

在摄影局工作期间，父亲还和其他有关同志一起筹划了《人民画报》和《连环画报》的创建。但是，不久由于新闻应由党的宣传部门领导，不应由政府部门领导的方针，新闻总署撤销，新闻摄影局也撤销了，它的业务工作分别交到两个部门分担，即新闻摄影业务划归新华通讯社，出版业务划到人民美术出版社。

1951 年 9 月父亲被调到出版总署任副署长，兼人民美术出版社社长。当时人民美术出版社的方针和任务是这样拟定的："通过形象与艺术形式进行马克思、列宁主义的宣传，爱国主义及国际主义的教育；适应国家经济建设与文化建设的需要，提高人民群众思想、文化、科学知识水平，以出版通俗的工农美术读物为主，有重点的编选介绍有代表性的艺术作品、民间艺术、历史文化遗产；加强编辑出版工作的目的性与计划性，加强群众工作与组织工作，注意有计划地培养编辑、出版干部，实现全国美术出版工作的计划分工与指导作用；执行经济核算制度，减低造货成本，合理积累与周转资金，正确掌握价格政策，逐步走向美术编辑、出版企业经营的计划化。"

人民美术出版社的方针任务是根据摄影局过去一年多工作经验制定的。特别是关于出版通俗工农美术读物，已经取得了良好的效果。那时曾做过一个统计，仅 1951 年除了出版了毛主席像两千多万张外，还出版了连环画 60 种，96 万余册，时事招贴画 54 种，293 万余张，年画 67 种，196 万余份，期刊两种，《人民画报》(月刊)每月 11 万份,《连环画报》(半月刊)每月 46 万册。这样的发行数字在国内都是破历史纪录的。

当时父亲为工农兵服务的思想非常坚定,有鉴于当时广大群众文化水平不高,又渴望知识的心态,他十分重视连环画的出版工作。不只是出版《连环画报》,还积极组织出版各种连环画的单行本。

1950 年,北京香山,萨空了(左六)与沈钧儒(左五)、闵刚侯(左七)、千家驹(右一)等合影

早在解放以前,父亲就注意到连环画在劳动群众中流传广泛。因为它文图并茂,通俗易懂,价格便宜,只是内容大多不好,有的甚至很坏。解放后,在第一次全国出版会议上就决定在 1952 年内要消灭全国坏小人书(连环画),并把这个任务交由人

民美术出版社配合华东出版界来完成。这是因为当时上海连环画出版量最多。要消灭坏的连环画,就必须出版大量新内容的连环画去占领文化阵地,去争夺读者,绝不能单纯禁止。而出版新连环画又需要有一支革命的创作队伍,要能编写出有新的思想内容的脚本,要能有一定造诣的画家去画。要知道,在旧社会知名画家是很少画连环画的。经过一段时间的努力,人民美术出版社终于组织了一批画家和编辑从事连环画工作,就在1952年竟然超额完成了连环画的出版任务,出版了107种连环画。

父亲对建国后第一批重视连环画工作,并从事这项工作的同志们充满尊敬之情,认为这些同志真正具有为人民服务的精神,是有真知灼见的。

在重视出版通俗美术读物的同时,美术出版社也重点出版了一些我国古代优秀美术家的作品,对继承民族文化遗产,是有意义的。

1954年出版总署又撤销,人民美术出版社改归文化部领导,而父亲调任国务院民族事务委员会副主任还兼民族出版社社长。父亲曾要求辞去人民美术出版社的工作,中央统战部不同意,仍让兼任。但实际上父亲却不能像以前那样经常到人民美术出版社去上班,只能去参加一些必要参加的会,审阅必须审阅的稿件。

人民美术出版社归文化部以后,在编辑出版方针方面有所改变,一是以出版高级美术画集为主,把普及读物交由地方出版社去搞。二是将《连环画报》停刊。这两个转变父亲都是不同意的,但是因为他当时还不是党员,虽兼任社长,但并没有参加过文化部安排这些工作的会议。父亲后来说,出高级画集有必要,但只出高级画集,一定会亏损。以往人民美术出版社年年上缴利润,一旦改为要上级补贴,就有许多困难。再说,党的方针是在普及基础上的提高,在提高指导下的普及,普及读物还应当出,这项对群众进行文化教育的任务不能丢。何况出版通俗读物利润很大,还可以为出版高级画册提供资金。两全其美的事为什么不干呢?

在人民美术出版社工作期间,父亲还曾关心过《中国古代木刻画选集》的出版。这是一本多灾多难的书,但是它实际上是一本很有价值的研究中国古代木刻历史的书。我国著名作家、文学史家郑振铎(当时是文化部副部长)把他的这部著作交给人民美术出版社出版后,不久就作为中国文化代表团团长出国访问。临行前,他把最后一部分书稿交到编辑部,并嘱咐先把文稿编辑加工,图版亦可先交工厂制作,还有一些有待注释的地方,待他回国后再补上。不料他在出访旅途中因飞机失事,以身殉职。这部研究中国木刻史的书就成了他未完成的遗著。原来要等他来写的注释须由他人来完成了。这项注释工作后来就由“人美”的李平凡、朱章超同志担任。他们在这项工作上花费了许多时间和精力,终于完成了任务。父亲曾陆续阅读过这部书稿。后来因政治情况的变化,这部书稿压了下来,再后来文化大革命兴起,就更不可能出了。三十多年以后,直到1992年这部书才出版问世,可父亲已过世了。

郑振铎是我继母郑小箴的父亲。我父亲和方菁分手后,在1951年3月和郑小箴结婚。她原籍福建长乐,生在上海。1950

1950年,萨空了和他的两个女儿萨沄(右一)、萨石(右三)在碧云寺

年到新闻摄影局担任摄影工作。摄影局撤销后,她随同一批摄影工作者一起调入新华通讯社。

她曾担任过外事、文教、妇女、儿童方面的采访活动,拍摄的许多照片,在报刊上发表过。全国第一、三、八、九届摄影展览会上,都曾展出过她的作品。如:《快乐的假日》、《满怀激情迎亲人》等。1983年在荷兰举办的《1963年世界新闻摄影展览》,展出过她的作品《阿尔及利亚民族女英雄贡·布依海德和中国儿童在一起》。1986年举办的第一届老年摄影家作品展览,还展出了她的代表作《毛主席和女青年在一起》。1985年她被选为老年摄影学会理事。

由于她和父亲年龄相差较大,父亲总让着她。她有点任性,也不大会照顾人,但她比较单纯,为人正直,表里如一。她生了三个孩子，两个女儿——新旗、社旗，一个儿子——共旗。

我们这个家虽说关系复杂，也不时产生小摩擦、小矛盾（其实家家都有），却没有大的不和。这是因为父亲常常教育我们顾大局，识大体。当妹妹、弟弟小的时候，我们彼此相爱，全无隔阂。我还记得，我从外地回家往往在晚上，第二天清早，十岁的妹妹新旗听说我回来了，就跑到我住的南房，钻进我的被窝，问东问西。两岁的小弟弟共旗拿着牙签和小瓶子要给我打针。六岁的小妹社旗，非把她吃剩的脏兮兮的点心，塞进我嘴里。每次回家，妹妹、弟弟跟前跟后，我们也常带他们出去逛公园、逛商场买些糖果和玩具，带他们去三叔家……现在回想起来，那种亲情是多么珍贵。

父亲对待全家的人都力求不偏不倚，谁不对就说谁。我们也有不服的时候，好在谁都不斤斤计较，事情过了就算了。再说，我和妹妹自从 1948 年从香港到解放区参加革命以后，一直住在集体宿舍里，每周只回家一次。上学时是供给制，毕业后分配了工作，有自己的工资，经济上从未依赖过父亲。加上我们深知父亲靠工薪养活一家六七口人，并不富裕，从不向他要求什么，从没有非分之想，也从不凑上去参加什么高干特殊的娱乐活动。我们从小就树立了靠自己努力，获得应有待遇的思想，从不想沾父亲的光，只需要他的关心和爱。

与救国会的渊源

父亲是中国人民救国会成员。1949 年，第一届中国人民政治协商会议召开时,父亲是作为中国人民救国会的代表参加这次会议的。

现在的人,大约知道中国人民救国会的很少,因为它在1949年12月,中华人民共和国成立后就宣布解散了。但是,它在三十年代和四十年代中,作为中国共产党最忠诚的战友,在抗日战争和中国民主斗争中所起的作用是值得纪念的。

中国人民救国会的前身是全国各界救国联合会。它是在全国人民激于义愤,蜂拥而起要求抗日救国的产物。

自从1931年"九一八"事变以后,日本帝国主义占领了东北四省,此后又不断蚕食我国领土。1935年6月,《何梅协定》以后,国民党军队撤出华北,并禁止一切反日活动。国民党一方面对日本帝国主义的侵略节节退让,另一方面却调动几十万大军追击北上抗日的共产党军队。全国人民和各地方势力对此极为不满。

同年,中国共产党在遵义会议上,选出了以毛泽东为首的党中央新的领导,而后,发表了著名的"八一宣言"(即《为抗日救国告全国同胞书》),号召停止内战,组织全国统一的国防政府,与红军、东北人民革命同盟军及各种反日义勇军一起,组织全中国统一的抗日联军。

国民党置全国抵抗外侮的要求于不顾,反而采取残酷的镇压手段杀害无辜爱国学生。1935年11月1日,北平11个学校的学生发表宣言痛斥国民党的暴行,12月9日,北平学生又举行爱国示威游行,抗议华北伪自治运动,要求"停止内战,一致对外",遭到宋哲元部队的镇压。12月10日,北平学生联合会召集大会，决议自11日起开始罢课。此后，全国各地学生运动风起云涌，纷纷响应北平学生。

"一二·九"学生运动的消息传到上海，12月12日，上海文化界人士发表了《上海文化界救国运动宣言》，对学生运动表示支持。沈钧儒先生发起为宣言征集签名，上海文化界知名人士马相伯、邹韬奋、陶行知、李公朴、章乃器、金仲华、王造时、钱俊瑞等283人签名。我父亲也参加了这一活动。

这以后，出于爱国义愤，上海各界纷纷先后成立救国会，如：大学生救国联合会、文化界救国会、新闻界救国会、妇女界救国会、大学教授救国会、职业界救国会等等。到了1936年1月，上海各界救国联合会召开成立大会，有800多人参加。沈钧儒先生主持了大会并发了言，大会通过提案为：援助被捕爱国分子，抗议公共租界巡捕越界捕人，抗议干涉救国运动。会后举行群众游行，从宝山路直至庙行"一·二八"淞沪抗战无名英雄墓，沿途高呼口号，高唱抗日歌曲，一些群众尾随参加，到目的地时已达两千人。

4月间，中国共产党中央派冯雪峰由陕北到上海，任务是同各界群众救亡组织的负责人沈钧儒等取得联系，同时去找胡愈之和鲁迅，摸清上海党员的情况，恢复党组织。因为自1933年以后，由于左倾路线的错误，上海、江苏党的组织遭到严重破坏，加上严重的白色恐怖，党员情况变化很大。

5月31日至6月1日，在上海成立了全国各界救国联合会，下设组织部、宣传部、文书总务部。沈钧儒先生是执行委员。大会发表了"宣言"，并通过了《抗日救国初步纲领》和章程。上海市市长吴铁城看到"宣言"十分震惊,立即邀请沈钧儒、邹韬奋、李公朴、章乃器四人便餐,指出:救国会意在推翻政府,必须立即解散。然而,宋庆龄却致函救国会的领导表示支持。并说:"我们反日的最好办法是只有加强我民族革命的力量。……签名于这救国会的纲领和宣言之后,我充分支持这个纲领和宣言。"宋庆龄也是救国会的执行委员。

当时,救国会的成员,既有进步的爱国知识分子,也有中共地下党员,还有国民党的上层人物,以及各阶层的人士,只要是爱国的,要求抗日的都可以参加,它的确是广泛的抗日统一战线。

从全国各界救国联合会成立,到"七七"事变,到"八一三"抗日爆发,在短短的一年时间里,救国会为动员群众进行抗日,逼迫国民党蒋介石政府停止内战,共同抗日,做了许多工作。

由于救国会的核心人物都是当时社会上的著名人士,他们本身的社会活动,以及他们办刊物、写文章、发表演讲,或组织群众活动都能造成社会影响。他们正是利用各自的优势进行了团结抗日的宣传。

1936 年 6 月 1 日,救国会的领导人沈钧儒、章乃器、李公朴曾应蒋介石邀请去南京谈判。蒋介石要救国会接受国民党领导。他们坚决拒绝,并说:"只要你停止内战,发动民众坚持抗日,那不说领导也领导了。我们救国会是代表全国人民的意志,要求停止内战,一致抗日,救亡图存。谁这样做,我们就同谁团结。"

同年 7 月 9 日,国民党五届二中全会召开时,救国会又推派沈钧儒、章乃器、史良、彭文应、沙千里五人去向大会请愿,要求停止内战，对日抗战，开放民众救国运动，保障言论、出版、集会、结社自由，释放政治犯。二中全会派代表接见了他们，虽未获满意答复，但救国会已公开得到二中全会承认，而且他们的活动联络了更广泛的抗日分子，扩大了影响。

自从5月间胡愈之与潘汉年从苏联经法国抵达香港后，胡愈之便参加了救国会的工作。有鉴于全国各界救国联合会的宣言比较左，不利于团结国民党共同抗日，经与在香港的邹韬奋和陶行知商量后，由胡愈之起草了一个《为抗日救亡告全国同胞书》。这个文件基本上和《八一宣言》的调子相近，是站在中间立场上写的，主张国民党停止内战，共产党要废除苏维埃和工农红军，要团结民族资产阶级。这个文件由邹韬奋、陶行知签名后，再由邹韬奋带到上海请沈钧儒和章乃器签名。因为他们四个人都不是国民党员，也不是共产党员，且章乃器是代表民族资产阶级的。沈钧儒看后同意签名，但章乃器却嫌文件太右，坚持主张修改，最后连题目也改成了《团结御侮的基本条件与最低要求》。7月15日，这个文件在上海发表了，但没有达到预期的效果。国民党方面反应不大。共产党方面表示支持。毛泽东同志在回信中说："我们同意你们的宣言、纲领和要求，诚恳地愿意与你们合作，与一切愿意参加这一斗争的政派的组织或个人合作，以便如你们纲领与要求所提出的一样，来共同进行抗日救国的斗争。……我们诚意地愿意在全国各界救国联合会的纲领上加入签名。"

9月8日，因"侮辱日本天皇"和"满洲国"罪名被捕入狱的救国会成员杜重远出狱，救国会组织了欢迎大会。

9月中旬，为纪念“九一八”事变五周年，救国会组织的游行队伍遭到警察包围，宣传品被没收。广大群众激于义愤纷纷参加游行队伍，竟达到几千人。队伍到法租界时又遭巡捕夹攻，史良为此受伤。此事被称为“‘九一八’五周年纪念血案”，报纸刊载后，更激起群众的义愤与同情。

10月中旬，潘汉年从瓦窑堡带来毛泽东同志给章乃器、陶行知、沈钧儒、邹韬奋的信。信中说：

> 先生们抗日救国的言论和英勇行为已经引起全国广大民众的同情，同样使我们全体红军和苏区人民对先生们发生无限敬意！但要达到实际停止国民党军队对红军的进攻，实行停止内战一致抗日，先生们与我们还必须在各方面做更大的努力与更亲密的合作。我相信我们最近提出的民主共和国口号，必为诸位先生所赞同……我委托潘汉年同志与诸位先生经常交换意见和转达我们对诸位先生的热烈希望。

从此潘汉年便也参加了救国会的工作。

10月19日，鲁迅先生逝世后，鲁迅的丧事由救国会出面办理。沈钧儒先生亲自主持这项工作。安葬仪式声势浩大，队伍前有“民族魂”三字的大旗，由白缎作底，黑丝绒作字。宋庆龄、蔡元培、沈钧儒走在最前面，五六千人的队伍高唱救亡歌曲，呼口号，十分悲壮。在墓前有蔡元培演讲，沈钧儒报告生平，并由宋庆龄、章乃器、内山完造、邹韬奋、胡愈之等致悼词。沈钧儒先生说:“富贵不能淫、贫贱不能移、威武不能屈,这就是鲁迅先生的精神,也是伟大的中国人民的优良传统。”

11 月 12 日,救国会在重重压力和阻挠下召开孙中山先生诞辰纪念会。沈钧儒、李公朴、章乃器、王造时、史良、沙千里一一演说。一个纱厂女工上台控诉了日本厂主对工人的剥削与压迫,说到日本兵把罢工工人打死,放入麻袋投入江中时,群情激愤,当场组织罢工后援会。

以上所记述的只是当年各界救国会活动中的几件事,如果翻看那时的报纸,各界救国会的活动天天都有。总之,在国民党控制很严的上海,救国会同人,不畏强暴,不避艰险,宣传了停止内战,一致对外,团结抗日的声音,掀起了轰轰烈烈的抗日浪潮。它在“七七”事变之前,为全民抗战做了历史性的准备。这段光辉的历史,人民是不会忘记的。

父亲是 1935 年 12 月初参加上海文化界和新闻界救国会的发起活动的。他又是 1936 年 1 月,以沈钧儒为首的组织上海各界救国联合会的发起人之一。在救国会的朋友互相启发,互相促进中,他利用自己担任《立报》总编辑的地位,对各界救国会的活动都做了报道。特别是当救国会领导人沈钧儒、邹韬奋、沙千里、史良、章乃器、李公朴、王造时七人被捕后,为了营救他们,也为了揭露国民党以爱国而给七人治罪的卑劣,《立报》做了大量的报道,对发动群众抗日起到了很大的作用。以后,关于“西安事变”的报道、八百壮士孤军奋战在四行仓库的报道等等,对推动抗日救国运动做出了突出的贡献。他自己也成了救国会中的著名活动家。

抗战爆发后，上海沦陷，全国各界救国联合会的成员分散到全国各地，“全救会”的称谓被简化为救国会。其中部分骨干到了武汉，以座谈会的形式组织联络，继续抗日救亡工作。其时，它已从爱国群众团体演化为政治团体了。当国民党政府为显示民主而成立国民参政会时，其中也有救国会的代表。

后来，随着政治形势的变化，救国会的骨干分子也不断变化，但是救国会始终存在着，以沈钧儒、胡愈之为首的救国会骨干人物继续在社会上活动，并且与中国共产党保持密切关系。

在整个抗战时期，救国会是作为中国共产党的第一支持者出现的。每当国民参政会召开时，救国会的参政员与中共的参政员共商会议议题，提出相应的提案。如：救国会参政员沈钧儒和邹韬奋曾提出“主张民主宪政”的提案，后因其他党派亦有类似议案合并成“请政府明令定期召集国民大会，制定宪袪，实行宪政”案。以后，以沈钧儒为首的救国会又发起宪政座谈会，要求国民党结束党治，实施宪政，推行政治民主以利团结抗日，进而筹备组织宪政促进会。后来又与中间党派的参政员一起发起组织“统一建国同志会”。这个会的建立，使国共以外的民主党派有了初步的结合，为以后中国民主政团同盟的诞生提供了政治上及组织上的准备。

到了1940年底，救国会的沈钧儒先生与黄炎培、张君劢、梁漱溟、左舜生商谈组织民主政团同盟问题，提出调解国共关系，必须有第三者的明确的立场和主张。五人后来又就此事与周恩来、邹韬奋、张申府、章伯钧会谈。

1941年3月18日，当民主政团同盟召开筹备会议时，部分发起人因救国会和共产党关系密切，怕遭国民党反对，而不同意沈钧儒和救国会参加同盟。3 月 19 日，中国民主政团同盟召开成立大会，选举黄炎培为中央常务委员会主席。沈钧儒先生和救国会虽未能参加，仍发表声明，支持中国民主政团同盟的主张，在行动上和同盟相配合。但是，国民党仍未承认民主政团同盟成立。同年 9 月，中国民主政团同盟到香港创办自己的机关报《光明报》，在报上宣布了自己的成立和主张。父亲以救国会代表的身份参加了《光明报》的工作。直到 1942 年 1 月，救国会才正式参加中国民主政团同盟。从此，父亲又积极从事民盟的工作。

抗战胜利后，1945 年 12 月 16 日，救国会同人聚集在重庆一中路韦家园坝 16 号任宗德家举行会员代表大会。沈钧儒、陶行知、史良被推为主席团。会议主要商谈救国会组织问题。鉴于抗日战争胜利后，救国会争取抗日胜利、民族解放的政治任务已完成，决定将救国会改称为中国人民救国会。沈钧儒被选为主席，父亲和陶行知、史良、曹孟君、李公朴、何惧被选为中央常务委员。同年年底，父亲去香港，“人救会”给他的任务是：以常委资格会同华南中委筹划一切，并主持宣传工作。

1947 年 5 月 18 日，中国人民救国会召开第一届第二次中央全会。会议通过两项宣言：《中国人民救国会第一届第二次中央全会宣言》和《中国人民救国会对最近政府压制学潮封闭报馆宣言》。“全会宣言”提出四项主张：（一）反对国外侵略势力干涉中国内政；（二）反对以军事求统一的错误政策，要求停止内战实现永久的和平，恢复政协路线；（三）争取人权的保障；（四）争取生存的保障。

1947 年 11 月，上海民盟总部被迫宣布解散后，沈钧儒先生到香港，决定在香港召开民盟一届三次会议，重新确定中国民主同盟的路线、政策。鉴于当时政治形势的变化，国民党已公开宣称“戡乱”“平共匪”，内战再度爆发，中国民主同盟必须改变自己的政策。充当中间调解人的角色已不可能，要么投靠国民党，要么支持共产党，别无它路。但是，这种立场的根本改变，在当时并不都能想通。在筹备三中全会期间，由于“人救会”的同志和中共关系较深，了解情况较多，“人救会”主席沈钧儒老先生又德高望重，而且也是民盟主要负责人之一，便承担了和民盟各方面代表人物交换意见的工作。因沈老年事已高，又与父亲交谊颇深，就由父亲陪同他在香港九龙往返奔波。这对促进中国民盟改变中间立场起了一定作用。

随着解放战争的胜利，为响应中共召开新政治协商会议的号召，大批在香港的民主党派领导人纷纷转赴东北、华北。北平解放后，各民主党派的中央机关也从香港迁到北平。

1949 年 2 月，在北京饭店“人救会”的同志召开第一次谈话会，决定恢复组织，以参加新政协，并推定沈钧儒为主席。3 月 7 日，召开第二次会议。决议定名为中国人民救国会中央临时工作委员会，参加第一、第二次会议的同人均为委员。3 月 14 日，沈钧儒主持了第三次中央临时工作委员会会议，通过了《人救会中央临工会组织规程》。3 月 22 日，中央临工会第四次会议决定，当主席不能兼顾时，由李章达对外代表本会。

6 月 13 日，沈钧儒主持召开临工会议，讨论与召开新政协有关问题。沈钧儒、沈志远、萨空了被推定研究“人救会”参加新政协人员的名单。6月27日,召开临工会报告新政协代表产生情况。

1949年9月21日下午7时,中国人民政治协商会议第一届全体会议在中南海怀仁堂召开。中国人民救国会的代表和各方面的政治代表人物一起出席了这次重要的、历史性的会议。会议研究了为建立独立、民主、和平、统一、富强的新中国的共同纲领及各项政策等等。

同年10月1日,中华人民共和国中央人民政府成立。中国人民救国会的主席沈钧儒被任命为最高人民法院院长,救国会的同志大多是各有专长的知识分子,有些人担任了政府部门的领导工作,父亲担任了新闻总署副署长。

到了这年的12月18日,中国人民救国会在北京饭店举行招待会,宣布光荣结束历史使命。

其实,早在五月间,周恩来就和人救会临时工作委员会的领导谈过今后的政治趋势和民主党派的发展问题,其时就提到过存在和必要的问题,也谈过只发展几个党派,比如国民党革命委员会,它可以争取国民党的人员;民主同盟,可以团结、争取大知识分子和小资产阶级知识分子;民主建国会,它代表民族资产阶级。但是这些都要在全国政协开过以后才进入日程。李维汉当时还谈了加强民盟团结的问题,一些人对人救会和共产党的关系有看法。这就促成了人救会把解散组织的事提上了日程。

在8月29日,人救会临工会23次会议上,正式提出了解散问题,并听取了大家的意见。

就在民盟召开四中全会前,各种思想问题都显现了出来。周恩来为此和各方面的人谈话交流。11月23日,周恩来邀请沈钧儒、章伯钧到西花厅谈民盟内部问题；12 月 5 日，周恩来又与胡愈之、萨空了、沈志远在西花厅长谈。

12 月 14 日，在人救会临工委第 29 次会议上，决定解散，并成立救国会纪念委员会，由沈钧儒、史良、沙千里、沈志远、千家驹、胡愈之、萨空了、曹孟君、王健九人为委员，沈钧儒任召集人。第二天，沈钧儒、胡愈之、萨空了又同至西花厅同周恩来长谈至深夜。这样就有了 12 月 18 日的人救会召开招待会正式宣布人救会光荣结束。

周恩来出席了这次招待会，并作了即席讲话，阐明了统战政策与工作方法。沈钧儒发表了宣布解散的讲话，代表了救国会同仁的胸怀：

> 我们救国会同人相信一切是由时代决定的，我们首先要认识时代。今天，中华人民共和国已经成立了。这使我们认识到：有了人民政协所通过的共同纲领作为施政方针，有着中国共产党和毛主席的领导，中国的这一条从新民主主义到社会主义、共产主义的道路，是可以坦步无忧的。我们救国会同人彻底认清了这一点，相信了这一点。所以我们今天在大家面前，坚决地、愉快地来宣布我们历史任务的终结。

接着胡愈之宣读《救国会结束宣言》，其中说道：“救国会所号召的政治主张已全部实现，它所负担的历史任务已全部完成，救国会的同志已经参加到不同的岗位上工作，不少同志参加了共产党，大部分参加了民盟和其他党派。我们的同志从来没有把救国会看作一个自己的山头或自己的小圈子,因此救国会这一组织形式的消失将更便于我们的同志们在各种岗位更积极地努力。”

在救国会的活动中,父亲结识了一批朋友,经过长期的战斗考验,其中有些是他终生的好友。如:沈钧儒、胡愈之、潘汉年、邹韬奋、李公朴、陶行知、杜重远等等。

胡愈之是他参加救国会以后第一个对他政治思想施以影响的人。父亲当时并不知道胡愈之是共产党员,而且当时一般党员也不知道他的党员身份,他的党员身份是1979年才公开的。1936年胡愈之从苏联回国后,党给他的任务就是策划救国会的活动,他的联系人是潘汉年。他利用聚餐会的形式,约集一些有代表性的、中间状态的爱国人士座谈,主要是讨论形势,如何开展救亡运动。父亲是被胡愈之邀去参加聚餐会的一个。那时父亲还不到三十岁,是个满怀献身救国热望,寻找人生真谛的青年。胡愈之帮助他扩大了眼界,给他指出了生活斗争的方向,教给他与国民党迂回斗争的方法。就是从那时起,父亲和胡愈之之间建立了彼此可以信赖的情谊。

以后在漫长的岁月里由于工作不在一处,一度联系不多。1941年皖南事变以后,重庆处于白色恐怖之下,父亲离开重庆到香港,打算去南洋投奔胡愈之,后因救国会让他留在香港为民盟办报,才作罢。

1948年4月胡愈之从新加坡到香港汇报工作,民盟中央沈钧儒等人对他的成绩给予充分肯定。由于南洋政治局势发生变化,民盟盟员遭到迫害,沈钧儒留胡愈之在香港担任中国人民救

80年代萨空了(左一)与胡愈之

国会秘书长,并参与民盟工作。

这期间,父亲等救国会的同志们常与他商谈各种问题。作为民盟和救国会外委负责人,父亲还把他和其他同志一起介绍给外国记者和香港各界人士。但不久中共南方局让胡愈之、沈兹九尽早去华北解放区,他们便离开了香港。

父亲和胡愈之再见面是在北京解放以后。他们代表民盟去接收了《世界日报》,创办了《光明日报》。他们又共同在出版总署担任正副署长。后来他们又长期共同在中国民主同盟担任领导职务。

父亲十分尊敬胡愈之伯伯,对他深刻的洞察力,豁达的胸怀,沉着的应变能力,坚韧不拔的意志力和无私的奉献精神,深深敬佩。他把胡愈老作为自己的良师益友,遇到问题常和他商量。胡伯伯也关心父亲,"文化大革命"中,父亲身体遭到摧残,是胡伯伯不避嫌向上反映情况，才使他能回北京治病。党的十一届三中全会以后，为错划右派平反时，胡愈之除了传达中央精神外，还主动承担了责任。

父亲晚年，谈起胡伯伯从不计较个人得失，受到误解不去申辩的故事时，每每为之动容，推崇他的高尚品格。

同样的情况还有父亲的好朋友闵刚侯伯伯。他也是党员，但直到“文化大革命”中他去世，都没有公开。闵伯母柏心慧没有工作，只靠微薄的抚恤金生活。父亲曾帮助过给她增加一些生活费。但是当公开闵伯伯为共产党员的身份后，闵伯母向父亲说，要退回增加的钱，作为共产党员的妻子应严格要求自己。我在父亲的日记上看到这一段时，忍不住落下泪来。先辈们的品格，对党的忠诚，实是令人感动。

救国会的同人们都亲切地把沈钧儒老先生称之为家长，父亲也和大家一样对沈衡老充满尊敬和爱戴。

解放后，我家曾同沈老同住在东总布胡同 34 号院内，吃饭也在一起，还在一起学俄文，那是个融合的大家庭。1950 年，政务院组织中央访问团到西北五省——陕西、甘肃、宁夏、青海、新疆等少数民族地区。团长是沈钧儒、副团长是父亲和朋斯克、马玉槐，前后共三个月时间。当时由于刚刚解放，社会上还不十分安定，民族隔阂还未消除，一些地方还有土匪出没，加上交通不便，道路失修，更不用说起居的匮乏了。年已七十五高龄的沈老和大家一起深入基层。汽车抛锚在小河中，车内入水，他也不以为意，谈笑自若，还不时吟诗赋词。此后，我家虽然搬出那个院子，由于同在民盟工作，父亲还时常陪同沈老出去。如：1953 年同去青岛休养,1956 年同去天津视察工作,1957 年同赴北戴河休养,1958 年同去上海参加民盟会议等等。

60 年代,青岛海滨,萨空了(右一)与沈钧儒(右三)、胡愈之(右二)、孙起孟(左一)合影

1962 年,沈老八十七岁时,他曾约胡愈之、沙千里、范长江和我父亲等谈话。他说:"我身体与精力已不如前,常感乏力,举步沉重,为了身后事,与你们谈谈,说明我的愿望。我很早就期望加入中国共产党,以前曾为此写信给董老(必武)。董老回信说要和党内同志研究。我想可能是因为民盟的工作,还不好参加。现在我仍恳求党加以考虑,如生前不能入党,希望在我死后追认共产党员。我一生做了一些事,有些做对了,有些不对……我总想约些党员同志和亲密朋友谈谈,如果过去有些事做得不对,说

出来我还来得及改正。”沈老以赤诚之心，向知己之人，倾诉了自己的肺腑之言，表达了他为之奋斗一生的崇高理想。他的这番话，由胡愈之整理成文，递交给了中共中央统战部。

1963年，沈老虚岁九十，政协主席周恩来以全国政协名义，举行宴会，为沈老祝寿。席间，周恩来说：“……沈老是民主人士左派的旗帜，他曾为民主主义、社会主义奋斗到老。”

次年4月23日，北京文联举办首都书法篆刻展览会，请沈老题字，他写了“将革命进行到底”七个大字。这是沈老先生的最后墨迹，也表达了他对中国人民的最后期望。

沈老的一生是不平凡的。他十五岁中秀才，二十八岁中举人，二十九岁中进士，三十岁赴日留学。从封建科班出身到出国留学学法律，然后又能在历史长河中，始终站在浪潮的前端。他参加过同盟会，拥护辛亥革命；他反对袁世凯称帝；反对曹锟贿选；反对孙传芳阻碍国民革命；反对国民党蒋介石打内战，欺压百姓。他参加了中国的民主革命和社会主义革命。

沈老就是这么一位可敬可亲的人。父亲自从参加救国会以后，在几十年的国际国内风云变幻的历史过程中，父亲和沈老，以及救国会的诸同志们并肩战斗，多次在人生的关键时刻相互扶持。父亲以有沈老这样的良师益友为幸事。

李公朴和陶行知虽比父亲年纪大些，仍属同辈人，他们之间的友谊更亲密些，也更随便些。特别是李公朴伯伯，他为人坦率，性格开朗，和父亲在一起总是说说笑笑非常融洽。1945年在重庆时，父亲常带我去看望他。他待我和妹妹也像自己的孩子一样亲切。

1946年2月10日,重庆二十多个人民团体,在较场口集会,庆祝政治协商会议成功,参加的人约一万左右。陶行知伯伯办的育才学校也参加了庆祝活动。我当时正在育才学校上学,亲眼目睹了这场惨剧。当时大会主席团郭沫若、李公朴、施复亮等著名人士都在台上等待宣布开会。突然,一个人走到主席台前,抢过扩音器说:"我们让占全国百分之九十以上的农民代表来当主席好不好。"台下一片混乱的喊叫声,有的喊好,有的喊不好。我们学校的大哥(老师)说:"这是花招,定好的主席换什么!"我们便使劲喊"不好!不好!"就在这时,我看见台上的李公朴走到台前,向那人说着什么。不料突然从旁过来几个大汉,把他愣从高台上推下去。刹时,台上一片混乱,许多人被从台上推下来或扔下来。台下的队伍也乱了,我们学校的队伍受到不相识人的冲击,但我们的同学们紧紧地手拉手连结在一起没被冲散。这就是当年有名的较场口惨案。据说打伤了几十人,还有失踪的。事后,我去看李公朴伯伯,他躺在床上,并不以受伤为意,照常谈笑风生,还用小梳子梳理他的长须呢!

后来,李伯伯回到昆明,我们到了香港。他经常和父亲通信,也准备到香港来。不料噩耗传来,1946年7月11日,李公朴竟被国民党特务暗杀了。我们全家都很悲痛,不愿相信这是真的。更让人伤心的是,7月11日以后,父亲还收到了他7月5日自昆明发来的信。信上写着:

丽弟(父亲化名翁丽中与蒋管区朋友通信):收6月20日自粤返港后复示甚慰。我打算个人先来港一游,因过去你曾一再函约也。曼筠与小孩子是无法动的，须待我在外布置就绪始能言行耳。……我到港的目的完全在看看朋友，并与大家商量一下关于筹建社会夜大学(我的工作中心仍是在办学校方面)。此前曾致函思慕询问未见告复。我盼望能于月底月初飞抵港，一榻之地亦请予为注意为祷。请立刻见复。

弟公朴 7 月 5 日灯下

李伯伯让父亲立即回信，可是已无人可收了。多么令人感伤。父亲后来与救国会的朋友商量，李伯伯虽然不在了，仍是让李伯母带着孩子来香港，生活在朋友之间总会容易些。这年冬天，李伯母带着国男、国友和王健一起来到香港。1948 年，我们两姐妹和他们两姐弟，一起到解放区参加革命。父辈们结下的友谊，使我们有了相交的机会，并从此开始了我们第二代人的友谊。李国友已于 1992 年去世。我们和张国男和她的丈夫王健之间的友谊亦已六十余年了。

救国会，对我来说是个无限亲切的称谓。当我上初小时，就不断听说它，长大一点更知道了父亲的朋友多是救国会的，成年以后才懂得父亲的救国会的朋友们，像沈钧儒、胡愈之、杜重远、邹韬奋、李公朴、陶行知、章乃器、徐伯昕、史良、沙千里、胡子婴、张仲实、钱俊瑞、范长江、沈志远、千家驹……都是三十年代知识分子的精华，是在中国社会上被人敬重，有着很大影响的社会活动家。他们每个人都可以比喻作一颗闪光的星星，在那灾难深重的三十年代里，在黑暗的夜空中，互相辉映着、闪烁着，给人以

1945年，萨空了（右一）在昆明与李公朴夫人张曼筠（左一）、陆蔚芳（左二）、李公朴之女张国男（前排左三）合影

光明和希望。虽然，在漫长的为争取民主自由的斗争中，有的人倒下了，有的成了流星，但他们相聚时曾放出过光芒。

他们是各有专长的名人，也是普通的人。他们往往带着旧知识分子的“迂”，带着近乎天真的真诚，带着过多的热情，带着过分的认真，但也正因为这样，他们是真实可亲的人。他们更是高尚的人，他们用毕生精力为自己的理想而奋斗。

新中国民族文化工作的开拓者

“新中国民族文化工作的开拓者”，是父亲去世后，盖棺定论时给予他的评价。他如九泉有知，会感到欣慰：党和政府是知道他为此所付出的心血的。

父亲接触民族文化工作是从1950年8月开始的。8月19日，周恩来总理在怀仁堂召集有关人员开会，正式宣布组织中央访问团赴西北五省——陕西、甘肃、新疆、青海、宁夏的少数民族地区，进行访问和慰问。访问团的团长由德高望重的沈钧儒老先生担任，副团长则由朋斯克（蒙古族）、马玉槐（回族）和父亲担任。就是在这时，报纸上第一次宣布了父亲是蒙古族人。

1950年，中央访问团赴新疆慰问。团长沈钧儒、副团长萨空了与中共新疆维吾尔自治区党委书记王震座谈

那时，父亲虽然怀有对本民族朴素的感情，自己也体验过民族歧视的痛楚，但对民族问题从未研究过。参加访问团的工作，对他来说是一个学习和了解情况的机会。特别当周恩来总理在会议上说到，汉族统治时期，欺侮少数民族，是我们祖先的不是，我们要去赔不是。他的话使父亲很受感动。中国共产党的宽阔胸怀和团结各少数民族的真诚愿望，使父亲感到访问团肩负的责任重大。他决心一定要按照党和政府的要求，把了解的情况

反映上来，疏通民族之间的思想感情，为少数民族多做几件好事。

访问团到达的第一站是西安。在那里，西北军政委员会主席彭德怀及习仲勋、汪锋等同志又向他们详细介绍了西北地区各少数民族的历史、政治、经济、文化教育和宗教情况，父亲在他的记事本上密密麻麻地做了记录。这些基本情况对他们以后到民族地区接触各民族代表人物是非常重要的。

在西安期间，周恩来总理又发来电报，嘱咐访问团工作要特别慎重，要多和彭德怀和习仲勋同志商量。父亲理解到，这是党和政府对民族工作的重视，也体会到周总理的焦虑心情。这次访问团的工作是只许成功不许失败的。工作做得好，可以促进民族团结，反之，也可以激化矛盾。这是关系到祖国长治久安的大事。虽说只经过了二十天时间，父亲已深深懂得民族工作的重要意义，必须十分谨慎地处理问题。

在以后的两个多月中，访问团所到之处，与宗教人士、各界各阶层的代表人物座谈，倾听他们讲情况、讲意见、提要求，同时召开群众大会宣传党中央、毛主席和中央人民政府对少数民族的关怀，宣传中国人民政治协商会议共同纲领中第六条关于民族政策的条文，并向各地赠送了毛泽东主席像、锦旗和纪念品。沈钧儒在讲话时，多次强调，人民政府将以最大力量帮助各少数民族在政治上、经济上、文化上提高一步，并将耐心地培养少数民族干部，搞好建设工作。希望各族人民坚决跟随中国共产党，把过去历史上反动统治阶级造成的隔阂、歧视，统统除去。要相信现在的中央政府既不会有大汉族主义的存在，也不应当有狭隘民族主义存在。希望各民族团结互助，使中华人民共和国成为民族团结、友爱、和睦的大家庭。访问团活动的消息传出后，所到之处，路上不断有人拦车告状。在甘肃省仅10月18日一天，就收到状子十五份。

与此同时，访问团中的医学专家们和当地妇女座谈妇幼卫生知识，引起了大家浓厚的兴趣，纷纷提出保护儿童健康，减少婴儿死亡率问题。当访问团得知当地缺医少药，医院缺少设备时，当即赠送给他们药品，并立即电请卫生部长李德全，给这些地方派医疗队，赠送给他们一些设备。这些事立刻传遍了山村，群众万分感激。

访问团访问了寺庙，访问了大阿訇、满拉，使当地居民对党的宗教政策有了了解，也放了心。他们便敢于说出自己在宗教方面的要求：要求尊重回民的风俗习惯，要求建立学校，培养新的念经人，阿訇们都年老了，得有人接替。有的回族妇女提出要参加工作，有的提出妇女应和男人有一样的继承权。

青海藏族妇女提出的要求非常直截了当，她们说：过去青海人民的痛苦，如漫漫长夜，如深深大海。现在已大大改变了，非常感谢。现在的要求只是给予信仰宗教的自由。希望保护宗教，保护寺院及其土地财产。

撒拉族的群众还说起在青海循化县曾存有三十本有千年历史的古兰经，后被马步芳抢走了。解放后，解放军查出，并归还给他们，非常感谢。

父亲体会到，为群众哪怕做一件小事，都会得到他们真诚的拥戴，当然，这一切只是刚刚开始。取得信任是让群众说真话的基础。

父亲随同沈老先生乘汽车从兰州直到青海的湟中县,访问住在塔尔寺的班禅·额尔德尼十世。班禅率千余喇嘛到五里外按迎接活佛的隆重仪式欢迎访问团。这一天正好是释迦牟尼降生日,各地到塔尔寺参拜群众很多,举行了各种宗教仪式。群众看见中央访问团也在场,相信了政府保护宗教的政策。

1950年,中央访问团在青海湟中县塔尔寺会见班禅额尔德尼·确吉坚赞(左二)

这年班禅刚刚十六岁。这是他第一次见到从北京去的中央代表。在以后的岁月里,班禅一直和父亲保持亲切的关系。"文化大革命"后,当他重新担任工作后,每逢春节,他一定来看望父亲,即使到父亲离开工作岗位,也不曾间断。父亲去世后,他还去向遗体告别。没想到他竟然在父亲去世的第二年也去世了。

中央访问团到西北的访问,扩大了中国共产党、毛泽东主席和中央人民政府在各族人民心中的影响。过去不敢说的话说了,不敢提的意见提了,甚至敢于来告状,这是信任的表现。事实证明,访问团的工作是成功的。不久,父亲被任命为中央民族事务委员会委员。

1952 年 7 月 9 日,父亲又参加了第二次中央访问团赴内蒙古和东北各少数民族地区慰问。这次中央访问团团长是彭泽民老先生,父亲仍是副团长。

内蒙古是中华人民共和国最早实施民族区域自治的地方,也是党的民族政策首先体现的地方。因此,到内蒙古访问,实际上是一次学习,它的成功经验或不足之处,都具有重要意义。在去内蒙古以前,有关领导同志介绍了内蒙古的革命历史,使父亲等人对那里的情况有了基本的了解,特别是对乌兰夫同志在内蒙古的革命和建设中所建树的功绩深感敬佩。

第一次到内蒙古,作为一个蒙古族人第一次接触到本民族各阶层人士,感受也更深刻。大至建国前历史沿革、嬗变,建国后在党中央和中央人民政府领导下,民族区域自治的具体实施和如何根据民族地区政治经济特点,制定符合实际情况的政策,小至民族习俗,服饰饮食,无不引起他的注意。

这次在内蒙古,他北至海拉尔,了解呼伦贝尔盟的情况。从海拉尔又驱车到锡尼河畔的牧场,在那儿布利亚特妇女穿着美丽的民族服装迎接他们。坐在蒙古包里开座谈会,倾听着牧民和干部们叙述他们的过去,如何受王公牧主的欺压,听他们称赞现在蒸蒸日上的好生活,坐在蒙古包里品尝醇香的奶茶、洁白的奶皮子和奶豆腐、奶油拌炒米和羊背子:在牧场上观看摔跤、射箭、套马、赛马表演。这一切对他是生疏的,因为他过去不曾经历过;但又是亲切的,因为这都是自己祖先所固有的。那一望无际的碧绿草原,那弯弯曲曲的小河,加上牧民们高亢激越的歌声,特别是那马头琴拉出的长调歌曲,无不深深地印入脑海,激发起民族的自尊与自豪。只有在中国共产党的领导下,少数民族才能有这样的生活。他深信,自己童年所遭到的民族歧视,将永远不会再有。他在自己的记事本上还记下了赛马得胜小英雄的名字,他们是:第一名,巴斯尔,十六岁,第二名,扎西朋斯克,十四岁;第三名,甫尔布,十三岁;第四名,巴德玛,九岁。现在他们都是七八十岁的人了。

在乌兰浩特,访问团受到热烈欢迎。从车站,他们步行到住处,沿途人山人海,献花的,撒纸屑的,不一而足。文工团员在前面跳舞开道,热闹非常,反映出蒙古民族的热情豪放。

父亲还到了内蒙古西部城市包头,从那里过黄河,经达拉特至东胜。这是和东部区截然不同的地方。通过沙丘起伏的原野,抵达了伊金霍洛。在一片凹地上有三座黄缎蒙古包,这就是著名的成吉思汗陵。访问团在蒙古包后的坡地上召开了群众大会,来的群众很多,都很热情。父亲想,在草地上能召集这么多人的会议真是不容易的事。父亲在大会上讲了话,并代表中央人民政府向当地赠锦旗、纪念章和礼品。第二天早上,他代表中央访问团,向成陵致敬。关于这件事,他在自己的日记中写道:"我献上了自制的花圈、哈达及羊背。在致词结束时说:成吉思汗的子孙们,应与汉族团结,共同建设。"

访问团在东北访问时,正值吉林省延边朝鲜自治州成立。

父亲代表中央访问团出席了成立大会，在延吉时，他偶尔上街，在一家书店里看到几本朝鲜文字的书，书已经被翻阅得破损了。这件事引起了他的深思。他以为，这反映出，有许多人想看它，翻阅过它，但又无力购买它。这就揭示，民族语文的图书在民族地区有迫切的需求，而提高少数民族人民的生活又是发展民族文化的基础。

两次访问民族地区，给父亲一个机会，使他亲自了解了民族地区的情况。再加上整个访问过程中，他都不断学习马列主义关于民族问题的理论，体会党的民族政策，每到一处他还去书店搜寻购买一些有关当地历史、地理的旧版书，不知不觉中，他已在开始研究民族问题了。

也算是一种机缘吧，他自己可能也没想到过，他后来竟会从事民族文化工作。1954 年出版总署又撤销了，父亲被调任国家民族事务委员会副主任，同时兼任民族出版社社长。

民族出版社是中国有史以来第一家用少数民族文字出版图书的文化单位。它的建立证明中国共产党和中央人民政府对少数民族的尊重与重视，对民族文化的重视。把这样一个在父亲心目中是极为崇高而光荣的任务，交给他，虽说他对民族问题还没有研究过，但还是高兴地承担了。父亲是个做事认真负责的人，从此，为了更好地完成任务，便一直不断学习。在他看过的有关民族理论的书上，划着圈、点、条线，做着记号，夹上纸条，以便于随时找出来参考。他买了许多有关民族地区的文史地理书籍，不时翻阅，了解情况，汲取经验，他做任何事情都事先调查研究，有所准备。

虽说他是民委副主任，起初，他一直在民族出版社上班。他那时还不是党员，民委的事他不大管。同时，他仍兼任着美术出版社的工作、民盟的工作，也是忙不过来。

民族出版社开创初期，出书选题大部分是从其他中央出版社的选题计划中挑选一些适于少数民族读者看的书籍，翻译成民族语言出版，是一些通俗的政治读物、文艺作品、科普读物等等。后来，根据现实条件和需要，父亲向民委党组建议，出版《人民画报》少数民族文字版。因为那时人民美术出版社出版的《人民画报》业已出了各种外国文字版，是在印好图片的纸张上再套印外文文字。既然可以套印外文，当然也可以套印民族文字。这样做很方便，但却有利于对少数民族群众进行宣传。这个建议得到了民委的批准。于是《人民画报》的少数民族文字版就诞生了。

1961年3月，萨空了（左一）作为中国艺术团团长随陈毅副总理（右一）访问印度尼西亚，与苏加诺总统（中）合影

过了不久，有人反映，《人民画报》缺乏少数民族方面的内容，少数民族群众虽然从画报上看到了外界生活，却看不到自己的生活，感到不满足。于是又想出了在《人民画报》少数民族文版中增加附册的办法。过去，父亲在《世界日报》工作时，他主编的《世界画报》就曾是以附页的形式出现的，不是可以参照吗？这个设想经民委同意后实现了。附册由民族出版社编辑，专门刊登反映民族地区情况的图片。附册一经出现，就受到少数民族群众的欢迎。他们把反映他们自己生活的图片剪下来，贴在自家的墙上或蒙古包的哈纳（木架）上。

然而，这仍满足不了少数民族群众的要求，他们渴望知道各民族各方面的情况。民族出版社又向民委提出创办出版《民族画报》的建议。经民委向上级请示，1954 年终于批准了出版《民族画报》。1955 年 2 月，《民族画报》出版双月刊，到了 1957 年 1 月《民族画报》改为月刊，共有哈萨克、维吾尔、蒙古、藏、朝鲜、汉六种文字的版本。《民族画报》刊名是周恩来总理题写的。从此，又有了中国历史上第一份用民族文字出版的，反映少数民族人民生活的画报。

《民族画报》编辑部的记者深入到各民族地区采访，常能带回反映群众生活的好照片，但画报篇幅有限，不能全用。父亲感到非常可惜，便建议出版一些反映各民族地区的画册，经民委批准后，开始出版画册。同时画报编辑部内设画册编辑组。首先出版了一本大型画册《伟大的祖国》，后来出版的画册，多是配合各民族地区的重要纪念活动。如：自治区成立、周年纪念等等。也出过少量的宗教画册，如：《中国佛教画集》、《中国穆斯林画集》等等，主要在国外发行，后来在国内也发行了。

由于上述业务工作是父亲建议开创的，民委决定：《民族画报》和民族画册，在出版社内逐层审稿后，归父亲总审阅，然后送民委党组负责人审定付印。为了便于工作，民委党组决定让父亲去民委办公。民族出版社创立后，除了出版图书画报、画册外，还出版过少数民族文字的连环画。这也是因为人民美术出版社有现成的图版，借过来加上少数民族文字就行。连环画图文并茂，通俗易懂，这对文化水平不高的民族地区读者，可提供有益的精神食粮，受到群众欢迎。

为抢救民族文化遗产，父亲还积极支持出版《五体清文鉴》。这是一部在十八世纪编成的，汉、满、藏、蒙、维五种文字对照的分类辞书，过去没有印行过。当时只存有三部手抄本，两部存在北京故宫博物院，一部存在英国伦敦大英博物馆。他认为这是本工具书，值得印行供人使用，否则就会灭绝了。经民委党组同意，《五体清文鉴》影印本获准出版发行，受到国内外学者的广泛好评，并获得 1957 年莱比锡国际图书博览会的金质奖。没想到父亲保护民族文化的愿望在"文化大革命"中给他带来深重的灾难，差一点要了他的命。在一次民委的批斗会上，一些不明真相的群众，批判他传播封资修文化的罪行。父亲本来患有心脏病，在精神和体力都不堪忍受的折磨下，当场昏死于地。父亲从没向我说过这件事。后来我是听参加过会的人说的。据说，当时《五体清文鉴》曾遭到销毁的命运。我想，总会有些留下来，而且留下来的总会比三本多得多。

1957 年，民族出版社又创办了《民族团结》杂志。顾名思义，这是一本宣传民族政策的刊物。父亲曾兼任过这个杂志的主编。他虽然很忙，兼职很多，但并不是挂名图虚荣，而是想把它办好。他不仅审稿，连选题、采访、封面设计都亲自和大家一起商量。一些急稿，头天晚上送去，第二天一早就可以去取。他都是在夜间审改出来的。为了提高刊物质量，他提出依靠社会力量办刊，并由国家民委出面邀请著名学者、作家，民族工作者，如：翦伯赞、吕振羽、翁独健、老舍等，参加座谈会，为《民族团结》出谋划策，并写稿支持。

他很重视发挥编辑部同志们的积极性创造性。他十分爱惜人才，每当开会总结工作时，都要充分发扬民主，让大家畅所欲言，各抒己见，可以提问，可以对话，可以表示不同意见，他自己也在会上谈自己的想法。当年参加过这种会议的同志曾对我说，父亲在会上的发言曾给他们启发，至今记忆犹新。据他们说，父亲曾说过："记者应是'好事之徒'，对各种事情都要留心，要善于从中发现报道线索。""宣传真理，不要板起面孔说教，要让群众喜闻乐见。真理是良药，良药苦口。如果裹上一层糖衣，就能让人舒舒服服吃下去。""我们给读者的东西，一定要像对自己的孩子那样，打扮得漂漂亮亮的给人看。从封面到封底，插图、文字、标题都要精心处理。""要有新意，不要炒冷饭，要敢于创新。""编辑不一定多，但是每个人必须有自己的朋友，到群众中去找源泉，有群众支持就会有稿件。"

民族出版社的一项重要任务是翻译出版《毛泽东选集》。由于各种语文翻译力量不均衡，有的文种翻译力量强，任务完成得快，质量也好，反之，就慢些、差些。为了提高"毛选"的质量，解

60 年代随同毛泽东主席接见少数民族代表

决翻译工作中存在的问题,1962 年,经民委党组批准,父亲主持召开了“毛选”翻译座谈会,出席会议的有各民族地区的宣传部负责人和翻译业务骨干。大家就吸收外来词汇和文法等问题交流了意见,并明确了翻译“毛选”力求忠实准确,以语文逻辑为主,风格为次。同时决定,少数民族语文版“毛选”的注释,可以比汉文版多些,什么地方增加注释,则由中共中央“毛选”出版委员会来帮助解决。这次会议使中共中央“毛选”出版委员会注意到民族文字翻译骨干的缺乏,意欲设立翻译毛著的专门机构。这就为后来成立少数民族文字翻译局落下了伏笔。

关于翻译吸收外来语,即所谓借词问题,是当时议论得较多的一个问题。因为我是学俄文的,搞过翻译工作,父亲曾和我探讨过这个问题。我记得,他当时的看法是:随着时代的发展,借词是不可避免的。因为外界许多新事物出现了,新产品诞生了,这都可能是某一民族固有文字中所没有的，那么借词便是允许的，而且是比较简便的办法，不必非从固有的旧词中寻找词意相近的词，因为有时旧词不能反映新义。但是，如果固有文字中已有能准确表达新意的词，就不要随意借词，要保护民族语文的纯洁。

父亲虽然在民委工作，但却和民族歌舞团没有工作关系。是一个偶然的机会，把他和这个团联结起来。1961 年 3 月至 6 月，陈毅副总理去印度尼西亚访问，父亲奉命作为中国艺术团团长随同出访，并在该国的几个城市作巡回演出。本来艺术团由广东的粤剧团和福建的高甲剧团组成，但在审查节目时，周恩来总理和陈毅副总理临时决定，改带歌舞团和杂技团去。因此就抽调了中国杂技团、东方歌舞团和中央民族歌舞团的各一部分主要演员组成了中国艺术团。这样，父亲才和中央民族歌舞团有了工作联系。由印尼回国后，民委党组给父亲一个任务，要他到民族歌舞团去研究该团存在的问题。父亲和民委文教司的殷海山去该团断断续续做了七八个月的调查，写了一份《关于改进中央民族歌舞团工作的几点意见》（草稿），交给民委党组，经研究后，又与文化部党组联合讨论，批准执行。此后，他也就不时参与过民族歌舞团的一些工作。

父亲关心少数民族的艺术事业，几次深入各民族地区视察工作，都看到过当地的民族歌舞。他觉得这些都是整个中华民族的艺术珍宝，有的节目已经很好，有的应当加以整理提高，介绍给祖国的各族人民，介绍到全世界。他以为，中央民族歌舞团应是中国各民族歌舞的精华的集萃之地。它的演出能使全中国人民，以至全世界人民认识中国各民族的歌舞艺术精品。中央民族歌舞团要深入生活采风，学习民族民间的东西，不断丰富自己的节目；同时，到各地演出，要起示范作用，供各地借鉴学习。这是普及和提高的辩证关系。

自从"草原轻骑"乌兰牧骑在内蒙古大草原出现，父亲就满怀欣喜地注视着他们的活动。1962 年，他就要《民族画报》和《民族团结》杂志组织专人下去采访。画报和杂志的记者下去采访以前，父亲特意把他们请到办公室谈话，说：乌兰牧骑的队伍短小精干，可以深入到偏远地区，为居住分散的农牧民群众演出；它又是一专多能，既是演出队，又是宣传队，还是服务队，容易为群众接受和欢迎。乌兰牧骑是普及政治文化的队伍，组织形式适合民族地区特点，会有强大的生命力，值得向全国偏远民族地区推广。父亲要求他们到内蒙古要多花一些时间，随乌兰牧骑深入基层进行采访。不巧那时乌兰牧骑正在呼和浩特集训，未能深入下去。后来，乌兰牧骑到北京汇报演出，周恩来总理观看节目后非常赞赏，建议他们到全国各地巡回演出。乌兰牧骑这种形式的文艺演出队得到了认可。

1958 年，民委党组决定要父亲参加民族文化宫的筹建工作。这是因为父亲懂得美术，又是人民美术出版社社长，与美术工作者有联系，便于组织室内外装修工作。民族文化宫是庆祝建国十周年的十大建筑之一，必须在 1959 年国庆节前完成筹备工作，任务十分艰巨。父亲本来已经很忙，民族出版社、人民美术出版社，再加上民盟都得干事，现在又加上民族文化宫的工作。他必须夜以继日地干。

当时，基本建设工程正在进行，筹备工作是为下一步室内装修做好准备,如:室内的装潢——屋顶、墙面、柱头的装饰设计;室内的陈设——灯具、桌椅、窗、帘、茶具的设计,大门入口处的浮雕和毛主席塑像;综合馆入门处的大幅绘画等等。为此父亲请来了中央美术学院和工艺美术学院的教师和学生,协助完成任务。每一项设计都经过上面几次,甚至几十次的审查、修改才能完成。父亲负责组织工作,其中的周折与困难自不待说。他一向不辞辛苦,埋头苦干,虽然那时还不是党员,但对党交给的任务不管有多困难也拼命去完成。据说,在十大建筑中,基建与美工协作得较好,没有互相牵扯拖延时间的,民族文化宫是其中之一。

民族文化宫的筹备工作不只是装修,还有一个十年民族工作展览。这个展览的方针是宣传党的民族政策的伟大胜利和民族工作的辉煌成就。全国各有关地区都建立了专门机构配合工作。他们各自制订计划,在当地搜集、制作展品,先在当地试展后,再送北京试展、审查。父亲担任了这个"十年民族工作展览"筹备委员会主任。民委党组的总负责人是杨静仁,下设展览办公室。展览馆共分三个部分:(一)综合馆,要求全面系统介绍党的民族政策,综合地反映全国少数民族政治、经济、文化建设事业的成就;(二)地区馆,要求突出、重点反映十五省区民族工作的成就(十五省区是:内蒙古、新疆、广西、宁夏、西藏、黑龙江、吉林、辽宁、四川、甘肃、云南、青海、湖南、广东、贵州);(三)专题馆,要求展出十三个省市散居少数民族工作成就(十三省市是:北京、上海、山西、陕西,山东、江苏、安徽、浙江、福建、河南、河北、湖北、江西),另外还单独建立一个西藏馆。整个展览里采取民委和地方共同筹办的方针,必须贯彻"全馆一盘棋"才能取得成绩。

萨空了逝世后，班禅额尔德尼·确吉坚赞向他遗体告别

展览馆的总体设计审查、反复制作模型和绘制设计图纸，就花去了许多人力和时间，还有文字说明、字体大小、字的制作等细微的问题也得一一解决。父亲每天被束缚在琐碎的，又非解决不可的具体事务中。至于展览的内容，则由民委党组决定，突出什么、削弱什么、增加什么，也不断根据当时的政策精神有所变化。

父亲认为建立民族文化宫是很有意义的大事，再辛苦也要全力以赴地干，这反映了中央对民族文化工作的重视；同时，民族文化宫应该是显示中国民族文化的窗口。国内国外的观众到民族文化宫，在展览馆参观，就可以了解中国各民族的概况，他们今昔生活的对比，从而了解中国的民族政策。在剧场，可以看到各民族的文艺演出；在餐厅，可以品尝到各民族的风味食品，了解各民族的饮食文化和习俗；在图书馆和博物馆，可以找到各民族的书籍和历史资料。这是多么美好的设想。遗憾的是它并没有能完全实现。

1961 年 3 月,民族历史研究指导委员会和民族文化指导委员会成立,父亲被任命为后者的副主任,兼办公室主任。当时,这两个委员会是在统战部、文化部和民委三方面领导下进行工作的。民族文化指导委员会办公室设在文化部。成立时,李维汉、齐燕铭、刘春都指出,它的任务是:为发展民族文化工作制定规划,组织力量,培养队伍。民族文化指导委员会成立后,第一个活动就是由文化部副部长徐平羽带队,率领文化、历史界著名人士赴内蒙古考察,他们是:老舍、端木蕻良、翦伯赞、梁思成、吕振羽等人。这批人回来后,写了一些很有分量的文章,宣传了内蒙古自治区的建设成就,同时对蒙古族文化历史研究,提出了一些见解。以后,民族文化指导委员会也曾开过几次会,但没有突出的活动,可能和李维汉不再抓这项工作有关。

李维汉同志可以说是父亲从事民族工作的系铃人。当时,他是统战部长,也当过民委主任。从他知道父亲是蒙古族,便安排他参加中央民族访问团,访问少数民族地区,回来成为中央民委委员,参加第二次扩大会议,到后来调到民委工作和参加民族义化指导委员会工作,都是在他的领导之下。他对民族工作有着自己的设想。

李维汉同志很关心人。1962 年,他和陈叔通去东北休养,叫父亲同去。父亲刚从印尼回来,要准备汇报,不能随行。李维汉说,那就随后来吧! 都以为是说说算了。不料,到长春后,他又打电话给民委领导,让通知父亲前去休养。父亲随同李维汉、陈叔通到吉林、黑龙江，观光、游览、谈诗、赋词，也和当地同志座谈，度过了既丰富又轻松的十几天。父亲回来后说：李维汉同志平易近人，爱惜人才，也很有见解和魄力。父亲一直把他当作长者来尊敬。

1962年，萨空了（右三）随同李维汉（左四）在东北休养

作为民委副主任，父亲曾被派往各地参加过各种活动，如：1954年4月在内蒙古伊金霍洛举行的成吉思汗新陵园奠基典礼；1956年7月至8月，赴贵州省参加黔东南苗族侗族自治州、黔南布依族苗族自治州成立典礼；1962年9月，赴吉林参加延边朝鲜族自治州成立十周年纪念活动；同年10月，赴四川参加凉山彝族自治州成立十周年纪念活动；1965年10月，赴新疆乌鲁木齐参加新疆维吾尔自治区成立十周年纪念活动；同年，赴内蒙古参加土默特旗的四清工作；同时，应内蒙古自治区主席乌兰夫同志邀

请,参加了内蒙古自治区成立二十周年纪念活动的筹备工作。

1966 年 5 月,“文化大革命”兴起,父亲被停止了一切工作,接受批斗审查。他所做的一切有关民族工作,也成了检查不完的罪状。

直到 1972 年 5 月,父亲才被允许从湖北沙洋的“五七”干校回到北京治病。1973 年,他又被任命为民委临时三人领导小组的成员之一,重新从事民委工作。

经过“文化大革命”,他的健康被摧毁,高血压、心脏病时犯,但他还是坚持着完成民委的工作。在他的努力下,停刊的《民族画报》又重新出版,他也还像从前那样,逐字逐句地审阅稿件。他仍然去民族歌舞团审查节目,当他看到有个好节目时,是那么高兴,甚至要我们也一定要去看看。他那么珍惜人才,发现一个有歌唱才能或舞蹈才能的演员,想方设法要调进来。他又在张罗着少数民族翻译局的成立,又想把民族文化宫的展览搞起来……但是,他毕竟年老体衰,这么繁重的工作,实在是他力所不能及,加上“文化大革命”造成的复杂人际关系,工作起来更是困难重重。但是一腔热血,一片忠心,使他竭力支撑着,仿佛完全忘记了,为了这些工作曾遭受过多少责难,甚至虐待。为了发展民族文化工作,他始终不悔。

1978 年 7 月,父亲离开了民委,调到中国人民政治协商会议全国委员会任副秘书长。关于离开民委,我看见在他的日记本上曾有这样一段话:

收到《民族画报》七月号稿。这是经我审稿的最后一期。从1974年1月,我坚决要编辑部复刊起,共办了四年零七个月。在风风雨雨中,这也是此生可纪念的事。现在是告一段落了。

虽然离开了民委,父亲仍然关心着少数民族的文化事业。每当民委系统的同志来看望他,谈他们的工作情况时,他都认真地听,为他们的新成绩高兴。民委系统与民族文化有关的工作项目,绝大多数是他亲自筹划建立起来的,就像是栽树,就像是育人,这里面包含着他的心血与汗水,他总觉得与自己血肉相连,难以割舍。每当得知这些工作中有困难,或不尽人意时,他都十分惋惜。我们只好劝他,忘掉这一切!

一次不寻常的赴港演出

1963年4月至7月,父亲曾担任了北京京剧团赴港演出团团长,率团赴港澳演出。我们听到这个消息,起初都觉得奇怪,因为他和京剧艺术没有任何渊源。待到他从香港回来后,和我们说起在那里演出的情况,我们才理解,文化部组织这个演出团实际上是一次宣传活动,是向港澳观众展示在“百花齐放,推陈出新”方针指引下,传统的京剧艺术焕发了青春。整个活动过程,要求演出团既要有原则性,又要有灵活性,做起工作来则既繁琐又微妙。总之演出获得了成功。看来让他担任这个工作是有道理的,因为他熟悉香港情况,又有长期从事宣传工作的经验。

担任这个演出团副团长的薛恩厚同志和担任秘书长的萧甲

同志都是北京京剧团原来的领导人，主要演员有马连良、张君秋、裘盛戎、赵燕侠、马富禄，他们都是久负盛名的京剧表演艺术家，在长期的艺术实践中，各有创造，形成了独具风格的表演艺术流派；还有在前辈名演员教导下成长起来的青年演员小王玉蓉、谭元寿、马长礼、李毓芳、杨少春等是京剧舞台的后起之秀，各宗一派，掌握了娴熟的表演技巧。而带去的剧目有传统的优秀剧目《秦香莲》、《四进士》、《姚期》、《淮河营》、《荀灌娘》，也有新排练的《赵氏孤儿》、《望江亭》、《碧波仙子》、《状元媒》、《盘夫》等。这些剧目都在传统的基础上进行了许多创造性的革新工作，使艺术形象更加鲜明生动，显示出京剧继承和发展的成果。

剧团出发前，周恩来、邓小平、彭真、陈毅等国家领导人在人民大会堂小礼堂观看了部分节目。演出后他们在陕西厅接见了全团人员，勉励大家，要大家做好这次演出工作，表现新中国京剧的推陈出新。周恩来同志还具体地关心到赵燕侠的服装，请马彦祥帮助改进凌波仙子的服装，还建议请姜妙香老先生也参加这次演出。

由于这是新中国成立后京剧团体第一次到香港演出，要求做好充分的准备工作。周恩来总理对剧本的内容和词句都谈了看法和意见，带去的剧目要是上乘的。他要求全团人员要做到：政治上要警惕；生活上要检点；作风上要朴素大方。廖承志同志和夏衍同志也做了许多嘱咐。

4 月 16 日上午，剧团离开北京，夏衍、徐平羽等来送行。18 日上午到广州，当天下午陶铸、区梦觉、林李明、曾生等接见了全体人员。陶铸讲了国内外形势。晚上曾生设宴招待全体团员。

第二天，负责此次赴港演出具体工作的香港同志也来到广州，谈了准备工作的情况。当晚演出团的领导向姜妙香、马连良、张君秋、裘盛戎、赵燕侠等人谈了香港的情况，和他们商量拟订了一个共同遵守的公约。次日向全团宣布，并由大家通过，共同遵守。父亲又把准备出来的宣传稿交给了香港来的同志。

4 月 26 日，北京京剧团赴港演出团由广州乘火车，经深圳到香港。下午到达九龙火车站时，有十五个儿童来献花，各方面的代表都来迎接，站外还等候着许多欢迎的群众。据说这种热烈的场面是空前的。

何贤、祁峰、孟秋江等陪同父亲到下榻的九龙金时酒店。这次到香港，是父亲离开这里的十四年以后的第一次，虽然在车站上就见到了不少旧友，可说是故人依旧，但九龙的变化的确很大，原来这儿的安静气氛已被纷乱拥挤所取代，它的幽美环境也被高层建筑破坏，真是令人惋惜。

北京京剧团赴港演出团抵港后接受香港儿童献花

第二天新华社驻香港分社举行宴会，全团的同志都参加了。在这里还和今后协助剧团在港工作的各方面人士一起联欢。

4月28日晚上，何贤代表丰年公司设宴招待，共来宾客三百多人，各界人士都有。何贤致词时说：马连良、张君秋等人到香港演出，是为祖国扬眉吐气。现场气氛十分热烈。父亲和许多老朋友、旧相识见了面，其中还有曹聚仁、叶灵凤等。何贤在这天提出了邀请剧团去澳门演出的事。这得和北京商量。

从此，父亲便开始了在香港的忙碌生活，除了上午到剧院看走台排练，便是参加各种应酬活动，处理各种临时出现的问题。他几乎每天都在深夜两三点钟才睡觉。

4月30日，北京京剧团赴港演出团在普庆剧院正式演出。这是一场招待演出，各方面的人都来了，场面十分热闹。演员也特别卖力，精神饱满，神采飞扬，不时引起全场的喝彩声，这是在香港难得看到的高水平演出。不仅如此，在国内这样的阵容，这样的合作演出，也是很难看到的，怎能不引起轰动效应！演出结束后，很多人拥上台和演员握手，电影明星们上台献花。经过多次谢幕，观众才依依不舍地散去。

艺术的魅力，征服了偏见。京剧团像磁石般吸引着人们。在香港的著名京剧演员孟小冬和费彝民一起宴请了演员们；粤剧名演员白雪仙要求帮助她剧团中的学员学戏；电影名演员严俊在一次宴会上请父亲代为向夏衍致意，并说他们拍的电影《武则天》用的是郭沫若的剧本，还送拷贝来给剧团放映，听取意见。电影界的著名人士邵逸夫、李翰祥、王引、袁美云、林黛，粤剧名演员邓永祥等都来看戏。连国民党将领张发奎、龙绳祖等也订票看戏。京剧团在香港的演出扩大了影响，增加了香港同胞对祖国的了解。

北京京剧团赴港演出团团长萨空了、副团长薛恩厚及主要演员与欢迎者一一握手

北京京剧团演出的成功，也引起反共分子的忌恨。5月5日晚七时四十五分，普庆戏院第六排一号座的椅垫被割开放入的定时小炸弹爆炸了，好在那时尚未放观众入场，没有伤人，只起了扰乱作用。在这种情况下，父亲等人当机立断，推迟报警时间，演出照常进行，以免英方以调查为借口，迫令停止演出。剧团全体人员同心协力，以高昂的爱国热情，不惧危难，有条不紊地照常进行工作，演员照常用心表演，致使观众也没有察觉有任何异样。当第二天香港报刊登这爆炸案的消息时，人们甚至怀疑消息的真伪。此后演出并未受影响，剧院照样天天满座。

父亲立即向文化部夏衍同志并转侨办廖承志同志汇报了发生的情况。5月7日，廖承志和夏衍同志发来了给父亲和薛恩厚及全体团员的电报，在谴责了敌人行为的鄙劣之后，说：为保证你们及整个演出的安全，我外交部将向英代办处提出交涉，并责成香港新华社分社采取一系列安全措施，望你们一方面提高警惕,一方面更加沉着地按照既定计划完成演出任务。你们从4月30日开始公演以来,已经博得了港澳观众的热烈欢迎,获得了初步成就,望你们再接再厉争取更大的胜利。

剧团在香港演出期间,国民党利用所控制的报纸,发表一些诽谤性的文章,说什么改革的剧目不如旧剧目好;还攻击一些人,企图破坏团内的团结。经研究,父亲决定按中央的既定方针不与他们纠缠具体问题,而是扩大正面宣传的声势,每天都在报上发表文章宣传戏剧改革的成功,宣传剧团演出的效果,剧团的活动等等,使不抱成见的群众接受我们的宣传。总计起来,这期间香港的四十二家报刊共发表消息、图片、文章1938件,其中评介文章、特写676篇,仅《大公报》、《文汇报》、《新晚报》就发表了869件,在声势上就压倒了对手。

演员们都表现了爱国主义精神,发挥了自己最好的表演才能,甚至有病的也坚持上场。在当时港报上发表的一条小统计中,可以看出演员的卖力和新闻界及观众对他们的赞扬:

> 北京京剧团赴港演出团在港九的精彩演出今晚结束了。现在把该团来港演出的场数、剧目等统计如后:该团自4月30日献演一直到6月19日闭幕演出为止,共演出四十三天,五十三场,其中包括电视演出四场。该团来港演出的剧目最多的是《赵氏孤儿》,共演出十场,其次是《秦香莲》,共演出九场,余为《碧波仙子》六场,《玉堂春》四场,《姚期》四场,《盘夫》四场,《四进士》三场,《荀灌娘》三场,《淮河营》两场,《盗御马》两场,《将相和》两场,《状元媒》两场,

《望江亭》两场,《清风亭》一场,《奇双会》一场,《春秋配》一场。赵燕侠在舞台上还演过一次十分细微的《盘夫》。有些出戏只演了一次,可能有许多位戏迷错过了,如上述的《盘夫》,马连良的《清风亭》,张君秋、姜妙香的《奇双会》等。几位团长、顾问和老艺人中,以马富禄先生演出场数最多,共演了二十六场,裘盛戎先生也演了二十六场,马连良先生演了二十五场,张君秋先生演了二十四场,赵燕侠女士演了十七场,姜妙香老先生也奋勇地演出了五场,原定姜老此来只演出二至三场的。其余青年演员的个人演出场数已无法统计,他们可能五十三场中场场有戏,更有可能他们演出的次数超过五十三场,因为他们在一台几出戏中分别扮演几个角色是不足为奇的。应当向他们深深致敬。在他们演出期间,丽的映声电台曾经直、转播剧院演出实况六次,丽的映声电视特地聘请该团各位京剧表演艺术家到电视台表演四次,加上普庆、大会堂戏院天天场场满座,综计看过和听过该团精彩演出的人数已无法统计了。感谢北京京剧团赴港演出团带给港九观众最美丽的视听之娱。

北京京剧团赴港演出团的演出不仅轰动了港澳,也波及东南亚不少华侨和外国人,他们由马来亚、菲律宾、泰国、日本电订戏票,乘飞机专程来看演出。

为了满足澳门观众的要求,6 月 27 日北京京剧团赴澳门演出团到澳门演出,受到何贤、马万祺和澳门各界的欢迎。当时葡萄牙和我国尚未建交,但澳门总督罗必信夫妇等人还是接见了京剧团的领导人和主要演员。罗必信礼貌地说，京剧有悠久传统，并预祝演出成功，还说，希望中国每年都有剧团来澳门，表示友好。

6 月 29 日，剧团在澳门清平戏院公演，盛况空前。清平戏院经理说，七十年来无此盛事了。7 月 1 日是在澳门的最后一场演出，澳门总督夫妇及陆海军司令和官员们都来看演出，演出结束后还登台向演员致贺。

至此，北京京剧团赴港澳演出团时演出任务，圆满结束。剧团赴港前，中国戏剧家协会主席田汉曾亲笔题诗一首，预祝演出成功，其诗如下：

梨园一代几豪魁，清曲翻新上舞台，白发怕闻天子诏，红颜多谢状元媒；东风压倒西风日，小隐何如大隐来，莫道香江春欲暮，万人争看百花开。京剧团将访香港，写此祝巨大成功，并望多多珍摄。　　63 年 4 月 16 日晨田汉(印)

父亲曾和诗一首：

梨园世代有英才，风流还属今舞台，推陈出新传统续，珠联璧合不须媒；老树奇葩红似火，嫩技茁壮过墙来，香港同胞福非浅，亲睹祖国百花开。和田汉同志送北京京剧团赴港演出诗。　　萨空了 1963 年四月

这两首诗曾同时刊登在 1963 年 5 月 28 日香港《文汇报》上，它记录了当时中国文艺界的一大盛事。

第五章

历尽劫波后　赤子情怀存

在劫难中

1966年5月26日,父亲从内蒙古四清第一线被召回北京参加"文化大革命"。

他是1965年11月15日,率领民委系统的中央农村文化工作队赴内蒙古参加四清工作的。这是民委党组的决定,从民委系统几个部门和从民族歌舞团中抽调部分人,组成文化工作队,到内蒙古基层,先参加四清,以后再搞文化活动。到内蒙古以后,11月17日,乌兰夫副总理(也是内蒙古自治区主席、国家民委主任)接见了父亲和工作队全体人员,勉励大家在阶级斗争中经受锻炼,得到提高,并决定让他们到土默特左旗去参加四清。乌兰夫让父亲到他自己蹲点的土左旗前朱堡大队去。

那时,由于内蒙古自治区成立二十周年即将到来,经中央同意成立了庆祝筹备委员会,乌兰夫同志自己任筹备委员会主任。父亲到内蒙古后,乌兰夫便让他也参加这项工作。12月下旬,在内蒙古呼和浩特市召开了一次中央各部门同志的座谈会,他们都是应邀前来帮助筹备内蒙古二十周年大庆活动的。在会上,乌兰夫介绍了内蒙古革命历史和内蒙古二十年来的建设成果,并指出，庆祝活动的目的是：以生动具体的事实，宣传毛泽东思想和党的民族政策的胜利。从而教育干部和群众，加强团结，巩固祖国统一，更好地建设内蒙古自治区。

由于内蒙古自治区是中华人民共和国第一个实行区域自治的地区，与会者都感到纪念活动十分有意义，纷纷表示乐于出力。父亲和高锦明一起被任命为庆祝内蒙古自治区成立二十周年筹备委员会副主任。父亲觉得自己不是自治区的干部，担任这个工作怕不合适。经民委党组同意后，也就承担了这项工作。他当然想不到，后来在“文化大革命”中都成了他反汉的罪名。

1966 年，萨空了在内蒙古土默特左旗前朱堡大队——乌兰夫蹲点的地方参加四清。图为乌兰夫和萨空了

1966 年 5 月末，父亲回到北京后，才知道，民委系统凡和他工作有关的单位都贴了关于他的大字报。由于 1960 年父亲被吸收为中共党员，他首先去找了民委党组请求帮助。党组领导向他指出，群众揭发他有许多错误：对红专问题、学习毛著问题、出

书问题、文艺路线问题，都有错误，是资产阶级知识分子。他又与各种文化人那么熟，是资产阶级代表人物。这次去内蒙古，又搞反汉活动。他们让他先到各单位去看大字报。

父亲从大字报上才知道，他的"罪孽"深重：他曾传达过周扬、林默涵、齐燕铭的报告，是反党、反革命的传声筒，放了毒；他要出版《五体清文鉴》，是传播封建主义文化；民族文化宫的装修弄得古色古香，还找郭沫若题词，革命的东西不要，专要封、资、修的东西；主张出版连环画，是宣传帝王将相等等，等等。

父亲对照当时报刊上的批判文章检查自己，真诚地以为自己是犯了错误。由于自己的世界观没改造好，不知道周扬等人是"打着红旗反红旗"。他自从三十年代认识共产党起，就敬佩共产党坚持团结抗日的主张，国民党贪污腐败，欺压百姓，共产党清廉爱民，使他衷心拥护。此后，他主动为党工作，直到六十年代才被接受为党员。他努力工作，认真改造思想，要做党的驯服工具，怎么竟会做了"资产阶级权威"周扬等人的工具！他真是悔恨、痛心。他在家里说，一定好好检查，努力改造世界观。

群众贴大字报说，他不配坐人民的汽车，不应再有公务员。父亲就向党组提出，不再坐车，撤出公务员。多年为父亲开车的司机说，他不再为三反分子开车；多年在我家工作的公务员李月波见状也只好说，不再为父亲服务。

1966 年 6 月 13 日，父亲在民族出版社做了第一次检查，中间心绞痛发作两次。此后，有人来通知说，为了怕父亲想不通出事，派人到我家客厅来值班。

1966 年 6 月 14 日，父亲又在民族出版社做第二次检查，中间又发作心绞痛两次。

1966 年 6 月 15 日,在民族文化宫礼堂开民委系统的批判大会,由于《民族画报》曾刊登过毛主席接见达赖和班禅的照片,被批判说是为封建上层鸣锣开道,一些过去曾被反动封建上层挖鼻挖眼的人也到场现身说法,说父亲帮助上层欺压他们,还让父亲举起他主持编辑出版的沉重的《释迦牟尼佛像集》。父亲昏厥在地。批判并没因此而结束,直到周总理办公室来电话过问,才开始救人。

李月波在我家多年,父亲一向待他如自己家人,我们都称他李大爷。他和我们全家人都有感情。有人动员他揭露批判父亲,他批判说:“萨空了,你这穷小子,现在当官忘本……”人家一听他说的不入港,再不让他说了。

第二天,1966 年 6 月 16 日上午,父亲到协和医院看病。医生说,应住院治疗。父亲没敢住院,只拿了点治心绞痛的硝酸甘油。下午又开批判会,在内蒙前朱堡和他一起参加四清的人,也上了阵。

1966 年 6 月 17 日,仍在民族文化宫礼堂开批判大会,直至晚上八点二十分他才回家。疲惫不堪的父亲到家即睡下。

此后,只要机关的人不找他,他就自己学习。他以为是学习毛主席著作还不够,才会犯错误,决心重新再学毛著,要下苦功夫。尽管他每天要犯心绞痛三四次,仍坚持学习,不停笔地写。他每天看报,觉得报上宣传的工农兵学习毛著的文章篇篇皆好,要向他们学习。报上天天都有被批判的对象,他也认真仔细地看。他紧张地学习、思考,夜不成寐。至此,他才承认自己是老了，而且身体也垮了。

我翻阅父亲在这一阶段写的日记，每天都用小字记下他学习毛著的心得，读报体会，而且还有国内外的重要新闻。他关心国内外大事，不亚于平时。我想起他曾向我说起过的话："心底无私天地宽。"

一个月以后，7 月 19 日民委领导叫父亲去，询问了他的病情。父亲告以医生让住院的事，他们答应商量一下明天答复。同时告诉他，要写检查，还说，入党以前，你是民主人士，未经过改造，几次运动都未参加。这次不能混过去。在新闻界你也算是权威吧，你的问题不只是认识问题，有内在因素。你检查时要对历史和现在都交代揭发，不要怕痛。领导又说，前朱堡问题确实是反汉，用民族斗争掩盖阶级斗争。父亲忙说：我在前朱堡没说过反大汉族主义的话。回答是，不说反汉也可以是反汉的。

7 月 25 日，民委通知可以住院。7 月 29 日，协和医院通知，8 月 1 日可以入院。

8 月 24 日，医院告诉父亲，民委文革委员会通知，要他出院，但由于他在医院的检查尚未做完，而且又刚刚做完痔漏手术，建议多住一星期。父亲还拟写申请报告，文革委员会的人已到医院，勒令明日出院。父亲只好出院，每日赴医院换药，心绞痛和脑痉挛仍不断发作。

他出院后才知道，原来自 8 月 8 日发表了中共中央关于"无产阶级文化大革命"的决定以后，情况发生了变化，民委成立了文化革命委员会，原来的党组成员亦成为黑帮，斗争的矛头开始转向他们。

接着出现了红色风暴，红卫兵来抄家，用卡车拉走了他们认为应该拉去的东西，其余的一些东西，都集中在西边的两间书房里，贴上了封条。过了一天，送回来了一些衣物，留下了父亲的日记和笔记114本和其他文件材料。家里人收拾东西，说有的东西丢了。父亲说，不要说了，丢了就丢了，有什么要紧，一切都是身外之物。

因为要天天上医院，父亲买了公共电汽车月票，他说这样还可以锻炼身体。由于他一紧张就犯心绞痛，人多时不敢挤车，走的路的确不少。

文革委员会催交思想汇报，父亲勉强赶出来交去。他们又问检查写得怎样了？父亲回答说，因为一用脑就发病，写得很慢。他们说，以后要天天到民委，半天劳动，半天批判、检查。

这天下午，红卫兵又来抄家，并封了北房三间和客厅，留下北房一间和一个卫生间。父亲让郑姨带着我的小弟弟住那一间北房，自己则在卫生间的浴缸上搭一块铺板睡在上面。我的两个小妹妹和姑姑都住在东房。

从此，父亲每天上午去民委，听从当日安排，打扫某处院落或办公室。下午则在衣帽间等待在餐厅开批斗会的人的呼唤，因为有时会被叫进去陪斗或对质。

由于各地到北京串联的人很多，公共汽车乘客拥挤，父亲往往等几趟车都挤不上去，怕耽误时间，只好步行回家，急忙吃了午饭又立即步行赶回。每日疲于奔命，他的身体更坏了。

后来开始有了外调的事。上午劳动，下午接待外调来人，和他们谈话，赶写他们要的材料，十分紧张。由于天气渐冷，落叶日多，刚刚扫净，寒风吹过又落下一大片，清扫庭院的工作日益艰难，打扫厕所也因为天冷结冰非常费力。

不久，除了文革委员会外，又出现了一个“工农兵革命造反队”和一个“东方红造反派联合会”，双方争掌革命大方向，争相要走资派写材料。写材料的任务也十分紧张。

1967 年一月风暴，上海造反派夺权后，各地纷纷效法。我工作的内蒙古日报社，也在 1 月 11 日夺权。呼和浩特一片混乱。我乘机于 2 月 27 日回到北京。妹妹社旗看见我回来，欢呼着给阿爸报信。我走进院子，只见落叶满地，庭院看来许久没人打扫了。客厅门上贴着大封条。阿爸从卫生间里走了出来。他身穿对襟灰布棉袄，有疲惫之容，但并没有垂头丧气之色。他带着不安的神色询问道：你怎么回来了？我说，乘乱，我们这些黑帮没人管就回来了。说着，我随他走进厕所，只见在浴缸上用木板搭起的床上铺着薄薄的褥子，放着枕头和被子，靠门的角落放着一张三屉桌，上面摆着书报和阿爸写的东西，桌前是一把破藤椅，上面有一个小小的棉垫子。厕所中间有一个蜂窝煤炉。“怎么成这样了？暖气也停烧了？”我问。阿爸简单地、概要地说了他从内蒙古回来后的情况。“现在部分家具也拿走了，就对付着用吧！”阿爸平静地说。我知道，这对他来说，不算什么，他从来就不是计较生活待遇的人，一向自奉甚俭。我们家的家具本来就很简单。六十年代初，在三年困难时期，有特需供应，他的那一份都是全家共同享用。买来苹果，他自己吃皮，把果瓤给幼小的弟妹吃。平时家里吃水果也是一人一个，包括保姆吴代秀阿姨和公务员李大爷。

那天,他正好在家里写材料,不用到机关去,我们就谈了起来。他说,他一向十分注意原则立场,没想到竟犯了路线错误,而这次犯路线错误的人竟这么多,面这么广。我向他说,根据我自己的情况来看,路线错误不是一般干部所能避免的。我举例说,我是一个编辑,我学习党的方针政策,党的文件,党报发表的文章,按照中央政策精神写稿、编辑,现在批判我说,全错了。我怎么能不错呢?如果当时不按那些精神编稿,我当时就犯了错误。又譬如说,我曾编过民族民间故事,故事的内容是农牧民很聪明机智,戏弄了王爷。现在说,戏弄王爷是影射党的领导。反过来说,如果故事说王爷聪明机智,耍弄了牧民,那不是又可以说把阶级关系摆错了吗?父亲听了默然。我又说,我到内蒙古后,到牧区参加社会主义教育运动的采访,深入农村、林区采访,编写了许多稿件。让我检查时,我查阅了报纸,也统计出了编写稿件的数字,我的稿件见报量是很大的,说明我在勤奋地工作。但是,也正因为发表的稿件多,错误也就越大。反之,那些见报稿件少的人,倒没什么错误。这公平吗,这鼓励的是什么?

父亲见我发牢骚,就严肃地说:好好工作,努力工作总是应该的。要相信毛主席、相信党、相信群众,总能分清好人办错事,还是坏人干坏事。一切都会弄清楚,要耐心等待。你这样的态度怎能认真检查自己?你就没有错误?思想改造是一辈子的事,做人总要做个正派的人,实事求是地对待一切。阿爸说:回来了就住几天,赶快回去参加运动。现在中央号召大联合,很快就会稳定下来。现在一些干部纷纷亮相支持哪一派,我觉得这不利于团结、稳定,我不打算做这样的亮相。

第二天，父亲又去民委了。中午回来，我看他步履不稳，十分疲惫，急忙吃了两口饭就又去民委。我送他到大门口，看着他慢慢走着的背影，不禁悲从中来。我心疼我的父亲，他已是六十岁的人了。几十年来，他为中国的革命事业从不吝惜什么，愿意为之付出一切。他为什么要反党、反革命？难道老一辈人努力革命工作，为的是反对革命？

姑姑见我回来，分外高兴。这年她已七十二岁，她含泪叙述，父亲被批斗晕倒在地，抬回来的情况，衣衫不整，面色灰白，她以为被斗死了。她说，他犯了什么罪啊，这些人怎么这么没人性。吴阿姨则讲红卫兵抄家的情况，院子里的葡萄乱拽，梨枣乱打，这些孩子怎么没有教养！李大爷则告诉我，让他贴封条的时候，他悄悄地没贴下一半，这样就还可以进到房里去拿东西。他们都责备司机太不该那样……他们都是普通老百姓，在他们的心目中，另有一把衡量事物标准的尺子。在那困难时期，他们的话让人心里感到温暖。

父亲的判断也对也不对，大联合没有成功，派性越演越烈。"文化大革命"还在继续，而且已经从批判修正主义路线，揪三反分子，进而发展到清理阶级队伍了。

1969年8月26日，父亲和一批人一起被送到东北吉林省双辽县的双山镇搞斗、批、改。临行前，父亲对郑姨说，他对不起她，让她受苦了。父亲要她好好照顾好自己。父亲哭了。这件事是郑姨告诉我的。我想，他说这些话时，大约是做了最坏的准备。

中共"九大"是要开成"团结的大会、胜利的大会"，要解放大批干部和群众，肯定“无产阶级文化大革命”的胜利。人们也都这么希望着，希望经过斗、批、改，赶快解决问题，结束运动。但实际情况却不是这样。

父亲就是怀着这样的希望到双山镇的。虽然，他的心脏病很严重，只要一累，一紧张，就要发作心绞痛；他的血压很高，高压210，低压120，但他仍坚持学习，坚持劳动，希望得到群众的谅解，得到党的宽大处理。

到双山镇，他们先住在一个学校里，每天要走八里地去劳动。当时的任务是在严冬到来之前把房子盖起来，每天和泥、脱坯、烧砖。这些劳动中最轻的是搬土坯，把它摞起来，然而就是这种轻劳动也是一个高血压心脏病患者力所不及，致使心绞痛不时发作。但父亲仍乐观地干着，他说这儿空气清新，是城市中所没有的。

不久严冬到来，人们告诉他，这里和北京不同，天气很冷，非买个大头皮鞋才能过冬，鞋是二十七元一双。父亲登记买了鞋。随即便写信向家里要钱。因为自从“文化大革命”以来，父亲每月只有七十元的生活费。我家一直是靠父亲工资生活，他要养活三个幼小的妹弟和年迈的姑姑，在我家吃饭的还有吴阿姨和李大爷。他的经济负担很重，没有存款。这七十元钱，他自己留二十元，五十元给家用，加上郑姨的工资，勉强维持生活。何况父亲还要订报、订杂志，这是他须臾不能离的，这就使他用于生活的费用更少了。父亲要买鞋，便成了我家的一项重大开支，引起风波。姑姑见状，便把我妹妹萨石寄给她的二十元寄给了父亲。姑姑不会写信，便让李大爷写信给我，告诉我这件事。我便立即给父亲寄了二十元，又写信给他说，以后我每月给他寄钱。父亲给我回信说，他可以勉强维持，如果我方便，就把钱寄到家里，他们更需要。其实我每月也只有七十元收入，我是想让父亲过得好一点。但是，我理解父亲更怜惜年幼的妹弟，觉得他们因他而受苦。为了安慰父亲，我照他的吩咐做了。我给父亲买了一个皮褥子，把我的一个短皮袄改成背心，托人带到双山去。想到父亲曾给予我的关怀和爱，我给他的实在太少了。

后来，我翻阅他的日记时看到，人们看他戴着棉帽子，劝他买一顶皮帽。可见他在寒冷的冬天，还是舍不得买必需的防寒用品。

1970年1月23日，在郑家屯的这批人，迁到湖北沙洋。24日路经北京，没让他们回家，就在民族文化宫地下室住了一夜。第二天又乘火车去汉口。26日到汉口，住了一夜。27日到沙洋，过汉水住到黄土坡农场分场畜牧队。在这儿，他又劳动了两年零三个月。

在这两年多的时间里，父亲每天都写日记，把他的生活简单扼要地记录了下来。很多事情，他没有和我讲过，是在他去世以后，看了日记才知道的。看这些日记，我的心在颤抖着，我更爱我的父亲，只是我再无法告诉他了。但是我想，他会知道，因为他的部分骨灰就放在我写字台旁边的书橱上，他将永远注视着我，直到我生命的终结。

刚一到黄土坡，让他到猪舍养猪。在他的日记本上，画出了猪舍图，什么地方养小猪，什么地方养肥猪，什么地方切猪饲料，什么地方是贮存室，什么地方住人，一一记得清清楚楚。关于饲料，他记得更是详细：饲料由七里湖内产的灵芝草枯草加洋白菜与精饲料（碎米与糠）合拌而成。一类饲料是含15%精饲料，喂哺乳母猪和流产母猪；二类饲料含10%精饲料，喂怀孕母猪；三类饲料含5%精饲料，喂一般肥猪。一、二类饲料用热水拌和即可，三类饲料要在头天晚上加少量水用脚踩压，次日喂猪。……这大概都是他要做的，所以记了下来。以后的日记里，每天都记载着他逐渐辨出的猪和它们的名字，如：三个月的猪里有名叫黑眼皮、尖嘴、小四眼的，四个月的猪里有一个叫小调皮，并且记下了它们的特性及需要注意的事。父亲是那么认真地对待工作，即使在做惩罚性劳动时，也不肯须臾放松。

后来让他种菜，他不只向当地农民学习，自己还买书看，研究育秧、移栽、施肥、除虫。当菜长起来，看到那茄子、西红柿结出漂亮的果实，青菜碧绿的菜叶，他都欣喜万分。我还记得在他给我的信中，告诉我怎样种菜，说人是活到老学到老，干什么都要用心，不管做什么事，看到成果都让人高兴，生活就有了乐趣和希望。

然而，我却在他的日记中看到，他种菜所付出的艰辛。如：

下午我在雨中栽莴苣秧，到五时四十分，衣裤皆湿，只完成一畦。晚读主要农作物的杂交技术。手脚都冻得发痛。（1970年3月11日）

早餐后因大雪覆地未出工。到菜房，张玉秀在研究菜地茬口及各种种植技术，决定将去年被淹过的黄瓜种泡种，看它能否发芽。午间，我用40度温水泡黄瓜种。（1970年3

月 13 日）

上午松土“分葱”，斫菜三十斤，泥泞担菜走不了。午饭后为大蒜追肥，举步也不易。今晚看黄瓜种子，只有饱满的变化，其它还看不出来。（1970 年 3 月 14 日）

早餐后去牵牛，并用牛车拉耙具到菜园，为种南瓜、苋菜平整土地。上午斫了六十斤大白菜用牛车带回厨房。这是我第一次驶牛车，又有了学习机会。也学会了耙地。（1970 年 3 月 17 日）

早餐后到菜地斫菜，跌了一跤，脚插入菜地，泥没短靴拔不出来，跪在地上勉强斫了六十斤大白菜，与扎喜旺徐分别担回送交厨房。下午到苗圃排水，晚五时半回来，全身是泥。买晚饭时，又跌了一跤，一同志扶我回房，勉强吃了饭，还看了报。（1970 年 4 月 10 日）

早餐后我去斫大白菜，上午完成三百斤，送到厨房。午间杨某买来小葱三百二十斤交栽种。拟借三连手推车运，未借到。我担了六七十斤到菜地，又担回五十斤大叶青到厨房。遇到三连家属，借到车运葱，我一个人推不动，找来文正一才运到菜地，又从菜地运回大白菜三百斤。因太累，晚头疼甚剧，不能学习，在月下散步。昨日到卫生所量血压，高压 204，低压 100。（1970 年 4 月 15 日）

八时出工种冬瓜，我一人担粪完成四垅，约 280 窝子。（1970 年 4 月 18 日）

早四时五十分起床，即出发去拔秧，今日又学会了一种拔秧的方法。午饭后到湖地插秧。这是我第一次插秧，湖

地水有深有浅，未犁好，田的土壤有软有硬，很不好插。水深没到膝以上。（1970年5月23日）

早五时半起，六时出发去沙洋看病，遇到吉日木图同走。到沙洋早餐后，我去看病，他去补鞋。今日，我低压高到110，大夫嘱作轻劳动，并出了证明书，警告勿重劳动，以免脑溢血。买了一本批判反动小说、电影文章的汇编集。晚餐后通知，明日迁往七里湖。（1970年5月30日）

5月31日，父亲和民委下乡搞斗、批、改的人们一起搬到了在沙洋东岸的七里湖。这里原是湖北省工交口的五七干校。民委五七干校分占这里的两千多亩土地，房子是工棚（席棚加木竹架）。这里离沙洋镇十二华里。宣布了作息时间：五点半起床，六至七时“天天读”，七至七时半早饭，七时半出工，十一时半收工午餐，十二时至二时半午休，二时半至五时半劳动。饮水每人每天供四磅，有水票。

到七里湖不久就通知，让父亲改做二连的放牛工作。从此，他就和牛打起交道。这里的牛棚共有牛八头。父亲第一天放的是武斗最凶的公牛八号。牛鼻绳脱落三次，使他极度紧张，又犯了心绞痛，一天下来劳累非常。后来，有时也让他放母牛和小牛。经过实践，父亲才知道公牛不能和公牛相处，只要互相遇见，双方都会烦躁不安，如不牵开，接着就一定是相斗。可是这种“遭遇战”很难避免，因为其他连队，其他系统，都有牛，总会相遇。牛怒起来，不顾一切挣脱绳索，直奔对方，相互追逐。碰到这种情况，父亲实在无能为力，但仍得踉踉跄跄去追赶。就是放母牛，它那巨大的身躯随便一摆动，就能把父亲甩一个趔趄，要是在沟边，就往往把他甩进沟里。到了夏天，牛要卧水，牛有时又把他也挂进水里，弄得浑身皆湿。尽管牛这么不好放，他还是对它们产生了感情。特别是母牛新生了那只小牛犊以后，他每天给母牛煮黄豆，让它吃好，哺乳小牛。小牛会吃草以后，他又采一些嫩野菜来喂它。就是当牛把他弄倒，或是牛弄断鼻栓跑了，把他弄得狼狈不堪，他首先想到的是怕他们没吃饱。父亲有一颗多么慈祥的爱心。

自从突然搬到沙洋五七干校，一时之间，他和家人失去联系。当他在沙洋第一次收到从双山转过来的妹妹萨石给他的信时，在日记上写道："收到家人的信是令人高兴的。"他的心里牵挂着的，一是自己的问题何时能解决，一是孩子们的生活与前途。虽然他的高血压心脏病很严重，医生不断警告他，给他开证明书，让他从事轻体力劳动，但他知道，如果自己看重自己有病，徒然增加自己的心理负担，群众不会谅解，也不会宽待他。所以他交上医生的诊断书，并不指望休息。即使让他休息，他也只休息一两天，然后依旧出工。他并不把病放在心上。

斗、批、改的进程那么缓慢，谁着急也没用。父亲也知道，只有等上面的问题解决了，才能解决下面的问题。他只能耐心等待。实际上，经过这么长时间的内查外调，又经过运动的反反复复，谁是怎么回事大家心里都有数。但是谁也不能轻易表态。一切得看大形势。

1970 年 4 月 11 日，忽然有人问父亲，为何不交党费。父亲的心立刻激动地跳起来。自从 1967 年 5 月被拒收党费后，已经有三年了。有人来问，就是说要收党费，就是说还承认他是共产党员。他感到非常高兴，当天就送去了党费四元二角。虽然党费占了他全部生活费的五分之一，他的生活更难维持，但他还是把这当作大喜事写信告诉儿女：收他的党费啦！审查总算有了一点进展。

劳动是非常费衣服的，他的塑料雨衣、套裤破得不能防雨。他的衣裤破了，自己一补再补。与他同在七里湖劳动的李月波一切看在眼里，他把这事告诉了北京的家里。我的小妹妹社旗写信把这事告诉了我。说他们将给父亲买雨鞋，但家里没有钱能买一件结实的雨衣。塑料的便宜，但一挂就破。我立刻给父亲买了一件结实的军雨衣寄给他。这时，在北京的家里只有年老的姑姑、吴阿姨带着妹妹和弟弟。说实在的，一切都靠吴阿姨安排，要不是她，这个家早不存在了。几次街道来人让搬家，说是三反分子不能住这么好的房子，有解放军要住。吴阿姨据理力争，她说："现在，没有什么三反分子住，就是我带着老太太和小孩子，户主就是我。我自己是贫下中农，在村里当过干部，儿子是解放军。你们把矛头对准谁？"街道上的人一听，也觉得不好办，就不了了之。吴阿姨从生活费中挤钱给父亲买雨鞋也是很不容易的。她把我们家的事一直当作自己家的事，把我们家的人全看作是自己人。这也是因为父亲待她好。她刚从安徽到北京在我们家当保姆时，在家乡还有一儿一女。后来女儿来到北京，嫁到郊区农民家。儿子则一直在我家长大，高中毕业后参军，是个有出息的青年，他也和其他弟妹一样叫我大姐。

到了 1971 年，林彪反革命集团被粉碎后，国内局势开始有了好转。民委五七干校对斗、批、改对象的管理也略为放松。父亲在信中常提到，一些有家属在五七干校的“走资派”，身体不好的，儿女可代为劳动。我知道，他身体不好，坚持这些年已经非常不容易。可是我们家的成员都没有人能去看望他。郑姨随新华社在山西劳动，我和妹妹萨石都遭揪斗，不能离开单位，老三新旗在山西插队，老四社旗上高中，老五共旗在上小学。父亲当然知道这些，只是，他分明是十分思念家人了，也是由于他经常犯心脏病，加上干校也发生了干部猝死的事。他在给我的信中说，他已是风烛残年，就像蜡烛一样，说不定什么时候一阵风就会吹灭。我是长女，一定要照顾好幼小的弟妹。当我回信说，这是当然的事，他可以放心。他就来信说，这是我对他的允诺，要我要实行诺言。父亲对幼小弟妹真是柔肠百结。但是父亲的心情，因他们太小，还不懂。

1972 年 1 月，我得到“解放”。第一件事就是请假去探亲。我要去探望所有的亲人。我先到北京，回到久别的家。姑姑和吴阿姨见到我，如见到死而复生的人。姑姑喜极而泣。她们历数了几年来的苦难。妹妹社旗说，父亲已向民委领导请求回家探亲，没同意，但允许女儿去看望他。我即决定，先去镇江看望我的生母，然后从镇江乘船到汉口转沙洋。社旗也要去看爸爸，我们便约定在沙洋见面。我去镇江途经天津，在天津工作的妹妹萨石，如约带着她女儿洪津在站台上和我见面，彼此泪眼相望，都以能活着相见是最大的安慰，相约在镇江见面后，火车就开动了。

在镇江，母亲每天做好吃的东西给我吃，她又善言词，把几年来的遭遇描绘得如历历在目。几天后,萨石带着女儿也来了,妈妈更是高兴,一定要我们在她那儿过一个团圆的春节。她说,反正社旗已去了沙洋,你爸爸有人陪,晚两天去也没关系。可是,也正是在这时,我收到了我堂妹萨仁的来信,是姑姑让她写的。信上说,郑姨回来后,不让社旗去看爸爸,所以姑姑让我赶紧去沙洋,免得爸爸盼望。第二天,又收到社旗的信,信上说:大姐,没想到妈妈不让我去看爸爸,我怎么说也没用,我又不能不听她的。爸爸已经向领导借了钱,而且已经寄回来了。还和领导说了,给我们安排住的地方。你快去吧!

我把信给妈妈看,她看后愣住了。她说,我不留你了,你赶快去吧!我这儿有这么多的人一起过年,你爸爸身边一个人都没有。她让弟弟帮着买船票,我又上街去给爸爸买了许许多多他爱吃的东西,就动身了。不料江轮误点,到汉口,是早上九点。等我到了汽车站,才知道每天只有一班车,早上七点开。当天是到不了沙洋了。这天正好是阴历大年初一,天下着蒙蒙细雨,我在积水的路上跑来跑去,虽然买了一把伞,但是鞋全湿透了,还是没能和阿爸在一起过年。而且这个大年初一,是我一个人在一个小旅店度过的,心想着,阿爸不知怎么盼着呢,真是心急如焚。

第二天一早五点钟,我就到汽车站去,生怕买不着车票。不过那天乘客不多,谁在过年时出门。中午我到达七里湖干校。我走进大门,碰到一个人,就问他二连在哪儿?他问我找谁,我说萨空了。他竟然十分热情地说:我带你去!而且还说,我们知道你们要来,不是两个人吗,怎么只有一个人?我说,我妹妹来不了啦！我心里想，在这么闭塞的地方，大约一点小事都会变成新闻。

这位同志把我径直带到牛棚。父亲就住在牛棚顶头的一间竹棚里。此时他正在补裤子，他看见我，似乎有点意外，因为我曾写过信说晚两天来。他给我介绍与他同住一室的谢鹤筹。谢伯伯和我说了两句寒暄的话就出去了。他是让我们父女可以说说话。

我告诉阿爸，社旗不来了。他说，已经知道了。阴历二十九，从北京有人来，给他带了两瓶益寿宁，并告诉他，郑小箴已回家，决定叫社旗不来。我们都不再谈这件事。接着我把带来的东西都拿出来，摆在床上。阿爸感叹地说，这些东西都好久好久没见过了。我让他吃一块奶油蛋糕，我知道他爱吃。他吃了，也让我吃。我说，我回去还可以买，你留着慢慢吃吧！

我打量阿爸，比1967年显然消瘦而苍老了。我摸摸他床上铺的褥子，是那么薄，被子也不厚，而且破旧。他身上穿着一件旧棉袄，上面加着我给他的皮背心，蓝罩裤有补丁，而且洗得发白了。这一切不由得使我想起他在桂林夹山的尼姑庵的牢狱生活，真让人心酸。

爸爸领我到安排给我住的竹棚里，那里已经搭好了一张床，又借来了被褥枕头。这时，吉日木图来了，他把我带到他家，让我在他家等着，他又和父亲去借来一个炉子，还帮忙生了火。吉日木图在内蒙时，我曾见过他，我还记得那时他身穿皮革短外衣，很神气的，几年不见，真不敢认了。

住处安排好，已四点多钟，是打饭的时候了。父亲带我去食堂打饭，人们都向我们投来善意的目光，有的还打招呼。一直是孤身一人的父亲，此时有女儿在身边，也显得有几分得意。正好碰上负责管他的领导，父亲给作了介绍。

我和父亲在我住的地方一起吃饭，因为是过年，吃的熘肉片。饭后，父亲带我到和他一起劳动的扎喜旺徐和文正一叔叔处小坐。他们也是我过去认识的。扎喜旺徐是我们的邻居，就住在我们家旁边。文正一是在内蒙古社会主义教育运动时在牧区认识的。现在都今非昔比了。不管怎样，在这种境遇下见面，大家都感到亲切。

以后的几天晚上，我和父亲总是在我住的地方聊天。多年没有交谈了，有多少话要说啊！他告诉我民委运动进行的情况，我也把我的情况告诉他，同时，还把听到的传闻告诉了他。当我谈到内蒙古“打内人党”的情况，抓“内人党”一直抓到基层蒙古包的牧民时，他摇头说，怎能这样做。说到对所谓的“内人党”施以酷刑时，他愤怒地说，连起码的做人的道理都不懂。接着他又说，“文化大革命”，斗争激烈而复杂，各种人物都要登台表演，是锻炼人，也是暴露人的灵魂的时候。人总是要能自持，在任何情况下要坚持做人的基本道德规范。经过斗争，你也在成熟起来，善善恶恶要分清。不管一个人的地位多高，也都有一个把握自己的问题，任何时候不能放肆。我自己也是一样，回想起来，也有许多值得检讨的地方，深深体会到做人的不容易。

我向他叙述了家里每个人的情况，他听了以后，深沉地说：“我能想象到一切，我了解他们。在这困难的时候，尤其是因为我使他们陷入困难的处境，我就谅解了一切。你也应当这样。

现在，在我们这个家里，你是大姐，你有责任照顾好家里的每一个成员。他们和你是血肉之亲，要有宽阔的胸怀，要明事理，一笔写不出两个萨字，这是我对你的嘱托。你是知道的，在政治上我一直十分严谨，现在回想起来，也没有什么问题，你不要相信任何谗言，我会给你一份材料，如果将来，我身后有什么尾巴，你一定要据理澄清。”

阿爸仿佛在安排后事，我真不知该说什么好。我含着眼泪说：“这一切我都知道。我就是脾气倔，不会说好听的话，但我从没有坏心。你身体会好起来，现在政治空气已比以前好多了，你的问题会解决，主要是保护自己的身体。”

父亲可能觉得气氛过分沉重，忽然说：“是的，我为了增加维生素，自己在牛棚后种了几棵洋葱，吃点生洋葱也很有益。”我强笑着说：“你真有本事。”

我想说点让他高兴的事，就说起我在镇江时，妈妈可笑的举动。我到镇江火车站，从天桥往下走，从高处往下看，在熙熙攘攘的人群中，那个转动最突出的人就是我妈妈。我一下子就看见了她。在家里也是她的话最多，说个没完，可是大家也热闹地谈起来时，再看她，她却在那儿打盹了。父亲听了笑着说：“她这个人准能长寿。”我又说起妈妈现在的老伴，为人忠厚，待我们都很好。我们在镇江时，连日雨雪交加，萨石的女儿洪津才几岁，穿着一双布棉鞋，总往院子里跑，鞋很快就湿了。这位老人跑上街给她买了双皮鞋，一穿太大，他又冒雨出去换了一双。爸爸说，有这么个人相伴，也是她的福气。我又说起洪津上小学一年级，想加入红小兵的组织，可是因为萨石被揪斗，没批准。一天晚上，萨石很晚才从学校回家，看见小女儿在汽车站等她，哭着告诉她，红小兵不要她。洪津呜咽着说："我不参加红小兵了。等我长大了参加红卫兵，他们水平高，会要我的。"父亲眼圈红了，勉强笑着说："真是个傻孩子。"

当我拜访了几家相识的人以后，我才更深刻地理会到，父亲孤身一人在干校的可怜。凡是带家属来的人，可以由妻儿打饭或是自己在家做饭，有人照料生活，嘘寒问暖；有人可以谈话和商量问题；甚至子女帮助劳动。总之，有家人可以分担心灵上的痛苦，得到亲人的慰藉。而父亲全然没有，他自己一个人要承担一切。也只有在这时，我才体会到，为什么姑姑听说家属可以去沙洋时，一定要去沙洋照料自己的弟弟。虽然她已七十多岁，但她那一份对弟弟的爱心，使她敏感地意识到，弟弟身边应该有人，哪怕是她那样的老人，也能给予慰藉和力量。但是，当时大家都没想到这些，遂做了不去沙洋的决定。

第二天，父亲给牛添了草，便来和我一同吃早饭。然后就带我参观七里湖。他带我去看他常去放牛的东边。当他带我登堤坝时，他蹬蹬直往上跑，险些跌跤。我忙扶住他，说：你别走得那么急，慢慢走，摔了多不好。父亲说：不要紧，不快跑就上不去。我想，这是他的经验，也说明他用多大的勇气来克服他力所不能及的困难。登上堤坝，向前远眺，确实是一片辽阔的田野，让人感到心胸开阔，精神振奋。这儿一定是他喜欢的地方，所以带我来了。

走下堤坝，父亲带我到统战部五七干校看看朋友。这些人看见我来了，都为父亲高兴。还向我介绍说，父亲身处逆境不忘学习，放牛也背着个“小马扎”，带着杂志或报纸。牛吃草，他也吸收“养料”。我笑着说：“我爸爸就是‘迂’。”

我们到了一个小卖店，父亲买了我爱吃的麻酥糖和京果条。父亲告诉我，为了我们要来，他向民委借了一百五十元钱，一百元寄回家了，给社旗做路费，自己留了五十元，等我们来了用，现在他身上有钱。平时每月二十元是勉强维持，吃饭十二元，党费四元二角，买点日用品，订报就很紧张了。看病要先垫钱，然后再报销。他有几元做周转金。粮票也很紧，因为劳动强度大，吃得多。买红薯也要粮票。我说，我将把带来的粮票全留下，以后将给他寄钱。

下午去看了他的“牛们”。他一一介绍，特别是那只他看着出生和饲养大的小牛，它的确是可爱。他又领我到牛棚外，让我看看那让他摔了无数跤的、善于武斗的 5 号和 8 号公牛。那时，正好一头拴在树下，另一头谢伯伯正牵着从远处走过来。刹时间，两头牛都发出不安的哞哞的叫声。父亲说：“你看见了吧，他们一见面就叫。原先我以为它们是逞凶，后来才明白了，其实它们是互相害怕。”

晚饭前，有人来叫我们吃饭，晚饭后，也有人来问我吃住怎样。以后，我在沙洋的几天里，每天都有人来问寒问暖。我心里十分感动。这些同志原先我并不认识，我想：他们是借我来的机会，向父亲表示善意和关心。世界上总是好人多。

一天下小雪，我就和阿爸待在牛棚里。他喂牛、饮牛后，我们就坐在他的床上闲谈。同时，我找出他的破毛裤修整好，破裤子补好，还给他钉上扣子。我看到这些还是 1969 年离开北京时带出来的铺盖和衣衫,都已破旧不堪。我感到有愧,自己关心他太不够,没想到他竟处在缺衣少食的境地。我忍不住说:“阿爸,你毛裤破成这样了,怎么都不向家里说?”他回答说:“家里也困难。”唉,他总是事事先替别人想,我又能再说什么呢!

我又陪阿爸到沙洋看病。早晨六点半搭上了干校去沙洋的拉煤大卡车。父亲双手拉住车帮,猛地一脚踏上卡车的大轮胎,又一脚跨上车厢。我也随着爬上车去,心想,这么高的卡车,爬上爬下多危险!再看他,坦然自若,仿佛是一件平常的事。看来,他就是一直这么搭车的。我问他,他说,搭上车是幸事,自己走路到沙洋得一个多小时呢!

从七里湖到沙洋镇要过江。我们到达江边,正好有一条渡船要撤跳板开船。我看父亲猛地冲了上去,一下就站到跳板上,身子还在摇晃又回过头来招呼我快上去。他的动作简直把我惊呆了。他怎么净干这种莽撞的事。整个渡江的过程,我都在想:他已经是六十五岁的人了。人为了生存不得不做那些力所不能及的事。搭不上车,就得走,就会耽误时间,就会受到训斥;赶不上船,就得等,就会赶不上医生看病的时间,就会白跑一趟,就得再请假,就得看脸色……这就逼得人不得不豁出去!常说环境逼人,这就是环境逼人!

父亲让我看汉水两岸,江雾浩渺。他倒挺乐观,有心情看风景。我心中一直在盘算,一定要找个人来陪他一起生活。我那在山西插队的妹妹新旗,反正在那儿也是三天打鱼两天晒网,经常回家,干脆让她到沙洋来。我们这个家虽说也是“两茬”,但是我们姐妹、姐弟之间感情还是好的。“文化大革命”初期,新旗在山西左云插队，离呼和浩特近。我那时在内蒙古日报已被揪斗了。她带着一包黄豆来看我，进了报社大院，就打听我的住处。正好碰上了文革委的人，以为她来串通什么，不让她和我见面，硬要她马上走。她说没钱买票，他们就从我工资扣了三十元给她。她要留下黄豆，他们答应了。新旗走后，他们把我叫去，告诉了我这件事，把黄豆给了我。我生气地说："你们也太残忍了，她不过是个十七岁的孩子，她对我的事一无所知，你们这样做让她哭哭啼啼地走，有人心吗？"在回宿舍的路上，我抱着黄豆，边走边落泪。我心疼我的妹妹。正因为我们姐妹之间有着应有的亲情，我才敢于这样策划。

我陪着阿爸上医院看病，大夫给他量了血压，血压仍是高。父亲告诉大夫，我是他的女儿，来看他来了。大夫同情地说："那你一定很高兴吧！"父亲说："这是自从1969年离开北京以来，第一次见到亲人。"我的眼泪一下涌了出来。

我们去取药，有些必需的药也没有。我说等我回去买了再带来吧！我们又到牙科医院，父亲又把我介绍给牙医。牙科大夫说：你父亲真坚强。你们应当好好照顾他。我听得出这话的深层含意。父亲的假牙做得不好，我说重新做一副。这位牙医，看来和父亲已经熟了，便说：别做了，你还能在沙洋住多久？回北京再做吧！他的话给人以希望。父亲听后笑了。

父亲带我去商店，告诉我在沙洋镇能买到什么。他买了三块熟肉，说要送两块给扎喜旺徐叔叔。又给文正一叔叔买了本世界地图。因为我只给吉日木图送了点东西，没给他们，他觉得过意不去。他们三人都热情待我，他很高兴。我们父女俩在小饭馆吃饭,一种暖洋洋的亲情滋润着我们的心。

我和父亲商量让新旗来沙洋的事,他先是怕耽误了新旗在山西劳动,造成对她影响不好,后又怕郑姨不同意。我告诉他,新旗在山西的同学,绝大多数都回北京了,她去不去劳动,根本没人管。她自己会愿意来。至于郑姨,给她说明沙洋的情况后,她会同意的。父亲同意了我的建议。另外,就是应当让父亲的好朋友们知道他的情况,我打算回北京后去拜访他们。父亲也认为可以。

这样,就决定了我准备离开沙洋。我去拜望了来看过我的人,感谢他们对我的关心,拜托他们关照我年老多病的父亲。特别是对几位在沙洋主持工作的领导们,希望能帮助尽快弄清问题,让他到北京治病。大家都很客气,通情达理。

沙洋干校的领导,还请人帮我买回程的汽车票,我十分感谢他。我向父亲说,不要着急,不是某个人和他过不去,一切必须放到大环境中看,自己该做的,要努力去做,水到渠成。至于生活,我会帮他安排好,要有健康的身体,才能迎接光明的明天。我说的都是"老生常谈",大道理,他比我懂得更多。但是,要知道,人就是有这样的心理,别人说一遍就会是一种鼓励。

2月23日清晨五时十分,父亲送我上汽车站。他四点二十分就起来了,已经给牛添了草。吉日木图也赶来送我。我们一再说不用了,我没有什么东西。他还是送了一半的路程。我劝父亲和老吉一起回去,不用送了,我自己会走。他不肯,一定要送。我们边走边说话,六点半到汽车站。父亲带我到小吃店,两人合吃了一碗面,一人吃了一个油饼。不久汽车进站,我登上车。正好有一个干校同志的家属带孩子去汉口,父亲要我照顾她,下车时帮她拿东西。

父亲一直等汽车开才肯回去。汽车终于开动了,我心里十分难过。我想,父亲一定和我一样。

当晚,我登上回北京的火车,第二天下午到达北京。回到家里,进入饭厅,看见全家人都在。社旗一见我,就躲进卫生间哭了。我问郑姨,为什么不让社旗去看爸爸,爸爸有多么想念她们。郑姨说,家里没钱,寄来的一百元还债还不够。我告诉她,现在正在落实政策,民委被解放的干部都补发了工资。我讲了干校许多家属都在帮助家长劳动,爸爸身体很坏,需要有人照顾。爸爸也希望新旗去。新旗可以帮爸爸劳动,照顾他的生活,爸爸可以帮新旗学习,这不是挺好么?这时,社旗也从卫生间出来了,主张新旗去沙洋。郑姨说,那就看新旗的意思吧!新旗说:去就去呗!这样,这件事就决定了。此后,新旗就准备去沙洋要带的东西和用品。

我和社旗去拜望了胡愈之伯伯。胡伯伯听说我刚从沙洋父亲处回来,详细地询问了他的情况。我说,他血压很高,一直降不下来,心绞痛时常发作,劳动很重,还缺医少药,他急需到北京治病。胡伯伯非常关切。他问了我几个传闻的问题,我一一给予澄清。胡伯伯明了了一切。他让我们告诉爸爸,他已知道一切,让他放心。

自从新旗到沙洋后,父亲心情也好了起来。起初,新旗只是在生活上帮助照料一下,渐渐地就能和父亲一起去劳动,后来自己也可以放母牛和小牛了。

以后父亲给我的信中,就不断说到新旗。父亲带她看病,父亲帮她学习,虽说也给他添了事儿,可是看得出他高兴。任何人,不管你多坚强,也还需要精神的安慰,父亲也不例外。

这期间,父亲带新旗去沙洋看病时,被偷去了钱包,丢失了六十元钱和二十五斤粮票。在那困难的年代,这是不小的损失。当晚他给我写信,不无后悔地责怪自己,不该把钱和粮票都放在皮夹子里,又说自己太大意了。我连忙写信安慰他,给他寄钱和粮票。后来,他来信告诉我,他向领导借钱,竟答应了。我的钱寄到时,他已经有钱花了。

1972 年 5 月 19 日,一位同志到牛棚来和父亲谈牛棚的工作,又谈,让他写斗私批修检查,指出在《立报》时期,在集中营,以及解放后的工作问题,希望快写,但也不要太赶。还强调了实事求是。5 月 22 日,军代表来和父亲谈话,要他写好斗私批修检查,争取一次通过。那样月底就可以回北京治病,需用钱,可以借。父亲向军代表说,已三年没和妻子通信,对家里的事也不太了解。军代表说,可以通知她,让她请假回北京。父亲心里激动起来,这是一个信息,总算等到要解决他的问题了。

第二天,他四点就起床,让新旗代他放牛,自己开始写斗私批修稿。同时,他又向一些同志争取帮助,听他们对他的意见。他还写了封信给郑姨,报告这个好消息,也让新旗给我写信报告好消息。父亲的兴奋可想而知。

25 日,又有人来催问,要他在 27 日以前交出检查稿。26 日,父亲交出斗私批修稿,他觉得太仓促了,怕写得不好,心中忐忑不安。27 日上午,父亲照常去放牛。中午回来吃饭时听说,下午要开全连大会,介绍他和扎喜旺徐的审查情况。四点钟,有关领导把他找去,给他看了他的历史审查结论,让他修改斗私批修稿,还要提高认识。

这天,父亲在牛棚前,种了一棵柳树,上面刻上了种树的日期。

5 月 29 日晚七时半,在二连的厨房开会,由父亲向群众作斗私批修检查。会开到十时才结束,经过热烈的发言,最后通过了恢复他的党组织生活的决议。

第二天父亲去沙洋镇取牙,同时给郑姨和我发了电报。给我电报的电文是:恢复组织生活,二号回京治病。

萨空了从沙洋五七干校回到北京家中留影

一切来得那么快,真让人觉得突然。就我们多年企盼的心情来说,它来得似乎太平淡了。我拿着电报向《内蒙古日报》的领导请假回北京,他们立刻就同意了。我和我的丈夫官布 6 月 7 日到达北京。这时,被封的北房已经打开,大家正在清扫。

父亲是 6 月 3 日清晨离开沙洋的,中午到汉口,下午给家里发了电报,当晚乘上火车。4 日下午到北京。三叔、三婶、社旗、共旗和堂妹萨仁，以及父亲的好友闵刚侯的儿子闵大宏，都到车站迎接。当晚住在东房北边的屋子里。这天收到郑姨从山西寄来的信，说一时还不能回来。第二天，民委的同志来，并送来一张床和四把椅子。

父亲首先去看望了闵伯母柏心慧。父亲在沙洋就知道了闵刚侯伯伯去世的消息，十分悲痛，但当时无法表达自己的感情，所以一到北京首先偿还这份心愿。然后，他去拜望了胡愈之伯伯和沈兹九阿姨。在那儿又遇见了楚图南夫妇。他们谈了一个上午，因为闭塞，许多事都不知道，这时他才知道老朋友范长江、孟秋江、高崇民等已去世，也是在这时他才知道，胡伯伯曾写信给统战口负责人刘友法同志，询问他的情况。这可能就是促使他的问题加快解决的原由。

回到北京，他到医院彻底检查了身体，证实他患有高血压、冠状动脉供血不足、心肌劳损和轻度糖尿病。北京的医疗条件比沙洋好多了，他需服用的药都能得到。

9 月 28 日，民委通知父亲被“解放”和恢复党的组织生活被上级批准，可以从沙洋把关系转回北京。

12 月 21 日，统战口领导刘友法和父亲说，要他参加民委临时领导小组。父亲说自己水平不高，身体不好，不宜再工作。刘友法劝他参加，临时领导小组由军代表唐铁侬、丹彤和他三人组成。父亲答应临时参加，以后再说。这样，他又开始了工作。

1973 年春节前，我回到北京。这是开始“文化大革命”以来，各自经受了苦难的历程后，全家在一起度过的第一个团圆春节，除了父亲和郑姨，有我们夫妇和三个孩子——刚纪、刚树、托亚

1973 年春节,全家人在北京福绥境 42 号家中共度团圆节

夫;萨石和她的丈夫李峰带着两个孩子洪津、捷津;我的三个小妹弟——新旗、社旗、共旗;还有姑姑、李大爷、吴阿姨和她的儿子赵必高,这些人吃饭就得两桌。大年初一,我三叔全家也来了。这个春节过得分外热闹,大人们的谈笑声,孩子们的嬉戏,甚至争吵,都给节日增添了无穷的乐趣。晚饭后还放了许多爆竹和烟花。沉寂多年的小院,一扫萧索之气,焕发出生机。这是继北京解放初期家族大团聚之后的第二次大团聚,可叹的是"人非昨"了。

一天晚上,父亲拿出二百元钱给我。他说,去年 12 月他拿到了补发的工资,所以给大家分一点。我坚决不要。从我记事起,就知道父亲从没有富余的钱。年轻时,他挣钱不少,但我妈妈会花钱,开销大,剩不下什么。后来,由于太平洋战争,丢失了一切。后来,又被捕入狱,生活更艰难。后来到香港《华商报》,收入微薄。这笔钱,大约是解放后他手中最多的了。但是,这又是付出什么样的代价才攒下来的啊!我怎么能要这种烫手的钱。父亲说,大家都一起受了苦,分一点是他的心意,他已经给了家里所有的人,包括李大爷和吴阿姨,还给了一些在危难时帮助过他,或现在生活困难的老朋友,并不是单单给我。我坚持不要,并回到了自己的住房。姑姑正好在那儿,我向姑姑说了这事,姑姑说,她也不要,但父亲非给不可,她只好收下来。她说:"我给他收着吧!"这时,父亲又把钱送了过来,说:"你收着,不要我就再没有了。"我听懂了他的意思,那我也替他收着吧!

父亲去世后,我在他的日记本里看到一封夹着的信。信是徐淡庐伯伯写的,大意说,我们四十年交往,谁也没有做过令对方不快的事。你现在又提到还钱,让我非常不高兴。这种小事不足挂齿,不要再提它。我不知道徐伯伯是否记得这件事,他现在还健在。回想起几十年来他和父亲的友谊,真是令人感慨万端。老一辈人的友谊,那真诚,那无私,是我们后辈所望尘莫及的。在他们看来,友谊是给予、是奉献,不是交换,更不是利用、索取。这是中国人自古以来的传统美德。我还记得,我很小的时候,父母给我讲过俞伯牙和钟子期的故事、羊角哀和左伯桃的故事,那为朋友不惜牺牲一切的深情,让我落泪,以至终生不忘。我以为友谊应当是这样的高尚。

父亲从沙洋回来后,消息不胫而走,许多老朋友都来看他。

甚至有些多年不见的朋友,也会出现。经过浩劫,友情似乎比以前更被看重了。大家庆幸重逢,唏嘘离世的朋友。可能是年龄的关系,他们常常谈到往事,谈他们年轻时的故事,也许是惋惜光阴荏苒,风华正茂的年代一去不返。我记得有位张建良伯伯来看过爸爸。他总是谈笑风生,看上去是个乐观开朗的人。父亲也戏谑地称他张胖子。其实他并不胖,也可能以前是胖的。有一次他在我家吃饭,我看他不大吃肉菜,就请他多吃些。他说:“姑娘,我没有牙,吃不了。”我感到奇怪,为什么不镶呢?他说医疗关系还没接上。我不便再问就含糊过去了。事后,父亲说,这个人曾和潘汉年一起工作,曾立过功。第一个从蒋管区驾机起义到延安的飞行员刘善本的工作就是他做的,他还负责把刘的家属送到解放区,后来因受潘汉年牵连入狱,刚出狱,又碰上“文化大革命”,直到那时问题还未完全解决。

我忽然领悟到,老年人爱谈过去是有他的道理的。青年时期的峥嵘岁月,一夜之间全被颠倒,谁能甘心?但又无以辩明。只有找一个能听懂的老朋友,回忆回忆往事,从中得到安慰,从中得到希望,甚至得到生活的力量。还有一些人,在“文化大革命”中失去了亲人,他们心灵上的负担与痛苦,也只有在回忆中得到瞬息的解脱。

“文化大革命”最艰难的岁月终于过去了。

故地留痕

四川成都是父亲出生的地方,广西桂林是父亲被囚禁的地方。这在一个人的一生中,都是值得纪念的。说来也巧,正是这两处地方,父亲都得到重游的机会,使他能留下笔墨痕迹。

1978 年 5 月间,全国政协秘书长齐燕铭同志就和他谈了让他去政协工作的事。那时已是粉碎“四人帮”以后,批判了“两个凡是”,邓小平同志已经提出“尊重知识,尊重人才”,要求“完整地、准确地理解毛泽东思想体系”,提出拨乱反正的时候了。统战工作、政协工作正在百废待兴。

正是在这时候,由于邓小平同志对编纂《藏汉双解大辞典》做了重要批示,国家民委和国家出版局决定在四川成都召开大辞典工作座谈会。父亲和民委及民族出版社的同志一起前去参加。他自己知道,这将是他在民委做的最后一项,也是他一直最关心的一项工作。

父亲重视文化的继承与发展。这二者是不可分割的,就像是任何一种植物,没有根哪能有繁茂的枝叶?他当年主张影印《五体清文鉴》就是从这个意义上考虑的。那是解放初期,当时编纂一部辞典有一定难度,重印旧辞典总可以有所借鉴。现在要出版一本新中国自己编纂的藏汉大辞典,是一件多么大的好事!这无论对发展民族文化,或是交流民族文化,以至于促进和巩固民族团结都有重要意义。更何况,粉碎“四人帮”以后,反映出人民群众是多么渴望文化书籍,你只要看看每当书店出售一部中外名著或工具书,有多少人在排长队,你就不能无动于衷。经过十年浩劫,在一片荒芜的沃土上,人们期待着绿荫。

提到这部《藏汉双解大辞典》,不能不说说它的由来。这本书的主编张怡荪教授是著名西藏文化研究专家。早在 1928 年,他还在清华大学任职时,接触过不少藏文资料和国外藏学研究的著作,很受启发。西藏是我国领土的一部分,藏族有着悠久的历史和灿烂的文化,但是从事这方面研究工作的人却很少,他矢志要改变这种状况。在陈寅恪先生的鼓励下,他决心编纂一本藏汉辞典,以沟通藏汉文化,为研究西藏学提供必要的条件。他从清代以来的藏文辞书《五体清文鉴》、《西域同文志》,民国以来的藏汉辞书和专著,以及国外的藏文典词中,收集了大量词汇,动手编纂,直到1945年才完成了十大册藏汉辞书的蓝本。解放后,在党和政府的支持下,年近古稀的张怡荪教授,怀着"日暮苍龙犹行云,老树春来还着花"的壮志,于1958年,率领由中国科学院四川分院派出的大辞典编纂组前往拉萨。又在西藏自治区筹委会有关单位的支持下,组成了一个有藏族知识分子参加的强大的编写班子。经过四年的努力,收集词汇的工作告一段落,转入正式编写。1964年,国家民委为辞典的编写工作召开了专门座谈会,肯定了古今兼顾,古为今用的编纂方向,确定了增减内容的七条原则。到了1966年,大辞典的初稿整体规模基本形成。

十年动乱,大辞典被说成是"大毒草",张怡荪被说成是"反动学术权威",其他编写人员被遣返回乡,卡片资料被封存。尽管如此,张怡荪编纂辞典的决心毫不动摇。1977年11月,张怡荪写信给邓小平和方毅同志,要求恢复《藏汉双解大辞典》的编纂工作。1978年初,邓小平同志作了批示,就开成了这次的座谈会。

参加这次座谈会的除了民委、出版局、四川省的领导同志外，还有四川、青海、西藏自治区有关部门、中国社科院民族研究所、民族学院、民族出版社的领导同志和藏、汉族语文专家、辞书专家和出版工作者。这中间有的同志，过去就参加过这项工作，为它付出过心血，“文化大革命”中为它遭批斗，但他们对它怀着真挚的热情，愿意为之贡献力量。

几天的会议，除了介绍原有《藏汉双解大辞典》初稿情况和增订意见外，还对编辑体例、收词标准、例句解释等细节广泛交流了看法，并决定争取在1980年出版。经过这次会议研究，决定把这部原来供阅读藏文古典书籍用的综合性工具书，修订成对研究藏族历史、文化、宗教、医学和语言都有使用价值的百科类辞典。

父亲深深体会到，要出版一本高质量的辞典何其艰难。但是，它是反映一个时代对一种民族文化的认识水平，即使不是最完善的，也将为以后的修订打下基础。

关于辞典的座谈会结束后，他本应即刻回京，由于恰巧全国政协要组织参观团到四川活动，齐燕铭同志让人打电话来，征求他的意见，可否留在四川参加此次参观团的工作，作为召集人之一，也是临时党支部的负责人。父亲愉快地表示同意，但请他们和民委领导商量。这对即将到政协工作的父亲，是一次熟悉工作的机会，同时也得到一次故地重游的机会。

趁等待参观团到来之间的闲暇，父亲和成都的朋友到馆子吃四川的各种著名小吃，坐小茶馆品茶，过了两天悠闲的生活。他还去参观了乐山大佛寺。在乐山文管所的同志热情接待和引导下观看了全寺，在高70多米的大佛旁边拍了照片，还为他们题

1978年，全国政协赴四川参观团在成都参观时，萨空了与叶圣陶、叶至善合影

写了毛主席诗词一首。然后又到了乌尤寺，在尔雅台看了青衣江、沫水、岷江三江合流处。从乐山到峨眉报国寺，当晚住在那里。第二天一早，乘车到太平桥，由此上石阶，在同行的搀扶下，借助手杖之力，中间多次休息，他竟然走了十四里，登上万年寺，自己非常高兴。在和寺院僧人攀谈时得知，该寺建于晋代（公元4世纪），原名普贤寺，7世纪初改名白水寺，16世纪改为圣寿万年寺，1946年焚于大火，除殿砖残留外，全无它物，解放后才重新修缮。现在寺院的塔顶像西藏庙宇的风格，殿内有铜铁铸造的文殊普贤骑象一尊。父亲在万年寺饮峨眉竹叶青茶一杯，就下坡到清音阁，然后下山返回报国寺。峨眉文管所的同志们请他题字。父亲为他们写了“名山起点”四字榜书，又在册页上写了几句话：“蜀道今不难，得识峨眉秀；古稀攀万年，壮心仍如旧。”

后记写道："1978 年 5 月 23 日登万年寺，峨眉文管所嘱留此鸿爪，期能再来，当夜宿报国寺。"

政协的参观团是 5 月 28 日晚到达成都的。这次政协委员赴四川参观团，是经邓小平同志批准组织的。团员有爱国民主人士和学者。他们是：周建人、董其武、萨空了、吴茂荪、古耕虞、叶圣陶、叶至善、孙孚凌、严信民、杜聿明、吴觉农、宋希濂、张克侠、侯镜如、费孝通、郭明秋、班禅·额尔德尼·确吉坚赞、雷洁琼、曹靖华、黄维、黄鼎臣、程思远、蹇先任。四川是"四人帮"破坏的重灾区，又是抓纲治国后恢复得较快较好的地区，工农业都得到显著的发展。参观访问将使政协委员们亲自了解"四人帮"的罪行，也可以看到当前形势的好转。

在成都，参观团到了工厂、农村和学校。每到一处，当地负责人都详细介绍情况，再加上大家实地考察、提问、交谈，就觉得了解情况更深入些，确实有收获。

参观学习团还去了灌县参观都江堰。这是父亲过去走过的地方。他们登上了毛主席曾眺望都江堰工程的地方，那里被称之为幸福台。从这个台可以看到，经过新建和加固，都江堰的面貌已全改变。坡下有个二王庙，里面的塑像已换成新的。原有的鱼嘴分水堤、飞沙堰溢洪道、宝瓶口等处都已成为现代化工程。当晚回到住地，他写了一首诗：

蜀道啼鹃事可悲，
百战归来吊劫灰。
青城永留云梦影，

一心萦绕在离堆。

题记是:"赴都江堰车中口占,1978 年 6 月 7 日"。我想,这首诗里包含着他对 30 年前与他同游此地的方琼凤的纪念。

参观学习团到重庆后,他们参观了《新华日报》营业部,苏联大使馆旧址,以及红岩村,曾家岩 50 号周公馆和桂园。这些都是过去他常去的地方。就此事,父亲在日记上不无遗憾地写道:"可惜未能去旧时与叶剑英同志同坐过的防空洞看看。"他们还乘车游览了市容。因为架了桥,汽车径直开到了江北,然后折回到朝天门码头看江景,又到枇杷山红星亭看全城灯火。灿烂的灯光把山城的廓影勾划无余,江中轮船上的灯火缓缓移动,宛若群群流动的星星。就在这天,父亲写了一首诗,纪念他的朋友陶行知:

重到北泉忆昔日,
育才半稀半干时。
全国桃李今开遍,
应念恩师陶行知。

这首诗在回到北京后,他写成条幅,题赠给我。它至今挂在我的书房里。这简短的诗句,纪念着父亲当年在江北集中营的艰难岁月,也纪念着我和妹妹苦荼在陶行知创办的育才学校里度过的艰苦生活。它提示我,不要忘记过去。

6 月 21 日,政协委员一行,在朝天门登上江峡轮顺江而下。

第二天一早即进入瞿塘峡。大家站在船头看船迎峡而进，等到船驶近巫山十二峰时，听从船上同志的建议，大家又到船尾去看，果然甚是好看。大家深感古代文人墨客对三峡的描绘并非杜撰，山景风情饱览无余。由于同行的政协委员都是名人，在盛情邀请下，大多为船上题了字。父亲写的是：

神女依旧高峰立，应惊全国盛世多，抓纲治国频胜利，犹如后浪促前波。七八年六月江峡轮嘱书。

这年春节，我回到北京，父亲谈起四川之行说，在参观诸葛武侯祠时看到一副对联，并随口背诵说：

能攻心则反侧自消，自古知兵非好战；
不审势即宽严皆误，后来治蜀要深思。

他说这对联写得好得好。

这一年的12月，父亲又作为中央代表团的成员参加了广西壮族自治区成立二十周年纪念活动。他参加了庆祝大会，参观了工矿文教单位，参加了座谈和游览。虽说是刚刚病愈，却感觉很好，而且还写诗自娱。如：

凌云直上九千米，
航程四千五百里，
来庆壮区廿年，

喜看处处是春天。
满眼热带树，
街头各族人，
团结促四化，
壮乡处处春。
夏识峨眉三峡秀，
冬来邕江漓水游，
山河无处不秀丽，
人物今日几风流。

中央代表团还到桂林参观，父亲住在榕湖饭店。榕湖饭店就在过去的环湖路上，离饭店不远就是我曾就读过的桂林女中旧址，离我们曾住过的三多路也不太远，只是由于日程太紧父亲

萨空了（右二）与胡愈之（左二）、程思远（左三）、郑小箴（右一）在桂林合影

未能去看看。

他们曾顺漓江而下到了阳朔。沿途观看那清澈的绿水和那座座拔地而起造型奇特的青山,什么屏风山、螺蛳山、母鸡山、玉指山、碧莲峰等等,真是名如其形,不由得引人思绪翩翩。在阳朔,大家登上迎江阁小憩的时候,听说周恩来伉俪曾和陈毅伉俪在此拍照,大家也纷纷在此留影。据父亲说迎江阁名不符实,应称为迎江亭,因为它没有窗格。回程父亲在车上又吟诗一首:

山笋江狭清见石,
竹丛倒影水添色,
奇峰怪岩数不尽,
最难忘处留仙阁。

桂林的七星岩、龙隐岩、芦笛岩、叠綵山、独秀峰等名胜,解放前父亲都看过,经过修葺比以前好多了。当他听说这原来八桂之乡的桂林现在已遍地桂树时,感到格外高兴。遗憾的是他们到桂林时正值冬季,桂花已开过。若是秋季,那街边的桂花都绽开金黄色的小花,散发出甜蜜的香味,将会给桂林增添不少魅力和风采。听说,决定在桂林种桂树的领导人在“文化大革命”中为此事而受冲击。父亲笑着说,那也值得,他留下的名副其实的“桂树之林”将千秋万代永存。

最难忘的是 12 月 25 日下午,这天父亲去夹山饭店拜访了正住在这儿的画家钱君匋。钱君匋带领父亲去寻找三十五年前他曾被囚禁过的尼姑庵。经过别人的指点,竟然找到了那遗址。

只见房屋倾圮，山洞倒依然存在，周围的松林已全被砍去，在那里建设了汽车修配厂和综合电机厂。据说原在那尼姑庵里的老尼和幼尼皆已故去。

陪同父亲前去的郑姨，在这里为父亲拍了照片。回去的路上，父亲买了一藤杖作为纪念。他还写了一首诗：

三十五年后，重访夹山村，庵堂半倾圮，老尼已化尘，旧事云烟散，新猷喜在心，全力谋四化，余生献赤忱。

题记是："十一届三中全会后访原被囚禁处，1978 年 12 月 27 日。"

建国后在民盟工作

父亲是从 1948 年春，才开始在民盟总部担任工作的。那时，在蒋管区的民盟总部被迫解散，民盟的一些领导人到香港召开了民盟一届三中全会，宣布恢复民盟总部，并公开声明与共产党密切合作，推翻蒋介石独裁政府，拥护建立民主联合政府。在这次会议中，他被推选为代理对外关系委员会主任。此后，他为民盟做了不少对外联络和宣传工作。

1949 年 2 月，民盟总部由香港迁到北京，并成立了临时工作委员会。父亲到北京较晚，未参加。

同年 5 月，统战部决定接收原成舍我办的《世界日报》，拨给民盟创办《光明日报》，并让胡愈之、萨空了、林仲易去筹办。6 月

16 日,《光明日报》出版,由胡愈之担任总编辑、林仲易任经理,父亲担任秘书长。

这年 12 月,民盟一届四中全会召开,这次会议上,张澜、沈钧儒被选为主席、副主席。下设政治局,并成立了民盟总部。父亲被选为中央委员,并担任了总部联络委员会副主任。这是民盟在新中国成立后的第一次会议。四中全会修改了盟的章程,在四中全会通过的《中国民主同盟宣言》中明确指出:“中国民主同盟是人民民主战线中的一个组成部分,是一个以知识分子,特别是小资产阶级知识分子为中心的政治联盟。它的主要任务就是团结广大知识分子、开明的工商者和华侨中的爱国民主分子。”“我们热诚地、郑重地接受中国人民政治协商会议共同纲领为中国民主同盟的纲领。”“我们诚恳地接受了中国共产党的领导。”

自从 1941 年,中国民主同盟的前身中国民主政团同盟成立,随着中国民主革命历史进程的发展,它逐渐从一个广泛的中间政治力量,发展成为和中国共产党密切合作的政治组织。1949 年召开的四中全会,在党的“长期共存,互相监督”的政策指导下,民盟的发展更进入了新的阶段。从此,它作为党的统一战线的组成部分,参加社会主义革命和建设。

1953 年 5 月,民盟召开一届七中全会,撤销了政治局,改组了总部。胡愈之被推选为秘书长,父亲改任宣传委员会副主任。

由于当时他还担任新闻总署副署长的职务,后来新闻总署撤销,又担任了出版总署副署长的职务,工作很忙,在盟内做具体工作不多,但是总部召开重要会议或骨干会议,他都参加。

1956 年 2 月,民盟召开第二次全国代表大会,推选沈钧儒为

萨空了在中国民主同盟中央委员会院内留影

主席,副主席是章伯钧、罗隆基、马叙伦、史良、高崇民。胡愈之仍为秘书长。父亲被选为中央常务委员。

1958 年底,民盟召开第三次全国代表大会。这是在"反右派斗争"以后召开的大会,民盟总部的机构和人事有很大变动。此次大会推选沈钧儒为主席,副主席有:杨明轩、马叙伦、史良、高崇民、胡愈之、邓初民、陈望道、吴晗、楚图南。闵刚侯任秘书长。父亲仍是常委,兼任宣传部长,副部长是李文宜、王健、张毕来。那时,父亲还担任国务院民委副主任的职务,又正赶上为庆祝建国十周年,要赶建民族文化宫。为此,父亲曾提出过不担任民盟具体工作,但统战部指示说,这个任务还是要承担,由于民盟宣传部的干部力量是强的,他可以把主要力量放在民委。

民盟宣传部的任务,主要是在统战部、政协学习委员会和民盟中常委的领导下，组织领导盟中央学习小组的政治学习和理论学习。根据不同时期，学习毛主席著作、党的文件、报刊发表的时事文章和理论文章，学习盟的文章，组织讨论，并做总结汇报。具体学习什么，如何学习，都由上面安排下来，宣传部根据上面的布置做具体安排。宣传部编辑印发《学习简报》和《盟讯》，还编了一种《学习参考资料》，是把报刊上发表的重要文章汇编起来，印发给盟员作为学习参考。宣传部还负责代表民盟发言或发表文章的起草任务。

从1958年民盟三大以后，直至“文化大革命”兴起，随着国内政治形势的变化，对知识分子团结、教育、改造的要求不同，学习的方式、方法也有所不同。总的目的是，通过学习，改造世界观，成为社会主义劳动者。父亲始终是按照党的要求，履行着工作任务。

1966年“文化大革命”开始以后，统战、政协及各民主党派统统被砸碎打倒。民盟盟员和全国人民一起经受了十年浩劫。有的领导人离开了人世。

粉碎“四人帮”以后，党中央进行了一系列拨乱反正的工作。1977年10月，在肯定了民主党派的历史功绩和积极作用后，号召各民主党派把工作活跃起来。七个民主党派成立了临时领导班子。由于史良身体不好，民盟当时的工作主要由胡愈之主持。父亲也参加了这个临时机构。1978年7月11日，民盟成立了一个工作委员会，成员有：胡愈之、李文宜、沈兹九、萨空了、高天、张毕来、林亨元、王健、费孝通、罗涵先。下设办公厅、组织部、宣传部，确定当年就要到各地调查研究，并在重点地区举行座谈会。此后，民盟工作委员会的同志们，先后到各地调查研究，交流情况，总结经验，宣传党的政策。在逐渐医治了创伤之后，恢复了生机。

1978年12月，父亲和胡愈之、沈兹九、王健等一同参加了中央代表团赴南宁，庆祝广西壮族自治区成立二十周年纪念活动。在南宁和桂林期间，曾召开了部分盟员座谈会，听取了情况汇报，了解了要求，同时也传达了党中央的精神。在广西召开座谈会也是盟中央工委调研的一部分。特别值得提及的是，在桂林召开座谈会那天，正值党的十一届三中全会公报发表，大家都很兴奋。党的工作重点转移到社会主义现代化建设上来，知识分子有了贡献自己力量的机会，这让压抑多年的知识分子，一扫心中的阴霾。只要政策落实，过去的都过去了，要照邓小平同志所说的，解放思想，实事求是，团结一致向前看。

12月27日，父亲和胡愈之一行，乘飞机赴广州，因为将在这里举行民盟的工作会议。广东和广州的统战部和民盟的同志们来迎接，住进了迎宾馆。在广州他们访问了有关领导和盟员，以及一些老朋友们，听取了各方面的情况。

1月3日，李文宜、费孝通到广州，1月4日，高天、张毕来由湖南、湖北到广州。也就在这天，《人民日报》发表特邀评论员文章《完整地、准确地理解党的知识分子政策》。这对工作会议是送来了及时雨。1月5日，民盟工作会议在广州东方宾馆召开，会议由胡愈之主持。

与会者的发言反映了实际存在的思想情况，如：民主党派的性质问题；长期共存，互相监督还要不要；落实政策，平反昭雪；

心有余悸等等，但是大家也都看到了社会主义建设的远景，愿把自己的知识贡献给祖国。

1 月 9 日，民盟工作会议结束。

1979 年 2 月 28 日，父亲又去天津参加了民盟的三北会议。

同年 10 月 11 日，民盟第四次全国代表大会召开。从 1958 年召开第三次代表大会，已经过了 21 年。大会由史良致开幕词，胡愈之做了工作报告，并修改了盟章。胡愈之在工作报告中指出：在新的历史时期，民盟是中国共产党领导下的革命的爱国的统一战线的一个组成部分，是以社会主义知识分子，特别是文教科技界中的上层知识分子为主的社会主义劳动者和拥护社会主义的爱国者的政治联盟。民盟的任务是广泛地团结所能联系的文教科技界的中上层知识分子，其中包括社会主义劳动者、拥护社会主义的爱国者和拥护祖国统一的爱国者，在他们中间发挥带头作用、骨干作用和桥梁作用，为在本世纪内把我国建设成为社会主义的现代化强国，为实现祖国统一大业而奋斗。

这次会议推选史良为主席，副主席是：胡愈之、邓初民、楚图南、苏步青、华罗庚、彭迪先、萨空了、李文宜、费孝通。秘书长是高天。

这次大会在讨论中，大家最关心的是盟的性质和“右派”改正问题。盟的性质在后来通过的盟章中，有了明确的说明。是以社会主义知识分子和拥护社会主义的爱国者的政治联盟，是在党的领导下进一步为社会主义服务的政治力量。从此解除了资产阶级知识分子组合的烙印。在“右派”扩大化的问题上，盟的领导人也承担了自己的责任，改正了错误。这是一个全国性的问题，大家也比较好理解。

父亲是个严谨的人，凡不该说的话绝对不说。记得1958年反“右派”后，我的在北京外语学院教书的妹妹萨石也被打成“右派”。她要求入党总解决不了，于是贴了张大字报，说吸收党员不根据党员六条标准，而是喜欢唯唯诺诺的人。后来让她辩论，辩论后划为“极右”分子。妹妹不服，回家向我们说。我也觉得这样处理太过分，但是知道没有办法，劝她忍受。我记得妹妹大哭。父亲只说了一句话：“没见过你这样的人，因为要求入党，反而被打成右派。”他没有再说别的话。

后来妹妹下放劳动。他只劝她好好劳动，努力改造世界观，再争取入党。我们对他说的话都不爱听，觉得是空话、套话。但他始终不放弃这个想法。妹妹摘掉“右派”帽子以后，他更是要她争取入党。

“当了右派还能入党？”妹妹生气地说。

“为什么不能？只要你改造好了就能入。”他说。

“从来没听说过，哪个当过右派的人还能入党。”妹妹说。

“那你就试试。要是按照党的政策精神办事，改造好了就应当吸收。”父亲回答。

“除非向你申请。”妹妹挖苦地说。

父亲不再说话。

现在回想起来，父亲对“右派”问题自有他的看法。没有想到一划终身。他一直以为对一个人的看法是应当历史地看，辩证地看。

党的十一届三中全会以后，“右派”改正问题提上了日程，妹妹的问题得到了纠正，而且，真的像父亲说的那样，她还是入了党。当妹妹回家报告这个好消息时，阿爸显出得意的笑容。

此后，有些同志来信向他反映错划的问题，或来找他帮助解决某些难题，他都重视，而且一定回信或给予力所能及的帮助。

在我整理他的遗物时，曾看见有一个大的信封，里面有当年被错划为“右派”的费孝通、吴文藻在1974年1月给胡愈之的信，有胡愈之给我父亲和童小鹏的信，还有父亲给童小鹏的信和一些有关资料。

父亲在信中写道：

附上胡愈之同志送我转你的费孝通写的信和民院革委会给民委转来的费孝通、吴文藻的信，内容一样，就是费、吴提出的：“关于开展对资产阶级民族学批判的建议”及其附件（美国人类学者给费、吴的来信）。费要求胡约杨东莼和我与他们谈。胡嘱我将信转你，胡倾向同意他们的建议。

费、吴在民族学院一直为其他单位译英文书，费曾和我说，他们仍想在民族研究方面作工作，无产阶级文化大革命后，民院历史系一直未招生，该系其他教员也曾向我反映，据说现各大学历史系都未为研究少数民族历史培养接班人，希望民院历史系恢复招生，使过去参加过解放后民族历史、语文调查的教员发挥作用，培养接班人。乘此机会，我也将这情况反映给你，请考虑给以指示！

1974年2月5日

看来,在 1974 年,解决这个问题的时机还不成熟,所以信封上批着“暂不处理”。

我还在他的日记中看见关于给浦熙修平反的事:“浦熙修追悼会我致悼词。让我审阅各方面的新闻稿,发现记者不知道过去的历史。我要求他们不要删去提供材料中浦熙修在较场口惨案和下关血案中的表现。”“我向刘澜涛秘书长谈了有的新闻单位不报道刘王立明和浦熙修改正右派的情形。他主张我们向他们争论。”

1983 年 12 月,民盟第五次全国代表大会召开,为适应新形势,盟章又做了一些修改,增加了一些新的内容,如:“开展与盟员及所联系的知识分子有关的问题的调查研究,反映他们的意见与要求,维护其合法权益,调动他们为社会主义服务的积极性。”“本盟要鼓励盟员不断更新知识和技术,发挥专长,在工作岗位上起积极带头作用。要组织和推动他们开展调查研究,对国家建设事业提出积极性意见和建议,发挥咨询作用。要组织和推动他们开展面向社会的活动,采用多种方式,通过多种渠道,积极参与智力开发。”等等。

“五大”仍推选史良为主席,副主席是:胡愈之、楚图南、苏步青、华罗庚、彭迪先、萨空了、李文宜、费孝通、闻家驷、钱伟长、高天、叶笃义、谈家桢、陶大镛。秘书长是叶笃义。

1985 年,史良去世,9 月民盟五届中常会第八次会议推选胡愈之为代理主席。

1987 年 1 月 2 日,民盟召开全国代表会议。有鉴于第五次全国代表大会以来,民盟主席史良,代理主席胡愈之,副主席华罗庚,和一些中央委员、候补中央委员先后离世,以及一些领导人年老体弱,调整了领导班子,增补了中央委员和候补中央委员,并讨论了今后盟的工作任务。

这次会议决定:名誉主席是楚图南,主席是费孝通,副主席是:彭迪先、萨空了、李文宜、钱伟长、高天、叶笃义、谈家桢、陶大镛、千家驹、关梦觉、罗涵先、马大猷、冯之浚。

其实,在这时,我父亲已年老多病,实际上做不了什么工作了。

1988年10月8日,民盟召开第六次全国代表大会,父亲已不能出席参加。这届大会以后,父亲也将不再担任民盟的领导职务。说来也巧,正是在大会闭幕那天,10月16日,他离开了人世。仿佛是他的政治使命完结了,他的生命也完结了。不过,由于他正是在大会闭幕那天上午九时零一分去世的,得到了代表们共同为他默哀悼念的机会。

民盟第六次代表大会,在民盟的历史上又是一个里程碑。它实现了新老交替,制定了盟史上的第四个纲领。在关于盟章的修改说明中,指出:“民盟的地位,是在它长期发展中确定的。章程总纲开宗明义,就指出本盟创建时的理想与初衷,而历史的发展和形势推移则把它推到一个新的历史方位上,成为以共产党领导的多党合作体制中的组成部分,对现代中国历史的进程负有重任。这个地位为民盟提供了在我国国家政治生活的广泛领域发挥作用的机会。”“本次会议所制定的章程总纲中,重新规定了民盟的政治纲领,它包括两部分:一部分是民盟的基本任务和奋斗目标,另一部分是现阶段政治主张十二条,它反映了我国统一战线的新形势和社会主义民主政治的新局面。”自从1949年第一次中国人民政治协商会议在北京召开，制定了共同纲领以后，民盟作为参加政协的一个单位，是共同纲领的制定者之一，一直是把共同纲领作为盟的政治纲领，不再制定独立政纲。所以这个纲领其实是它的第三个纲领。

遗憾的是这一切父亲看不见了。

自从中国民主政团同盟1941年在香港向世界宣告成立起，父亲为它工作了四十七年。关于他在民盟的工作，原民盟名誉主席楚图南在1988年11月1日《人民日报》上发表的悼念父亲的文章中这样写道：

> 早在抗日战争前夕，1935年12月，空了同志就参加了上海文化界救国会和新闻界救国会的发起活动。1936年1月，又是以沈钧儒为首的组织上海各界救国联合会的发起人之一。……救国会于1942年正式加入中国民主政团同盟（中国民主同盟前身），空了同志又以全副精力投入民盟的工作。其实早在1941年7月在香港，他就响应了党的号召，并受民盟的委托，承担起了筹办民盟机关报《光明报》的任务。《光明报》是民主同盟的重要宣传阵地。由梁漱溟任社长、俞颂华任总编辑、空了同志任总经理。在他们的共同努力下，《光明报》于1941年9月18日在香港创刊，10月10日发表了中国民主政团同盟纲领和《中国民主政团同盟成立宣言》，表达了中国民主党派的声音，也支持了中国共产党的主张，在中国历史上是起过积极作用的。空了同志也

为中国民主同盟的创建做出了贡献，并成为民盟中著名的活动家和优秀的领导人之一。1945 年，他参加了民盟第一次全国代表大会。1947 年国民党宣布民盟为非法团体，民盟被迫解散。沈钧儒等民盟领导人化装从上海到达香港召开民盟一届三中全会，宣布民盟和共产党合作，为推翻国民党反动统治，建立新中国而奋斗。空了同志为这次民盟具有历史意义的会议做了大量工作和广泛宣传，是出力最多的人之一。1949 年 12 月，民盟召开一届四中全会扩大会议，他被选为中央委员。1958 年在民盟第三次全国代表大会上，他被选为常委兼宣传部长。1979 年在民盟第四次全国代表大会上，他被选为副主席。几十年来，他为民盟沿着正确的方向发展壮大，为贯彻党的统一战线方针政策，做出了杰出的贡献。

每个人都生活在一定的历史环境中，他的行为都受着一定时代规范的制约。毛泽东同志在《纪念孙中山先生》一文中曾有过一段话，我以为是有道理的："像很多站在正面指导时代潮流的伟大历史人物大都有他们的缺点一样，孙先生也有他的缺点方面。这是要从历史条件加以说明，使人理解，不可以苛求于前人的。"

父亲是一个平凡的人，当然不能同大人物相提并论。但回顾他的成绩与不足，这句话是适用的。是的，千秋功过，有待后人评说。

在政协机关工作

1978 年 7 月,父亲正式到政协全国委员会担任副秘书长和机关党组成员。他分管的是政协工作组的工作。

那时,政协工作组已先后成立了十四个:文化组、教育组、工商组、科技组、国际组、民族组、宗教组、医卫组、法制组、经济建设组、华侨组、妇女组、对台组、体育组。各组的召集人都是这方面的著名人士。工作组的任务是了解情况,研究情况,反映情况,并提出报告和建议。这个工作无论对建设现代化社会主义国家或是调动知识分子的积极作用,都有重要意义。父亲非常重视工作组能起的纽带和桥梁作用。

我在翻阅他的日记时看到,其中记录了许多各工作组组织报告会、座谈会,以及出外调查研究的情况。仅从 1981 年二、三、四三个月来看,就组织了二十多次活动,如:国际组由钱俊瑞讲《美国经济问题》、薛涛洪讲《国际形势与中美关系问题》、郑森禹主持讨论国际问题;科技组组织《经济调整中的科技问题》讲座,分别由赵石英讲《实行专利制度,鼓励发明创造》、黄秉维讲《森林的作用》、汪振儒讲《也谈森林作用》、江小珂讲《北京市污染情况和防治的初步设想》、阎敦实讲《石油资源》等;经济建设组由顾秀莲讲《轻工业两年的发展》、宦乡讲《八十年代世界经济形势》、杜润生讲《农业问题》等;文化组由叶君健讲《北欧三月访问》、王子野讲《出版工作》等;宗教组由沈遐熙讲《朝觐和访问海湾四国》等;教育组由董纯才讲《五讲四美》等,……每次报告会来听讲的政协委员都很踊跃，连胡厥文、胡子昂、杨秀峰、钱昌照、康克清这样的老年领导人也乐意参加。

工作组办公室还组织了委员们的调查研究工作。1980年一般性调查参观，就组织了263人次，专题调查组有6次，每组四至十五人。父亲参加了天津和承德的调查组。

在承德参观访问时，父亲对修地方志十分注意。他在日记中写道：

翻阅承德府志，该志为重订本(木刻)，出版于光绪十三年(1887年)四月，由知府廷杰教授李世宁重订，四函，廿六册，凡八十六卷。木印于光绪年，书实成于道光九年，因是年12月21日热河都统成格已奏请予以鼓励。此书著者是承德府知府海忠，总纂也是他，且是他独力捐款创修的。在此以前，乾隆四十三年曾有过一部热河志书，序中还提到，书是以大清一统志作为蓝本。在这次翻阅此书，主要是歌颂的东西，但也保存了不少文献史料，还理出了一些地理历代沿革。看来修地方志这件事还是可以提倡的。

在承德，他们政协委员们一行还看到了一次少见的美丽景色，大家欢呼雀跃。父亲对此作了记录：

晚餐后七时二十分，赴避暑山庄烟雨楼，时乌云低压，雨点零落。到烟雨楼后，忽然云去日出，使磬锤峰在夕落下呈金黄色，湖中亦有了金黄色锤峰侧影，‘锤峰落照’这一名胜，竟偶然得见，众皆赞叹遂写五言诗一首纪之：‘片云头上黑，同游烟雨楼，锤峰金落照，无诗意境幽。’这晚，赵朴初、魏传统都写了诗词。朴初写的‘临江仙’，是赠十世班禅的，因此地须弥福寿之庙即扎什伦布寺的缩小，为1780年乾隆为六世班禅兴建，今适二百年。班禅对此很感兴趣。

1981年，父亲参加了政协全国委员会文物调查组的工作，并担任了这个组的组长，副组长是程思远，成员有：蹇先任（中组部副秘书长）、王朝闻（中国美协副主席）、单士元（故宫博物院副院长）、郑孝燮（国家城建总局顾问）。他们第一站到的是郑州。

河南地处黄河中下游，是我国最早开发的地区，从氏族社会、封建社会，几千年的历史曾在这里展现辉煌。因此，地上地下文物古迹甚多，但也正因如此，文物保护的问题也更多，而且破坏情况极为严重。他们从参观座谈中得知，保护古文物与兴修水利、城市建设、机械耕作都会产生矛盾，这就是新时期的新问题了。如：修水渠、城市扩建盖房打地基，在无意中就可能已毁坏了古代文物。再如：寺院开放，旅游的人越来越多，再加上一些宗教活动，也都可能使古迹损坏。还有盗卖文物也是一个严重的问题。“文化大革命”中，由于不认识文物的价值破坏文物，现在又因知道了文物的价值破坏文物。中国的文物灾难何其多。

从父亲在开封记的一篇日记中，可以看出他们一行人参观访问的情况：

九时三刻会见开封第二书记李静(女),同去参观。先去看北宋太平兴国二年(公元977年)建的铸塔(铸塔之称系郑振铎所定)。塔建于繁台上,故亦称繁塔。塔已用新砖修补过。周围湫窄非迁走一工厂不可。再到公园看铁塔,因外色如铁故名,实为大型琉璃塔。建于公元1049年,共十三层,八角形,高55.881公尺。曾毁于国民党炮火,解放后修补完好。然后又看了大铁引接佛,在一小亭内,重十五吨左右。再乘车到龙亭,是一个公园,是一个有制高点的大殿。冯玉祥把这儿的佛像都毁了。以革命名义毁古物可见是很早就有了。现在的龙亭大殿是北宋和金的故宫。亭前左为杨湖(水清),右为潘湖(水浊),民间传说附会杨继业、潘洪一忠一奸。亭前有冯玉祥时雕塑的孙中山像,矮小,艺术质量不高。下午到甘、青、宁会馆,为一小学所占,有美好的砖、木雕,大家都主张让出来改为旅游点。又至延庆观,是道教全真教第一教祖重阳真人传教场所。建于元初,现为一化工厂所占,做胶鞋。据介绍,已拨款令其迁出。又到大相国寺,正在重修,庙中有千手千眼佛,有转经筒的说法,与清代接受西藏黄教影响有关。千手千眼佛正安置在大殿一殿,佛座高,佛顶已顶到藻井,我建议改高藻井,最后又对相国寺改建方案提了意见。参观后,陪者要求留字很坚决。我写了几句:"辛酉新春到,闻鸡盼中兴;故人发及白,诸贤志成城。政协诸同志81年访相国寺留念。"

第二站到的是西安。这也是中国著名的古都之一,有十二个朝代在此建都，文物古迹更是名扬遐迩。在这里，文物工作者向他们提出了应利用文物进行爱国主义教育的问题和文物工作者后继无人的问题。父亲对那些勤勤恳恳几十年从事文物工作的同志充满尊敬和同情。有一次，他到一个文物工作者的办公室，看到墙上贴着一副对联："疾风知劲草，岁寒识松柏"，心为所动。回去在日记中写道："看到对联，写者与室主人的心情跃然纸上。文物工作大有可为，要加强这方面的工作，要培养人才，要给文物工作者评职称，鼓励他们做出成绩。"

第三站到的是太原。当天下午他们就参观太原的寺庙。第二天去了晋祠。父亲对圣母殿宋塑各像非常欣赏，久久不忍离去，他以为这么多栩栩如生的形象，应制成模特，供学生临摹。五台山的问题又与旁处不同。它是世界名胜，前来做佛事的人很多。他参观后觉得，这里不只是修复庙宇，还有一个提高僧人水平的问题。这里不是公园，更不是做生意的场所，是佛教圣地！据说，有个华侨来到五台山，看到如此情景，甚至落下泪来。父亲对如此现象非常惋惜。

在大同市，他们参观了云冈石窟、上下华严寺、善华寺、九龙壁等处。大同既是古都，又是汉族与北方少数民族文化交流汇合的地方，父亲以为，这里地上地下的文物对研究中国这个多民族国家的历史文化非常重要。大同市存在的问题是，大部分古建筑都分配给各单位使用，因此防止乱拆乱建，注意防火便成了重要问题。

他们一行对几个地方的文物做了调查研究后，父亲回到家里，高兴地对我说，我已给自己找了个可以干的工作。等我退下来了，我就专门调查研究文物工作。这里有许多事可以做，应该做，而又不是一般人能干的。他叹息地说，只有提高整个中国人民的文化素质，文物工作才能真正做好！

这一次政协委员赴豫、陕、晋的对文物参观调查，他们回来后便做了书面报告。

1982年，在调动千军万马，大搞社会主义现代化建设的形势下，落实知识分子政策的问题显得十分重要，为此全国政协又派出关于知识分子情况调查组去上海、浙江、江苏、山东做了为期一个半月的调查研究。调查组由八位同志组成：全国政协常委萨空了、吴亮平、杨放之、沈其震，政协委员单士元、郑孝燮；政协城建工作组组长佟铮。他们先后在杭州、上海、苏州、扬州、南京、济南、济宁、曲阜等地进行参观、访问，与各界知识分子座谈，还到了一些知识分子的住宅和办公室。父亲深深被我国知识分

1982年，全国政协机关派知识分子调查组赴各地调查。图为萨空了与知识分子座谈

子具有的传统美德所感动。尽管他们在政治上受到过歧视，工资低，住房窄，工作条件差，工作任务重，但他们更关心的是后继无人，关心国家科研计划的完成。特别是庞大的中青年知识分子队伍，他们是承上启下的一代。对这一批人，无论是学术提高或是生活待遇，都是更为突出和迫切需要解决的问题。

关于全国政协委员这次调查工作的消息，1982 年 7 月 13 日新华社发了一条通稿，全国各大报纸都刊载了。《光明日报》发表在头版头条的地位，标题做得也非常突出，而且态度鲜明。引题是“萨空了在汇报政协调查组关于四省市落实知识分子政策情况时说”，主题是“当前应特别注意解决中青年知识分子的困难”，副题是“出席汇报会议的政协副主席认为，要继续克服在对待知识分子问题上‘左’的影响，解决他们的困难，这是基本建设中的基本建设”。由于副题字太多，版面的安排是引题和主题竖排，副题（我说它是副题是从意思上这样看）横放在正文的上方，字虽小，但很突出。编辑部的匠心安排，反映了党对知识分子问题的重视。消息相当长，约一千五百字。它详细地报道了汇报的内容，除了知识分子的具体工作、生活情况外，“萨空了说，上海市现有在职知识分子三十五万人，其中中年人二十三万，占百分之七十，其它省市比例也大体如此。这些人多是在戴红领巾的年龄迎接解放，在红旗下长大，也是在党风最好的年代中由我们自己培养出来的。他们对共产党、对社会主义怀有深厚的感情，在业务上、技术上学得比较系统、扎实，他们中的绝大多数人已是各条战线的骨干。……萨空了认为，要进一步落实知识分子政策，特别是解决中年知识分子的困难，必须继续克服在对待知识分子工作上‘左’的影响，适当改善中年知识分子的工作条件和生活条件，还要适当改变干部的‘单位所有制’，促进人才交流。……”

这条消息发表后，在全国引起强烈反响，广大知识分子，特别是中青年知识分子，普遍反映感受到党和政府的关怀与温暖。还有许多知识分子给父亲写信，希望给他们具体的帮助，甚至还有从国外的来信，为他们的父母呼吁。我曾见过政协的同志把大批来信送到家里，也阅读过其中的一些，他们的企盼心情溢于言表。

我曾玩笑地向父亲说：“你为知识分子做了一件好事，我首先表扬你！”父亲说：“不是我，是党，是大环境促成。”

后来，我曾看过从美国北哈佛寄来的肖镜如先生的一封信，给我留下了特别深刻的印象，表达的是一个身在海外的中国知识分子对祖国知识分子问题的高度关注，他的建议也切中要害。

肖先生在信中说：“今天在七月十四日《人民日报》上知道您最近曾经为知识分子政策落实事到沪、浙、苏、鲁等地作了实地调查，并指出：‘要进一步落实知识分子政策，特别是解决中年知识分子问题上‘左’的影响，应适当改善他们的工作和生活条件，并改变干部的‘单位所有制’。您的建议真是切中时弊，相信政府一定会重视。……过去四年中，我曾四次回国，除讲学外，也曾参观国内外许多大专院校、科研单位、人民公社、企业单位与工厂等，了解一些情况。……我以为，谈到知识分子问题，似乎也不能忽略青年知识分子，他们的问题主要在‘学非所用’或‘学成无用’。还有一种现象是‘大才小用’或‘小才大用’。知识分子问题,其实就是人力资源开发与利用问题。知识分子是社会投资训练出来的宝贵‘人力资源’,不应当浪费,要充分利用并不断提高其利用效率。三中全会以后,政府各方面均在励精图治,并把知识分子问题当做基本建设中的基本建设,可见政府实事求是的决心,这是可喜的。……我特向您寄这封信,并提出正视青年知识分子问题的意见,供您和政府有关部门参改。”

这位肖先生的信很长,这里只是很小的一部分。的确,他的话反映了知识分子的实情。建国以来的知识分子政策一直是一个重要问题,极受关注,影响极大。直到三中全会以后才得到重视和改变。

1981 年 10 月,应美中关系全国委员会邀请,全国政协代表团访问美国。这次出访的政协全国委员会委员有:王首道、平杰三、萨空了、吴茂荪、贾亦斌、沈其震、黄家驷、王光英、吴大锟、白杨、朱启桢等。那时,出国访问不像现在这么多,还是件新鲜事。

他们 10 月 28 日抵达旧金山,在那儿参观了金门大学、加州大学,听了介绍美国社会、政府和政治情况的报告;和旧金山的美籍华人在中华文化基金会会见;参观了金门大桥和公园,坐游艇游览了旧金山海湾。

11 月 1 日下午,代表团乘飞机前往明尼苏达州的明尼阿波利斯市。在这里接待代表团的贝利先生是美中关系全国委员会委员,是《明尼阿波利斯论坛报》的总编辑。他曾多次到过中国。第一次在 1972 年,陪同尼克松总统一起去的。他的夫人是教中国学的,她主要研究对象是邓颖超同志。另外还有一位夏亨利先生是位律师,他出生在中国,他的父亲是曾在北京大学教过书的夏仁德教授。

在这里代表团曾和当地教授讨论过这个州的印第安人问题,参观印第安人中心,以及艺术博物馆、农场等等。他们还和妇女选举同盟会代表座谈有关该州的选举问题,参观投票处,观看选举过程和电子投票机的使用。明尼阿波利斯市的市长弗拉谢尔会见了代表团。

他们在圣保罗市与该市及明尼苏达州的行政官员和民主、共和两党的官员见面。在这里还座谈了“大众传播如何报道选举”。

1981 年,全国政协代表团去美国时萨空了与王首道(左一)、平杰三(左二)合影

11 月 4 日上午,代表团全体人员飞往华盛顿。受到中国驻美国大使柴泽民和大使馆官员,以及美中关系全国委员会会长罗森先生的迎接。第二天上午参观了白宫,布什副总统会见了

他们并赠送钢笔一只。下午参观了联邦最高法院,并和众议院外交事务委员会亚太事务委员会主席及首席法官见面。

在华盛顿,代表团还参观了林肯和杰弗逊纪念馆、国家美术画廊等,并与当地美籍华人见面。

11 月 8 日代表团前往纽约。中国驻联合国代表接待。参观了联合国、纽约股票交易所、世界贸易中心和百明代百货公司、联邦储备银行和金库。该银行第一副董事长和代表团成员座谈"美国经济和联邦储备系统"。

11 月 11 日美中关系全国委员会在华尔道夫大饭店宴会厅举行午宴和文艺表演欢迎代表团,11 月 12 日代表团回国。

父亲回国后,我问他有何感想。他笑着说,一是时间差太大,很不舒服;二是和我们没有可比性,没什么可说的。我看他不想说,也就不再问。十年以后,1992 年,我自己也去了美国,才明白了他的意思,但是这时我们的国家也建设得很好了。

1982 年的下半年,他一直非常忙,因为又加上了一个筹办《人民政协报》的担子。

《人民政协报》是根据党的十二大精神,在新的政治形势下立意创办的。它的任务是坚持四项基本原则,宣传党的统一战线的理论、方针、政策;宣传人民政协在贯彻执行统战政策和团结各民主党派和爱国人士方面所做的具体工作和成绩,以期调动各方面的积极力量,团结一切可以团结的人,形成浩浩荡荡的队伍,为建设现代化社会主义国家贡献力量。

父亲这年虽然已经七十五岁,但仍勉力担任了这个报纸的总编辑和党组书记。我们都为他担心。一是他年纪大了,经不

“文化大革命”后的国庆节

起劳累；再就是不可否认，老年人的思维能力，反应速度，都不及年轻人；再加上他已多年不办报，对现在的报社工作不熟悉，会更费劲儿。但他说，搭起架子后再让贤。

1983年《人民政协报》问世后，父亲收到一位读者来信。这位读者竟是五十年前上海《立报》的一位读者，他还记得父亲的姓名，记得《立报》，记得《小茶馆》，记得父亲当时用“了了”笔名所写的文章。他在信中写道；“看到《人民政协报》的总编辑是你，我就想起来当年那读着十分亲切的报纸《立报》，我希望你能办一张新时代的《立报》。”虽然这封信写在一张薄薄的纸上，但给父亲的是沉甸甸的期待。他一方面高兴，还能收到一封《立报》的老读者，又是《人民政协报》的读者的来信，另一方面又有点惆怅，因为他也许会让老读者失望。流年似水，岁月不再。毕竟现在不是过去，他已经年老了。他曾把这封信给我看过，我也深受感动。这封信从旁证明了《立报》当年给读者印象之深,以至几十年后,还能使一位老人有那份激情写这样一封信。

1983 年 6 月,父亲不再担任政协副秘书长的职务。《人民政协报》是他创办的最后一份报纸,也是他创办的最后一个事业。

第六章

桑榆夕阳红　斯人终逝去

在医院中

自从"文化大革命"初期,在批斗中父亲因心绞痛发作昏倒在地以后,这个病就一直经常发作,有时一天竟发作三次。我真不知道,他怎么挺过来的。1972 年被"解放"后回到北京,经过治疗,病情有了好转。后来又参加了民委临时领导小组的工作,随着政治形势的变化,他的工作又忙起来。他就是个闲不住的人,只要给他一项工作,他就会有一套计划,想到很多随之而来可以干的事。用老百姓的话说,他满眼都是活儿,总给自己加码。所以他的时间老不够用,工作总是那么紧张。

我们劝他悠着点劲,年纪大了,身体又不好。他全不着耳朵听。妹妹萨石想刺激他注意,便说:"阿爸,你忘了怎么说我来着。"果然,父亲放下手中的文件,抬头看着她。她忍住笑说:"你记得不?你总说我,'狗揽八泡屎,一泡舔不尽'。其实,我是跟你学的。你不也是给自己揽那么多活儿,赶罗得自己连上厕所都得审稿。"妹妹说着大笑起来。父亲也给她逗笑了,说:"我跟你不一样,你那庞大计划全不着边。这里的事都是非干不可。"说着又拿起文件。

原来妹妹每年暑假总给自己安排一个庞大计划,又是翻译,又是审稿,还要给儿子做衣服,给女儿打毛衣等等等等。结果是既没休息好,事也干不完。父亲就形象地说她是“狗揽八泡屎”,而且一辈子改不了。这回,妹妹可逮着一个机会,把这句话还给他。

1978 年 7 月,他调到全国政协去工作以后,由于统战工作刚刚恢复,工作十分忙碌。到了 9 月,他突然病倒了。那是 9 月 12 日的事。他中午回家开门时,忽然觉得手指生硬失灵,进入客厅坐了一会,仍感不适,又进入卧室躺到床上。更觉得右手和右脚失去了知觉。这时家里没有人。等了一会儿,弟妹回来,看见他睡在床上,忙问怎么回事,他让打电话通知医院。北京医院很快就派急救车把他接到医院。经过滴注菸酸和服药,病情渐渐有所好转。医生说是脑痉挛或脑血栓。后来又服中药和针灸,病情慢慢稳定。我后来看他的日记时发现,竟有四天没记日记,这是从没有过的情况。以后有两天写的字几乎不成形。他自己也在日记上写道:“今日试写字,字仍不端正。”可见有几天他竟写不了字,后来是有意识在练字。一周以后,字迹开始清晰,看来是有了大的转机。但是,他的精神状态一直很好。第八天就在病床上口占七绝一首:

马缨花开满院香,
友谊宾馆摆战场。
七千同志争鸣放,
旧梦依稀病榻旁。

父亲一住院，一些原已住院的朋友就来看他。首先是齐燕铭同志和李维汉同志，以后闻讯来的人更多。他坦然从容地谈自己的病，毫无忧虑之色。

9月23日，也就是他住院后的第11天，在日记上写道："今日步履渐健，手仍不太灵活。"这期间，他每天仍看文件、看书、看电视，并不把自己当病人。到了27日，他已能在家人的陪伴下在走廊上慢慢散步，而且去娱乐室看电影了。此后，他又开始去看望同住院的朋友。他去看了齐燕铭，谈了统战工作今后的一些问题；他去看了刘澜波，谈杜重远遗嘱的事；他去看望李维汉，听这位前辈谈对统战工作的看法……别的同志也开始来找他谈工作，胡愈之、李文宜、高天、王健来谈民盟的事，还有一些人来找他解决问题。他总是闲不住。

10月11日，忽然传来了不幸的消息，护士发现齐燕铭昏睡不醒。院方通知有关单位和家属，统战、政协等各方面的领导同志都来探视，乌兰夫副委员长也来了，同时还来看望了父亲。

第二天听说齐燕铭已有了知觉，父亲感到高兴。以后几天听说病情平稳。19日，经医生同意，李维汉同志去看望了齐燕铭。他出来后说，齐燕铭用右手抓住他的手，腹部有起伏，似乎是感到痛苦的样子。不料21日病情突然恶化，齐燕铭终于逝世。父亲闻讯落下泪来。在统战工作刚刚恢复，百业待举的时候，失去了这样一位有经验的老同志，怎能让人不惋惜！父亲调到政协是齐燕铭的意思，没想到刚刚开始共事，他竟撒手而去。27日上午，父亲向医院请假，参加了齐燕铭同志的遗体告别，11月2日下午又请假到八宝山参加了他的追悼会。临去前，李维汉同志特来到父亲的病房，请他转告齐夫人冯慧德同志，他不能去参加追悼会，向她致以慰问。老一辈人珍重友情，发自内心。

父亲这次住院，正好李维汉同志也住院，使他们有相聚的机会。自从六十年代李维汉不再担任统战系统的领导工作以后，他们就很少有机会见面。“文化大革命”中，只是在一次批斗会上匆匆见过一次。父亲对李维汉同志的镇定从容留下深刻印象。这次大家都在养病，在清闲的环境下，可以随便聊天。父亲是尊敬这位长者的，和他的谈话总能给人以启发。李维汉同志把他写的一篇关于新民学会的文章给父亲看，让他提意见。第二天，他们在阳台散步时相遇，李老又说，看他的稿了“不能交白卷”，说得十分幽默。那天我正好在医院陪伴父亲，顺便也翻阅了一下，才知道早在 1922 年 6 月，在巴黎近郊的森林里一些革命青年即宣布成立了旅欧中国少年共产党，赵士炎为书记，周恩来（化名伍豪）为宣传委员，李维汉（化名罗迈）为组织委员，党部设在巴黎。1923 年 1 月李维汉回到北京，中国少年共产党转为中国社会主义青年团旅欧支部，他本人转为中共党员。这样一位有着悠久革命历史的老同志，真让人肃然起敬。由于父亲即将出院，赶着将文章看完，出院的那天把文章交回，他说，“没交白卷”。

父亲出院后，虽说是休息，不知不觉在同志们的探望中就渐渐和工作挂上了钩。到了 12 月，他参加了中央代表团赴广西壮族自治区祝贺成立二十周年的活动。接着，在 1979 年 1 月又参加了在广州召开的民盟工作会议。

父亲一向对事业非常投入，从不吝惜自己的精力、体力。病愈以后他更注意锻炼身体，顽强地克服自己身体的弱点。从广州回来后，春节到来，萨石带着孩子回家过年并过寒假。有一天，父亲带萨石和她的女儿洪津，以及我的小弟共旗去民族宫看演出，回来时走到公共汽车站，看等车的人很多，他便说："咱们走回去吧！"洪津和共旗不愿走，仍等车。父亲就和妹妹萨石两人往回走。走了一会儿，父亲说："苦荼，你还记得从北碚到五云山时我向你说的话吗？步子大小一样，呼吸均匀，按同一节奏慢慢走，就不会觉得累。"就这样，萨石陪着父亲在深夜穿街走巷到了家。在家门口父亲说："怎么样，还能再走吧？一个人要善于逆水行舟。"萨石看到父亲脸上现出得意的微笑。她知道，这不是一次平常的走路，父亲是在检验自己的能力。

1979 年 5 月 3 日，父亲因胃口不好，到北京医院去看病。中医科的大夫发现化验单上的转氨酶高达 800 以上，立即让父亲到西医内科再看看。内科大夫立即让父亲住院进行检查。父亲只好住下，随即电话通知政协和家里，让给他送去盥洗用具、报刊和他正在写的稿件。

经过全面检查：心电图 ST 段下降，显示心脏供血不足；脑电图发现后脑有些问题；转氨酶仍高，胃肠造影有一憩室，其它没问题。这时父亲并没感到有什么特别不舒服，只是食欲差些，消化差些，腹部胀气。所以他还请假出去参加过统战部的会议、民盟的会议。

不久又发现他脸色泛黄，连眼白也有黄色了。医生说是黄疸的表现，更加紧做检查。那时医疗设备没现在这么好，做 B 超是到首都医院做的，据医生说，肝没问题，胆囊较大，怀疑有炎症，但又不能肯定。北京医院的大夫非常认真仔细，经过多次研究决定做剖腹探查，要求单位和家属同意。我们了解到若剖腹探查证实胆内有异物，则需要马上做一次大手术，危险性较大，便一致不同意做。

当天下午我妹妹萨石便回天津去接她的朋友——天津中医学院教授刘宝奇给父亲看病。刘宝奇大夫是萨石在 1975 年认识的。那年她被检查出颈部有甲状腺结节、子宫有肌瘤、腿部有黑色素瘤。到天津肿瘤医院、北京日坛医院、北大医院、301 医院检查也都认为必须做手术。萨石不愿开刀，她说与其大卸八块，不如要个全尸，便开始找中医看病。找过几个大夫，最后选定了刘宝奇。因为他说话实在。他说，他治好过几例癌症，但从未治过甲状腺癌和黑色素瘤。萨石若愿配合，他将全力以赴攻克这一新课题。经过几年治疗，竟然症状消失，而且可以正常工作。从此萨石与刘宝奇大夫成了好朋友，而且也曾给父亲治过心血管病。

刘大夫二话没说，就随萨石到北京，作为朋友给父亲看病。刘大夫给父亲号脉后说，不是癌症，基本脉象没有变化，可能是暂时性的胆管淤塞，可以治。经和北京医院的中医大夫商议，合拟处方。

这时，大家都劝父亲当机立断赶快做手术，不要贻误了时机。特别是住在父亲隔壁病房的张冲伯伯，他刚做完手术，恢复得挺好，叫他的女儿张大简把我和妹妹叫过去，要我们不要起阻挠作用。因为我们和张大简是同学，彼此很熟。他直率地说，你们这样会害了你们的爸爸，会后悔的。

天津中医学院教授刘宝奇为萨空了治疗黄疸病后合影留念。左起:刘宝奇、萨空了、萨石

父亲过去只信西医,可能是因为刘宝奇大夫治好了妹妹那么复杂的病,开始对中医的看法有所改变,脑血栓后也服过刘大夫开的中药。但是在当前这种紧急状态下,他对中医的信心不足。他对妹妹说:“还是接受大夫的意见开刀吧,否则你要负责任,你会后悔的。”妹妹坚决地说:“我不放弃希望,为救你,我不怕负责任,我负责。”说罢,她急急走出病房外,站在走廊的窗前,落泪了。多少往事涌上心头,父亲一直关心照顾我们,此刻该是女儿用双肩为父亲承担一切的时候了。

经过商议,给刘大夫三天时间试试,如果有好转,就治下去;不见好转还是开刀。当天晚上刘大夫住在我们家。萨石看见他一个人站在走廊上深思,便走了过去。刘大夫说:“我们是好朋友,我把萨老当自己的亲人和长辈,我要竭力救他。至于别人的议论,我不在意,名利我更不放在眼里。”妹妹为刘大夫的友谊和品格所感动,含着眼泪悄悄走开。“大恩不言谢”,这哪是一个“谢”字能了得。我们知道刘大夫的担子有多重,他毫不犹豫地承担了。三天如不见效,就说明他没本事,又有多难为人!

父亲吃了中药黄疸竟然有了好转,一周后,黄疸明显地在消,终于决定手术不做了。

6 月 15 日,父亲请假出去到人民大会堂,作为政协常委参加了中国人民政治协商会议第五届全国委员会第二次会议。在这次会议上,邓小平同志作了题为《新时期的统一战线和人民政协的任务》的报告。对各民主党派的过去做了肯定,并指出它们都已经成为各自所联系的一部分社会主义劳动者和一部分拥护社会主义的爱国者的政治联盟,都是在中国共产党领导下为社会主义服务的政治力量。他还说,我国的统一战线已经成为工人阶级领导的、工农联盟为基础的社会主义劳动者和拥护社会主义的爱国者的广泛的联盟。邓小平同志的讲话带给人们鼓舞和欢畅。

参加这次会议的有刚从美国回来的缪云台和香港的费彝民。费彝民是父亲早在二十年代就相识的老朋友,这次相见还向父亲问起他的两个怪名字的女儿苦荼和苦茶。于是我和妹妹专门去拜访了他。他向我们说起当年曾住在我家旧簾子胡同住宅的情况,还对妹妹说:“苦荼,你小时候我还抱过你呢,记得么?”

父亲只参加了政协大会开幕和闭幕的会议。自从齐燕铭去世后,政协还没有秘书长,这次会议通过了刘澜涛同志为秘书长。

父亲这次在医院住了两个月。这期间他看望过一同住院的朋友。那时，八十四岁的胡厥文老先生正要做手术，他向父亲说，为了大干四化建设，他要赶快把病治好。父亲是1937年在上海认识胡厥文的，那时他正研究把上海的工厂迁到四川，准备长期抗战。几十年过去了，老人的爱国热忱一如昔往，多么可敬。

父亲和连贯同志闲谈起解放前夕在香港的往事，为了护送民主党派领导人到解放区，潘汉年曾让父亲向香港政府提出沈钧儒、李济深访英的要求，借此离开香港赴解放区的故事，等等。连贯劝父亲写些回忆文章。父亲和我说起这事，我也劝他不要再出去工作，他知道的事情很多，应该把这些史料写下来。父亲说不要着急，他自有安排，结果一拖再拖，竟没能写成什么。

7月9日，经政协和医院商量，决定同意父亲出院休养。出院以后，父亲完全改吃中药，每周刘大夫到北京给父亲诊脉一次，调整药方。父亲的病渐渐好了。

刘宝奇大夫是一位不得志的中医，他为人耿直倔犟，不善于处理人际关系。他多年钻研《金匮方略》，有自己的独到之处，治疗疑难病症有一套办法，遇到境遇不好的患者，他还施医施药。有一个时期，他专攻癌症，自己贴了不少钱。但是那时社会上的观点是"是癌治不好，治好的不是癌"，他治好的病人不被承认，他也不再提此事。但有人找他，他照样给治，也不想得到什么承认了。他给父亲治病真心实意，每开药方斟酌再三，抓回来的药，亲自过目，生怕有差错，甚至让随他出诊跟他学医的儿子国柱帮忙煎药。父亲感激他的一番心意，在病愈后，特写了条幅赠送给他：

妙手回春凭真传，
起我沉疴今华扁；
祝有伯乐识英俊，
光大国医济人间。

从此，刘大夫成了父亲的保健顾问，父亲对中医也有了新看法。

此后，很长的一段时间，父亲的健康情况一直不错。他还到外地调查研究，去美国访问，甚至还创办了《人民政协报》。

父亲最后一次住院时间最长，有半年。

1986年春节过后，一天有朋友到家里来吃饭，家里很热闹。父亲忽然说感到心里害怕。家里人说，这么多人怕什么？没理会他。其实这是心脏病发作的表现。他自己扶着墙慢慢从客厅走到卧室，想上床去躺躺，不料一下子坐到了地上。当人们过来把他扶上床，他又吐了。他们以为他肠胃不好也没理会。其实这也是心脏病的表现。父亲第二天才到医院看病，这时医生发现他的腿不能走，经检查才知道他的股骨颈骨折了。

脑血栓和心脏病是他的老毛病，骨折变成了突出问题。医生们建议打钉子固定住，待长好后再取出。经全家研究，因为没有别的办法，就同意了。手术做过后，父亲的情况还挺好。这时就雇佣了一个安徽的骆阿姨专门照料父亲。骆阿姨个头大，身体结实，像男人一样有力气，父亲虽然身体重，她一个人就能给他翻身，扶他坐起来。从此，陪伴父亲的是骆阿姨。她帮他漱洗、吃饭、擦身、换衣，生活上的事全包了。骆阿姨有一副热心肠，又有农村妇女的纯朴。她说，我侍候萨老就像侍候自己的父亲一样，有什么不能干的。她办事认真负责，医生的嘱咐都切实办好，什么时候吃药，什么时候翻身，都一丝不苟。她又很细心，发现有褥疮的迹象马上报告护士长，及时烤电治疗。护士们都觉得她是个好帮手，可以放心。只是她说话嗓门特大，总好像要和人吵架，得时时提醒她。

父亲虽住院了还是惦记着外面的事。他虽然已经离开了工作岗位，但仍担负着一些社会职务：民盟副主席、政协常委、大百科全书新闻卷主编等等。另外还有许多人来找他，许多事让他办。我总劝他什么也不要管了，他不听。直到现在，他已不在人世，而我又步入老年行列，体察自己和周围朋友的心态，才理解到他当时的心情。人虽然老了，也不愿离开社会，离开人群。他多么希望自己对别人还有用，人们不会抛弃他，忘记他。那种心理状态是十分可怜的。当然，凡事看得开，洒脱的人也有，但对那些有过一定社会地位的人恐怕难些。

他特别关心的是大百科全书新闻卷的前言。这是因为编辑到家里来过，而且邀请他写。其实那时他自己已经不能写什么文章，他自己也知道，而且向我说过，对某一具体问题也可以回答，让他统盘思考，他已缺乏条理性和逻辑性了。但是，对新闻事业，他有思想要表达，因此他要我帮他写前言。老实说，我当时对此不太感兴趣，因为我以为编辑部只不过是出于尊重，要用他的名，并不一定真想让他写。他真的要写，反而让别人为难。因为在此以前，也有编辑来找过父亲，请父亲劝说胡愈之伯伯担任出版卷的主编，因为胡伯伯拒绝担任。胡伯伯当时就是这样说的，他不愿担虚名。我不好把我的猜想告诉父亲，只好按父亲的意思办。但是我说，我虽然干了一辈子新闻工作，但对新闻理论没有研究，先得学习。父亲立刻告诉我，现在新闻界有几派观点，各自的代表人物是谁，主要的论点是什么，让我去借书和买书来看。看他那么认真对待，我真自愧不如，便也认真学习起来，并且和他讨论其中的问题，他这才高兴了。他这次住院，就要我先拟出提纲，待他出院后写稿。

他住院后不久，他写的、记录他在国民党集中营生活的书《两年的政治犯生活》，经他修订改名为《两年，在国民党集中营》出版发行了。样书送来，他很高兴，放在床头每天翻阅。我不知道他为什么对一本自己熟知的书翻来阅去，是从中可以联想到许多往事，还是从中可以汲取生活的力量？这本翻旧了的书，现在我保存着，是他出院时给我留作纪念的。

说来也巧，正在这时候，一位在陕西工作的同志来看望他了。这个人就是当年和父亲同关在集中营的人。说起这本书再度问世，他提出送他们同关在集中营的人每人一本，父亲高兴地答应了。

父亲住院期间，由于陪住证在家里，由郑姨和弟妹们轮流探视，我只在每个准许探视的时间去看他。日久天长，每到这个半天，他便翘首以待。我每次都买点他爱吃的东西，他便边吃边和我聊天，告诉我哪位大夫说了什么，有谁曾来看过他，有时还说些他忽然想到的往事。

住在天津的妹妹萨石，每隔一段时间便专程来北京探望他，给他买些他爱吃的巧克力、奶油蛋糕等等。她总找些有趣的事说给父亲听,想让他多笑笑。她还检查父亲的起居用品,看到有什么需要,便立刻去买。由于爸爸身上没有钱,买什么都由骆阿姨打电话回家,让家里买了送来。妹妹看了心中十分难过。她为自己不能常在年老的父亲身边照顾而内疚。

这次住院,因为是腿的毛病,他不能出房去看朋友了,但他还是很关心别人的病,并且常常把听来的朋友的病情告诉我,或是让我去看看什么人。有一次我去看望了我的一个同学的父亲,他曾是一位大使。当我的同学向他说,我是什么人,来看望他了,那位老人脸上瞬息间显出欣喜的表情。他不会说话,也不能动弹。同学向我说,他脑子清楚,因此也就更痛苦。现在去看他的人很少,同学的继母也很少来。正说话间,护士长走过来,向我的同学说,应送点水果来,还责备他们太不关心老人了。我的同学现出无可奈何的表情。我直率地说,他们不送,你不能送吗?他轻轻地说,我经济不宽裕,而且不掌握经济权。

我的另一位同学的丈夫是一位老副部长,他做过两次手术都很成功。由于我的同学非常关心他,又善于安排,这位老同志的情况就好多了。他保持着乐观的态度和幽默感,看上去让人心里舒畅,觉得他虽年老,但生活得幸福。我的同学是他的继室,但对前房的孩子们都很好,包括远在外省的孩子,她都请来看望父亲。可想而知,她的丈夫会多感激她。

我把这些告诉父亲,父亲感慨不已。我的两个同学他都认识,两位病人又都是他的朋友。他说起他们以往对革命事业的贡献,连连叹息,说:“聪明人千千万,明白人一个也难。”我不懂,问:“明白人比聪明人还难得?”他说:“是的,因为这需要好品格。”父亲从不随便议论人，但一切他心里有数。如果要说谁，也是点到为止，不愿深说。他从给他送东西来的小保姆口中听说了家里的情况，便想重新安排生活。因为到这时，三个幼小的弟妹都已结婚成家了。他肩上的担子应该减轻了。他还想再干点事，想创造一个好的生活环境，由我帮他写回忆文章。他口述了一封给政协党组的信，我记录后给他看过，他签了名。政协党组收到信后，由孙起孟、陆平、陈其贤三位同志前来，听了他的陈述和意见，并做了记录。当天下午我去看望他时，他告诉我这件事。他是希望依靠组织改善生活，以便能再为国家做点事。

1986 年 9 月 18 日，这天是阴历八月十五，郑姨亲自来接他出院。

晚　年

从 1983 年 6 月起，父亲不再担任政府的职务，用不着再去上班了。他每天早上散散步，然后读书看报，有时出去参加民盟或政协的会，因为他还是民盟副主席和政协常委。

这年夏天，他曾到内蒙古呼伦贝尔盟度假，秋天曾去新疆乌鲁木齐，参加在那儿举行的纪念陈潭秋、毛泽民、林基路、杜重远等人殉难四十周年的活动。

从七十年代末，找他题字的人很多，他也乐于写。就是这年，他收到甘肃俞方皋的儿子俞正的来信，提及 1950 年以沈钧儒为团长、父亲为副团长的中央西北访问团到达兰州时，俞方皋同志设宴招待，席间沈老先生曾书写条幅一纸赠予俞正。不料“文革”期间这幅墨宝被毁，他非常惋惜。由于当年沈老书写时父亲在场，因此他请父亲为他重写一幅，作为纪念。父亲曾把这封信给我看过，并回忆起当年的情景：他们是在参观省府时看到原明肃王府左宗棠题写的碑文，而沈老先生正是在左宗棠题字日诞生。为此，沈老先生有感于怀，写成了这个条幅，其文如下：

左公援笔题碑日，正我呱呱坠地时，七十七年大转变，当年老亮意何如。

也正是在这年，中国社会科学院新闻研究所约他写他从事新闻工作的回忆录。他也觉得是该写的时候了。起初他是想让我的小弟共旗来帮他写的。后来，忽然有一天，他对我说，共旗对此不感兴趣，还是你来吧！从这时起，我就可以经常和他在一起谈话了。

他和我谈了从他开始进入社会到从事新闻工作的全过程。此后，我帮助他写了《我与〈立报〉》、《在〈新疆日报〉一年》、《关于〈新蜀报〉的回忆》、《创办香港〈光明报〉》，都在《新闻研究资料》上陆续发表。这就把他一生从事新闻工作的经历整理出一个头绪。只有关于《华商报》没有写，但也曾做过一些准备，还借来了合订本，不知为什么拖了下来。帮他写这些文章使我很受教益，在父亲指导下，我看了一些书，也和他探讨过一些问题。有时需要找参考书，父亲就会告诉我到哪个书架上去找哪一本书，哪一篇文章。

当我夸赞他的记忆力好肘，他露出自得的微笑，说：“我还是

萨空了(左二)出席连环画报编辑部的一次会议

能帮你写文章的。”我笑着反问他:“是我帮你,还是你帮我?”他笑着肯定地说:“是我帮你。”

现在回想起来,他是有道理的,是他在帮我。从 1983 年至 1985 年的三年时间里,我得到的三四十年代的历史知识非常可贵。同时,也增加了我对父亲思想感情的理解。到后来,当他要为一些朋友写纪念文章、写出版序言,甚至为他自己的书写再版序言时,只要他告诉我,他想表达什么意思,我就能把文章写出来,他看后只做些个别修改就可以用。他说我已经进入了“角色”。

那时,尽管他身体有病,但对生活还充满信心。他对外界的事物感兴趣,很愿意听我们谈谈各方面的情况,他乐于帮助朋友们、同志们解决各种问题,过去他无暇照管家里的事,这时他也愿意管家里的事了,他经常看书,每看到本有价值的书,就介绍给我,让我也看,他还和我商量写回忆文章的事。

1984年下半年，姜维朴同志和连环画研究会的几位负责同志鉴于当时连环画工作处于无序状态，想搞一个连环画出版社，形成连环画编创、出版、研究、交流中心。他们把这个方案报到了出版局，经主要领导同志过目，又报送党中央总书记胡耀邦同志。

姜维朴同志来和父亲谈这件事，父亲非常支持。姜维朴建议父亲也写一封信给胡耀邦同志，从旁支持一下。父亲便这样做了。他在给胡耀邦同志的信中说："连环画是一种深受群众欢迎，销售量很大的普及读物（前两年出版了十五亿册）。鉴于目前在国外也出现了连环画热，我国作为创作连环画历史悠久的国家，有加强这项工作的必要。建立'中心'有利于这个事业的发展，有利于进入世界市场进行竞争，有利于培养人才。在当前城市经济体制改革时期，这个方案似有可取之处。"这封信写于1984年10月27日。

不久，姜维朴同志告诉父亲，胡耀邦同志对父亲的信和他们的报告做了批示。文化部于1985年3月份正式批准建立中国唯一的专业连环画出版社——中国连环画出版社。

同年10月27日，中国连环画出版社在政协礼堂三楼宴会厅举行记者招待会宣布成立，同时还宣布了将于1986年1月出版《中国连环画》（月刊）。这天，父亲坐轮椅亲自出席了招待会。他和到会的同志一一握手表示祝贺。

父亲对连环画的重视是基于他对中国的广大劳动群众需要健康有益的精神食粮，需要普及读物这个认识。中国有几亿农民，中国有很大一片土地上居住着少数民族人民，他们都需要普及读物，还是那句他说了无数次的老话：连环画文图并茂，通俗易懂，价格便宜，是最好的普及读物。从五十年代，他在人民美术出版社提出这个看法，几十年来他一直坚持这个看法。1981年6月《连环画报》创刊三十周年，他写了一首十四行诗寄给画报编辑部，表达了他的认识：

建设社会主义中国
不能忘记十亿人口
其中八亿是农民
更要切记我版图内
多半是民族地区
文字难识或无文字
造成文盲比重特大
影响国家难搞四化
图文兼茂的连环画
有助于人民的知识化
卅年经验已证明
应再实践发扬光大
谨代精神饥饿群众
请命于文艺出版家

1984年他曾为姜维朴的《连环画论文集》写过序言，文中也是这么说，即使在八十年代，连环画也可以以它的优势为四化建设服务。他自称是连环画的一贯支持者，并且对这项工作有感情。他十分看重姜维朴同志的坚强事业心，自从从事连环画工作以来几十年风风雨雨不论多么坎坷曲折一直坚持下来，仅这一点就很不容易。

1985年下半年，他几次摔跤，说话也不那么流利了。他在家里受尊重的程度渐渐下降，许多事不能如意，他也变得固执起来。他说话少了，不大参与生活，变成生活的旁观者。他常常静静地坐在一旁观察着大家。有时说一句幽默、俏皮或挖苦的话，譬如，谁事情做得不好，他会说一句“敷衍塞责”；谁在撒谎，他会说一句“欲盖弥彰”；谁在争吵，他会说“小肚鸡肠”。因为他口齿不清，就尽量用这种言简意赅的办法表达。他像是在下小注，也像是在评论。他说完了，往往会自己忍不住笑起来。但是别人不一定能听懂。

1986年春节后，他因心脏病发作，摔坏了腿。住院期间，起初精神状态很好，还一再说要为百科全书新闻卷写前言，要我准备好材料。后来由于家庭的事情绪低落。他曾说，他受到冷落。但是，当中秋节那天郑姨亲自来接他出院时，他又高兴地对我说，他们接我回家过节了。

父亲本来是热爱生活的，他喜欢花草，喜欢小动物。他愿意坐在廊子上看小院里的花木，家里养的小猫跳到他身上，他会爱抚它，和猫一起分享点心。他会给自己的生活添加美好的情趣。他曾努力想自己行走，为此而跌跤，碰破了额角。但是，最后还是不得不与命运妥协。

每天起床，漱洗完毕，骆阿姨用轮椅推他去饭厅吃早饭，饭后，夏天就推他到院子里或廊子上，让他一个人坐在那儿，冬天就推他到客厅里,坐在电视机前让他看电视。我到家里常常看到他垂头伛背,枯坐无聊,心里非常难过。一个曾是生气勃勃,忙忙碌碌,要干无数事的人,现在却无声无息地呆坐在这里,等候着生命的渐渐消失。家里的人都说,他太寂寞了。

就在这时,我应《人物》杂志约稿写了一篇关于父亲被捕入狱时情况的文章《1943 年在桂林……》。我把文稿念给他听,征求意见。不料父亲听我读时,失声痛哭,说:“写得好,你写下去吧!”我从没见父亲这样失态过,他完全忘记了周围的一切。但他马上控制住了自己,他说:“你写下去吧,我可以帮你。系统地说什么不行了,你提问,我还是可以说的,你就问吧!”此后,我就带着问题来,让他说。我懂得,他愿意让人觉得他还有用,外面的事干不了啦,但在家里还能帮儿女干点什么也是一种安慰。这种可怜的老年人的心理状态,年轻人是不理解的。

为了鼓励他对生活的信心和勇气,我常讲点别人克服病痛顽强生活的故事给他听。我曾给他讲过何惧的故事。何惧也是救国会的成员,我们早在香港就认识他。解放后他在一机部工作。他患了癌症,但顽强地与疾病斗争,吃了几吨中草药(何惧自己说),竟然活了下来。但右手失去功能,他又练左手写字。他来看父亲时视力也很差,但仍敢独自上街。我送他到公共汽车站,看见他一登上车就用伞的弯柄,勾住汽车上方的横木扶手,使自己稳稳站住。他有多么惊人的生活热情和勇气啊!这样他又生活了好几年。父亲听了沉默不语。

为了让他高兴,我也和他谈谈我们小时候,淘气,他教训我们的事。父亲每当教训我们,一开头总是说“一个人……”,“一

1985年在福绥境42号家中

个人没有吃不了的苦……”，“一个人要有点毅力……”，“一个人要善于学习……”，接着就是一篇大道理。所以每当父亲说，“一个人……”，我和妹妹便知道又要挨训了。终于有一天，父亲又说“一个人……”我和妹妹忍不住相视而笑。父亲见状说：“笑什么，一个人做错了事还笑……”我们更哈哈大笑起来，说：“果然，又来了！”当父亲知道我们笑的是他教训人时总说“一个人”时自己也笑了。事隔多年，我向他说起这事，他听了微笑着低声说：“其实，我说‘一个人’也没错，这是告诉你们做人的道理。”

看到父亲落落寡欢，每次去看父亲总买些他爱吃的食物，讨他一时的高兴。有一天，他忽然问我：“你经济困难不？”我知道他是体恤我，便说，给你买点吃的，还买得起。你放心吧！

尽管父亲年老体衰，对许多事情渐渐淡漠，他对党的感情却一如既往。我记不清是1984年还是1985年，中共中央邀请民主党派人士座谈，征求意见。当父亲听到广播消息中，邀请的民主党派的领导人名单中有他的名字时，十分感动。他喃喃地说：“党没有忘记我，没有忘记我！”停顿了一会儿，他又说：“我虽然老了，为党干不了什么事了，但我为党培养了我的孩子。我的四个孩子都是党员，我也把他们都献给党了。”

父亲对党忠心耿耿。正如我国许多传统的老知识分子那样，认准一条道就义无反顾地一直走下去。自从他三十年代交结了共产党员作朋友，接近了中国共产党，认为党的奋斗目标，正是他的理想，就主动地为党工作，接受党的安排。党认为他在党外工作较好，他就在党外为党工作。他被捕后跑了出来，党认为他应当回到集中营去，他就回到集中营去为党工作。他无怨无悔地、勤勤恳恳地、全心全意地、殚精竭虑地为党工作，真正做到了党指向哪里，他就干在哪里。和许多老同志一样，自从建国以来他就是副部长，一生没有变动过职务和待遇。他从没伸手向党要过什么，只要党给他工作，他就看作是对他的信任，就拼命去完成，就觉得是最大的愉快。

父亲是 1988 年 10 月 16 日去世的。10 月 14 日，我曾去看过他。没想到这竟是我和他的最后一次相聚。

1988 年 10 月 14 日，是个星期五。上午我去庄炎林家，因为他的妻子陈俶辛去世了。陈的哥哥、姐姐都前来吊唁。我与他们都在桂林时相识，其中陈寅辛还和我父亲同关在夹山集中营。大家叙旧后，我说起父亲的《两年，在国民党集中营》出版了，他们便都说要一本，还说可以付钱。我说，我爸爸送给你们一人一本书，还送得起。大家都笑了。

从他们家出来，过马路就是“新侨三宝乐”。我想父亲爱吃奶油蛋糕，给他买几块，他准高兴。不料那天只有奶油面包，我就买了几个面包。坐地铁到车公庄，出站正是农贸市场，我又买了几块烤白薯，这也是他爱吃的。

回到家里，他们已经吃过饭了。骆阿姨见我说，父亲刚刚躺下睡觉。我到饭厅，骆阿姨给我端来包子和稀饭。我正吃着，骆阿姨又到饭厅来说，父亲听说我来了，又起来了。听说我买了烤白薯，要吃呢！她挑了一块，就给父亲拿过去了。

吃过饭，我到客厅，阿爸坐在靠卧房门旁的沙发上，正吃着白薯。我说："阿爸，这个你爱吃吧？"他笑着点点头。骆阿姨又把我买来的奶油面包拿给他看，说："过一会儿再给你吃，趁新鲜好吃。"

我告诉他，去看了陈氏兄弟，并且说了他们要书的事。他高兴地笑了，立刻让我给他们拿书，在扉页上写上送给他们，并盖上他的图章。

后来，父亲坐到轮椅上，被推到写字台前，郑姨拿出一沓要回复的信和要填的表给我，其中有一封信是邀请父亲做恢复柳

1987 年在家中过 80 岁生日

亚子等人创办的南社的发起人。我看后便说："你也不能出去活动，就别当什么发起人了。"父亲不同意，说："不，这事应当做，你回复他们。"我照办了。谁能想到，这竟是我最后一次按他吩咐办事！

10月16日，是个星期日。早上八点刚过，我接到小弟共旗的电话，说父亲已送去北京医院，正在抢救，让我等消息。放下电话，我想，星期五说好的，第二天带父亲上医院看病，怎么又会送去抢救？便赶紧往医院跑。乘公共汽车，碰上马拉松比赛，又换乘了地铁，赶到北京医院已九点五十分。

到传达室，我递上我的工作证，急切地说："到急诊室看病人。"

"看谁？"

"萨空了。"

"已经死了。进去吧！"

我不能相信自己的耳朵，但随即领悟到一个冷酷的事实：我已经永远失去了我最亲的亲人——父亲。

父亲是在九点零一分停止了呼吸。

我到了太平间，看见父亲从头到脚被白被单包捆着，孤零零地放在一间空房里的推床上。我的心像被戳了一刀。这是我的亲人，我的父亲呀！我请管理人员打开布包。父亲的脸和肩露出来了。他神色安详，苍白削瘦。我抚摸他的肩，他的脸，他的头发，我感到他的身体还是温的，还是软的……我哭着，叫着："阿爸！阿爸……"他的嘴虽然没有闭紧，却再也不能应答我了。

后来我听骆阿姨说，原来说好第二天上医院的事，没做到。

萨空了和他的五个子女

当天晚上父亲即因不适而折腾,一直拖到天亮才叫汽车,因为是星期日,平时给父亲开车的丁师傅不在,值班司机不认识我们家,又碰上马拉松,到医院抢救已经来不及。

为这事,我内心很长时间都怪郑姨,没及时送父亲看病。后来,有一次我和她聊天,说起这事。她说:“我难道愿意他死?!”我想,她说的也是实情。可叹因为没有医疗常识,又不懂事情的严重性,我们大家都遭受到摧心裂肝的悲痛。

父亲去世的那天正好是民盟六大闭幕的日子。在下午的闭幕会上,宣布了他去世的消息,并赞他的“高风亮节”,是民盟卓越的领导人。全体代表为他肃立默哀。当晚电台、电视台播发了这一消息。于是,全国各地的亲友和同志吊唁的电话、电报、信件纷沓而至。

最让人感动的是广东杨应彬、左洪涛等六同志发来的长长的电文,追述了他在1946年为地下党传递消息,从而维护了国统区党的工作一事。电文中说:“空了同志为民族民主革命,曾与我们风雨同舟,并肩战斗,功勋卓著……每念及此,不禁肃然起敬。”父亲如果有灵,在九泉之下也会感到欣慰:人们没有忘记他做过的好事。

父亲一生对生活从无奢求,一切先人后己。他去世后,郑姨拿出几件半旧的中山装和西装。我们全家一致同意给他买一套最好的寿衣,让他穿上离开这个世界。

最难忘的是10月30日举行的遗体告别仪式。这天下午,在八宝山烈士公墓为他设立的灵堂正墙上方,高挂着他的遗像,父亲微微含笑,凝视着来和他告别的人们。灵堂四周摆满了花圈。好几位朋友告诉我,他们也想送花圈,通知治丧办公室,回答说,送花圈的人太多了实在摆不下了。父亲安卧在君子兰、菊花和一品红之中,脚下放着我们全家献上的鲜花花篮和花圈,身上覆盖着中国共产党党旗。

父亲的老朋友,也都是七八十岁的老人了,走许多路到八宝山,对他们无疑是艰难的,但他们仍不肯舍去这见最后一面的机会(那时不像现在有那么多出租汽车)。八十五岁的万枚子伯伯和伯母,和父亲有六十年的友谊,他仍从和平里北街乘公共汽车来到八宝山,行动不便的程浩飞叔叔由丁洁如老师(她是我中学老师)搀扶着前来,费力地向我们伸出拘挛的手,……老一辈人的友谊是那么真诚。父亲是这样对待友谊,也博得了这样的友谊。那天来和父亲告别的人,从签名簿上看有七百多位。

父亲的骨灰安放在八宝山烈士公墓一室的侧位。那儿有许多他的老朋友,他是不会寂寞的。只是我们,活着的人,很长时间觉得心灵深处有一块空缺。每当我看见父亲喜欢的食物,心中就无限凄楚,因为就是想买给他,他也不能接受了。

这几年来,大家的生活水平都有所提高,亲人们聚在一起时,常常说起,要是阿爸能活到今天有多好。我们一定给他买许许多多他爱吃的东西,只要他想要的,都可以买给他。遗憾的是,他不能再享受到儿女的心意了。

附录一

萨空了同志生平

中国共产党优秀党员、著名社会活动家和新闻工作者、中国民主同盟第五届中央委员会副主席、中国人民政治协商会议第六届全国委员会常务委员萨空了同志因病于1988年10月16日在北京逝世,终年八十一岁。

萨空了同志是蒙古族人,1907年生于成都。从小刻苦自学,1927年开始在北京从事新闻工作,先后任《北京晚报》、《世界日报》编辑、记者,《世界画报》总编辑,其后在民国学院新闻系、北京新闻专科学校讲授新闻学等课程。1935年11月,他赴上海参加《立报》工作,初任副刊“小茶馆”主编,1936年9月任总编辑兼经理。在他主持下,《立报》实行精编原则,改革陈腐习气,以版面新颖、内容丰富、言论进步、定价低廉而获得广大读者好评。萨空了同志拥护中国共产党抗日民族统一战线的政策,在报纸上积极呼吁团结一致共同对敌,反对国民党一党专制,先后发表的有关“一二·九”运动、“七君子事件”和“西安事变”的报道,为唤起民众,推动民族救亡运动起了积极作用。《立报》发行量猛增，他也成了国内知名的青年新闻记者。1936 年，他在上海参加了救国会的发起活动。抗战爆发后，他积极投入抗日救亡运动，任上海抗日救亡协会宣传部负责人。上海沦陷后，《立报》被迫停刊，他奔赴香港，重新办起《立报》，刊登了不少介绍延安的文章，并且积极帮助爱国进步青年赴延安参加革命。

1938 年秋，萨空了同志和杜重远从香港赴新疆从事抗日救亡活动。途经武汉，会晤了周恩来、叶剑英周志，受到教益和鼓舞，从而在党的关怀下，更加积极地投入民族民主革命的洪流。他曾任《新疆日报》社长。由于盛世才反共面目暴露，他不得不离开新疆，到重庆任《新蜀报》经理，并积极配合《新华日报》开展工作，大力宣传坚持抗战，反对投降，坚持团结，反对分裂，坚持进步，反对倒退的政治主张。皖南事变后，他被迫离开重庆赴香港，1941 年秋，接受刚刚成立的中国民主政团同盟（即中国民主同盟前身）的委托，出任民盟机关报《光明报》总经理，积极宣传民盟的政治主张。

太平洋战争爆发后，《光明报》被迫停刊，萨空了同志离开香港赴桂林继续从事抗日救亡活动。1943 年 5 月被国民党特务逮捕，在桂林和重庆的集中营度过了两年的“政治犯”生活。被囚期间，致力于新闻学研究，写成《科学的新闻学概论》等著作。1945 年 6 月，由于民盟的营救得到释放后，他赴香港任《华商报》总经理，继续从事爱国民主活动。他为民盟在香港召开的一届三中全会做了大量工作。1948 年 5 月 1 日，中共中央发出关于召开新政治协商会议、成立民主联合政府的号召，得到了全国人民和国外爱国侨胞的热烈响应，他协助安排了一批批从上海到香港的爱国民主人士前往东北、华北解放区。

1949年4月,萨空了同志从香港到达北平。6月,他和胡愈之同志一起创办了中国民主同盟机关报《光明日报》,任秘书长。他积极参加新政协的筹备工作,并作为中国人民救国会的代表出席中国人民政治协商会议第一次全体会议。新中国成立后,萨空了同志先后担任新闻总署副署长兼新闻摄影局局长,出版总署副署长,国家民委副主任,全国政协副秘书长,民盟中央副主席,第一、二届全国人大代表,第一、二届全国政协委员,第三届至六届全国政协常委等职。

萨空了同志长期从事民族文化工作,先后担任了民族出版社、《民族画报》、《民族团结》杂志、民族歌舞团、民族文化宫、中央民族语文翻译局等机构的创建和领导工作,亲自审阅稿件,制定规划,参与决策,率团赴少数民族地区慰问和出国访问,为促进民族进步和团结、民族文化事业的发展以及国际文化交流做出了重大贡献。

萨空了同志博学多才,善于团结同志。他在政协工作中,十分注意倾听各方面知识分子的意见,反映知识分子的要求,帮助他们排忧解难。他还兼任人民美术出版社、中国书法家协会和荣宝斋的领导工作。他努力宣传和贯彻党的统一战线方针政策,善于和各方面的人士合作共事,为我国爱国统一战线的巩固和发展做出了积极的努力。

萨空了同志是民盟的卓越领导人之一。他在民盟创建时期就参加了工作和活动,历任民盟中央委员、中央常务委员兼宣传部长、副主席,长期负责民盟宣传方面的领导工作,为民盟的发展与进步，为推进民盟在革命和建设事业中、在国家政治生活中发挥积极作用，做出了宝贵的贡献。

萨空了同志毕生追求真理和进步，严于律己，待人热情，热心公益事业，勇于牺牲自己。柳亚子先生曾称赞他“热心公益无事忙”，表明他助人为乐的高尚品德。他对工作历来兢兢业业，一丝不苟，任劳任怨，事必躬亲。1960 年他光荣地加入中国共产党后，更加注意学习理论和党的方针政策，严格要求自己和子女，从不搞特殊化。

在十年浩劫中，萨空了同志遭受林彪、江青反革命集团的残酷迫害，身心受到严重摧残。粉碎“四人帮”后，他年已古稀，仍然以高度的热情投入新的工作。1983 年，他接受了创办《人民政协报》的任务，兼任总编辑，亲自筹划，终于使人民政协的第一张报纸问世。他拥护十一届三中全会以来的各项方针政策，坚持四项基本原则，拥护改革开放，为近十年来祖国取得的巨大进步和成就欢欣鼓舞。他关心年轻干部的成长，关心我国新闻事业的发展，临终前几天还不断问及他主编的《中国大百科全书 · 新闻出版》卷的状况。

萨空了同志的一生，是革命的一生。他从一个爱国主义者转变成一个坚强的共产主义战士。半个多世纪以来，他为中国的新民主主义革命、社会主义革命和建设事业献出了全部精力。他不愧是一位著名的社会活动家，新中国民族文化工作的开拓者，中国民主同盟卓越的领导人。萨空了同志的逝世，是我国爱国统一战线和民族工作的一大损失。他永远值得我们学习和怀念。

附录二

萨空了年表

1907 年

3 月 26 日出生于四川成都,蒙古族人,原名萨音泰。父亲世林(系译音,光绪年诰封中称石麟),为四川都督府笔贴士。祖父荣惠,光绪年间曾任兵部和礼部左侍郎。曾祖特克什布,嘉庆年间为理藩院主事。太祖广宁,乾隆年间为正黄旗蒙古佐领,三次以功勋得诰封,授昭武大夫,武翼大夫。祖上系翁牛特部,世居扎库木地方,郎姓。

1912 年

全家由四川迁回北京。经国事家事变故,家道败落。此时有兄姐各一,弟二,由父亲教授学习四书、五经、诗文及绘画。

1917 年至 1919 年

改名萨啸空。

入北京黄土坑小学直至毕业。

1920 年

父亲因贫病而死,无力升学。

1921 年

在华北协和华语学校任教员、图书馆员。该校教务长金醒吾是在他一生中第一个帮助他的人。

1925 年至 1934 年

考入中法储蓄会做办事员。

1927 年

应征兼任《北京晚报》副刊《霞光画报》(周刊)编辑。从 1928 年 9 月至 1929 年 1 月连续发表《艺术闲话》一文,表达他当时的艺术思想。

6 月 19 日,与金秉英结婚。她系金醒吾的女儿,当时是北京女子师范大学的高材生,毕业后任《世界日报》"妇女界"专栏编辑,在反帝反封建的斗争中,曾追随刘吴卓生、刘清扬、张晓梅、于凤至等先驱们,积极参加活动。她是当时北京城的第一个女记者,也是小有名气的女作家,早期作品有:《女诗人》、《大圆镜中》、《春天》等长篇连载小说。

与谭旦冏(后为台湾故宫博物院副院长)等人组织"红叶画会"、"明日戏剧社"、"光社"等。

1928 年

12 月生长女萨苦茶(后改名萨沄)。

1929 年

兼天津《大公报》艺术周刊主编。

兼任《世界画报》主编至 1935 年。

1931 年

在北平大学艺术学院讲授艺术理论。

在北平平民学院、民国学院讲授新闻学。

3 月，在燕京大学新闻讨论周做题为《五十年来中国画报之三个时期及其批评》的讲话，此文后刊载于该校新闻系刊《新闻学研究》。

1932 年

3 月，为“九一八”事变国联派以英国人李顿为首的调查团赴东北调查，为此华北成立新闻汇报团，成员是：《大公报》胡政之、《益世报》罗隆基、《华北日报》张明炜、《北京晚报》萨空了。

7 月，生次女萨苦荼(后改名萨石)。

1935 年

应上海《立报》创办人成舍我邀请赴上海《立报》工作，先主编副刊《小茶馆》，在 11 月 1 日发表了发刊词《向下走的告白》，阐明了为广大群众服务的宗旨，从此坚持这个办报方向。《小茶馆》每天发表读者来信和他以“了了”笔名写的杂文，针对群众关心的问题，褒贬社会现象，受到读者的热情欢迎。

12 月参加了上海文化界救国会和新闻界救国会的发起活动。

1936 年

1 月，以沈钧儒为首，组织上海各界救国会联合会，是发起人之一。

9 月 20 日，《立报》创刊一周年。在报纸上公开总结《小茶馆》工作，以及整个报纸的工作，并作了下一年的展望。以后担任了该报总编辑和经理。在他主持下，《立报》坚持精编原则，以版面新颖，内容丰富，言论进步，定价低廉获读者好评。这期间

《立报》积极呼吁团结抗日，先后发表有关“一二·九”运动、七君子事件、西安事变的报道，为唤起民众，推动民族救亡运动起了积极作用。1937 年“七七”事变以后，抗日战争爆发，《立报》大量刊载全民抗日新闻，报面上爱国主义精神风风火火，十分激动人心，还刊载了曹聚仁采写的战地新闻引人关注，因此发行量猛增，达到了廿万份，是当时销售量最大的报纸。他因此而成为国内外知名的青年新闻记者。

1937 年

9 月 20 日，《立报》创刊两周年纪念。在该报纪念特刊弁言中写道：“我们期待两年的对内和平对外抗战已实现。今后是如何保障抗战胜利。借两周年纪念的机会请许多文化界的朋友，各就专门研究课题，提供各部门在抗战中应该做什么的意见，作为本报对民族对读者的一点小贡献。”为此《立报》增出了四版，刊登了一批有影响学者的文章，如：胡愈之、钱亦石、金仲华、张宗麟、钱俊端、沈兹九、姜君辰、石西民、孙冶方、沈志远等，造成宣传抗战救国的声势。

11 月 13 日，上海被日寇占领。11 月 24 日，《立报》发表《本报告别上海读者》。11 月 25 日停刊。

12 月 24 日，被迫离开上海赴香港。

1938 年

4 月 1 日，创办香港《立报》，担任发行人、总编辑、总经理，主编《小茶馆》。香港《立报》与上海《立报》经济来源虽不相同，但宣传方针完全一样，团结抗日，提倡民主自由，还介绍延安抗日根据地，发表有关共产党的独家新闻。

8月，因与成舍我对报道思想意见不同，离开香港《立报》。一段时间发行人仍是他的名字，实际上他与《立报》已无关系。

8月，同杜重远同赴汉口，并决定同去新疆。离开汉口前在胡愈之住处与周恩来、叶剑英见面，周、叶对去新疆表示鼓励，并说毛泽民等已在那里工作。

10月，在新疆参加新疆省第三次民族代表大会。

12月，接受《新疆日报》副社长的职务，返回香港接家眷。

1939年

1月至3月，在香港为建设新新疆招聘工作人员和购置报社印刷设备、文化用品。

3月10日至9月13日，率领一支远征队从香港赴新疆，途径安南（越南）、广西、贵州、四川、陕西、甘肃，带领卡车十辆，几十个人。这是当年新闻记者最长的一次旅行。

9月至1940年2月，担任《新疆日报》副社长工作。

1940年

3月至1941年6月，在重庆《新蜀报》任总经理。当时中国共产党办的《新华日报》社和《新蜀报》的印刷厂同在化龙桥。《新华日报》印刷机有时出故障，就由《新蜀报》代印。这事遭国民党不满，指使特务放火烧了《新蜀报》印刷厂。他筹款修复印刷厂。

1941年

6月，由于震惊中外的皖南事变发生后，重庆笼罩白色恐怖，民主人士纷纷离去，亦携全家赴香港。途径贵阳、桂林、广州，历时近两个月。

8月，经廖承志等商议决定，邹韬奋出面介绍，由中国民主政团同盟（中国民主同盟前身）常委、宣传部长，即将成立的盟机关报《光明报》社长梁漱溟聘请他担任《光明报》总经理和督印人，承担筹办事宜。

9月18日，《光明报》创刊发行，兼副刊《鸡鸣》主编。

10月10日，他建议用广告形式在《光明报》上刊载了《中国民主政团同盟宣言》和《中国民主政团同盟对时局主张纲领》，以避开香港当局的新闻检查。这成为当年国内外有重大影响的新闻之一。

10月16日，《光明报》又发表社论，题为《中国民主政团同盟的成立宣言》，介绍了同盟的组织与宗旨，并公开申明中国民主政团同盟已在重庆成立。《光明报》创刊的任务就是要说明中国民主政团同盟的存在和宣传它的政治主张。

12月8日，太平洋战争爆发，日寇攻打香港。从这天开始，直至12月25日香港沦陷，一直为联络各派政治力量奔忙，争取在战争时期出版一张联合报纸，继续宣传组织群众抗日，未果。

12月13日，《光明报》停刊。

1942年

1月10日，送梁漱溟先生潜离香港。

1月25日，携眷潜离香港。经澳门、石岐、江门、肇庆、梧州至桂林。

2月至1943年5月，在桂林继续为民盟做宣传工作，接待国外各方面人士和记者，介绍他们与民主人士如李济深、梁漱溟等见面，并担任他们的翻译。

冬,和金秉英离婚。抚养两个女儿。

1943 年

5 月 17 日,被国民党当局无辜逮捕,拘禁在桂林夹山的一个尼姑庵里。

1944 年

6 月 6 日,从桂林转押至重庆兴隆场五云山集中营(公开名称为五云山战地青年训导团)。

1945 年

3 月以艾秋笔名翻译,美国作家法斯特的小说《一个民主的斗士》(即《公民潘恩》),由重庆良友复兴图书印刷公司出版。

6 月 26 日,在国外要求国民党实行民主的压力下,在国内民主运动不断壮大发展的条件下,加上民盟代表在国民参政会上质询萨空了失踪事,被交保释放。保人是梁寒操、黄少谷、成舍我。

7 月,主编《新华日报》纪念邹韬奋、杜重远逝世一周年特刊,并撰写纪念文章,以示自己的政治态度未变。

8 月,赴昆明,为即将召开的民盟全国代表大会做准备工作。

10 月,参加民盟临时全国代表大会(后被追认为民盟第一届全国代表大会)

10 月 16 日,参加救国会代表大会。大会决议,鉴于历史条件的改变,改名为中国人民救国会。沈钧儒被选为主席,萨空了和陶行知、史良、曹孟君、李公朴、何惧被选为中央常务委员。

12 月 26 日,赴香港。救国会让他以常委资格会同华南中委筹划一切,并主持宣传工作。

1946 年

1 月，担任中国人民救国会和民盟南方总支部的国外关系委员会的工作，负责对香港政府和国外团体的联络和宣传工作。

3 月，担任香港《华商报》总经理。《华商报》的最高权力机构是董事会。董事长是邓文钊（港商），董事有：陈嘉庚（侨领）、夏衍、连贯、萨空了、刘思慕、饶彰风、廖沫沙、杨奇。下属机构包括：有利印务公司、新民主出版社。《华商报》是在中国共产党直接领导下工作的，初期由饶彰风代表党组织实行全面领导。

6 月，由香港新民主出版社出版《从香港到新疆》；由香港文化供应社出版发行《科学的新闻学概论》。

1947 年

1 月，中共香港分局成立后，由章汉夫领导。

2 月，由香港文化供应社二次再版发行《科学的新闻学概论》。

4 月，由香港进修出版教育社出版《香港沦陷日记》。

5 月 23 日，周恩来致电邓文钊、萨空了、刘思慕、千家驹，电文如下：文钊、空了、思慕、家驹兄：沫沙来此，得悉港澳情形，并知兄等对民主运动及文化工作极尽贤劳。《华商报》、《自由世界》、《经济通讯》、《民主》等报刊，在诸兄努力之下，成就甚大，至为钦佩。目前时局一时尚不能明朗，但吾人谋取和平民主之方针既确定不移，大局前途仍有开展之望，但视吾人今日之努力为何如耳！东北停战迄未实现！而全国内战危机仍严重存在，关键不仅在东北一隅之进退，而主要在当局之根本决策必须变更。此即吾人所须悉力争取之目标，亟待各方面配合进行者也。

诸兄在南方主持言论,盼于此方面多所注意。匆匆不赘。顺颂时绥。弟周恩来。

6月,接香港当局通知,为便于工作,派香港政府行政局议员、香港大学校长施乐诗(D. J. Sloss)代表政府与民盟建立非正式联系。此后他以外委负责人身份与施乐诗经常联系,争取理解,为民主党派在港工作获得一定程度的便利。

11月9日,民盟南方总支部发表声明,指出上海民盟总部宣布解散属被迫(因国民党当局于7月发布勘乱总动员令,向解放区进攻,10月宣布民盟为非法团体,勒令解散),民盟南方总支"今后仍一本为民主和平而奋斗之素志,继续努力,绝不因独裁政府之非法压迫而停止活动"。

11月,由香港春风出版社出版发行《两年的政治犯生活》。

11月下旬,迎接沈钧儒先生由沪来港。此后陪同沈老与各方面交换意见,为筹备民盟一届三中全会召开做工作。

1948年

1月5日至1月19日,参加民盟一届三中全会。这次会议通过了《中国民主同盟一届三中全会紧急声明》、《中国民主同盟一届三中全会政治报告》、《中国民主同盟一届三中全会宣言》和《中国民主同盟今后组织工作计划》等决议案。此次会议公开宣布民盟继续存在,总部设在香港。摈弃了中间主场,申明愿意与中国共产党、国民党革命委员会及其他民主党派和民主人士共同为中国人民解放事业奋斗。由于原民盟总部有些部分的负责人不在香港,三中全会选出了各部门代理人员以便开展工作。萨空了被选为主持民盟国际关系委员会的代理负责人。此后,做了以下工作：

（一）向国外记者及社会人士宣传中国民主革命运动和民主党派的情况，把国外各界人士介绍给各民主党派的领导人，争取国外人士的理解和支持，如：英国《泰晤士报》、《每日工人报》、《远东基督教箴言报》的记者，英国援华会的主席，英国进步议员，美国驻香港领事等。

（二）营救南洋被驱除出境的盟员，争取他们在香港登陆，免被遣送到国民党统治区而遭逮捕。

（三）组织香港的宣传和群众活动。

（四）组织民主人士赴解放区，为召开新政协做准备工作。

10 月，送两个女儿赴解放区。

1949 年

2 月，柳亚子先生北上赴解放区前夕，朋友们为他饯行，席间谈到萨空了在香港的作为，谈笑间凑了两句话，由柳亚子写成条幅赠之，曰："热心公益无事忙，有求必应香港脚"。

"乔木（乔冠华）、夏衍、铁生（张铁生）、仲华（金仲华）、尊棋（刘尊棋）、宗汉（邵宗汉）、诸子戏为谐语赠空了道兄留念，并嘱亚子书于素纸，时 1949 年 2 月 26 日香岛"。

3 月 17 日，潘汉年通知，次日乘船北上准备赴法国参加世界保卫和平大会。同行的有欧阳予倩、金仲华、马思聪。（后因代表团已在两天前出发未去成）

3 月 28 日，乘三民轮离港。

4 月 4 日，抵大沽口。5 日登岸，在天津参观三天，会晤天津市长黄敬等人。

4 月 8 日，到达北京，沈钧儒、胡愈之等到车站迎接。先住六国饭店，后移北京饭店。

5 月 4 日，参加第一届全国青年代表大会被推选为全国青年联合会常委。

5 月 16 日，统战部决定将原《世界日报》拨给民盟办《光明日报》，由胡愈之、萨空了、林仲易去接收。

6 月 13 日，被推选为中国人民救国会参加新政协会议的代表。

6 月 16 日，《光明日报》出版发行，担任秘书长。

7 月 17 日，中国新闻记者协会召开常务理事会，被选为秘书长。

9 月 21 日，出席中国人民政治协商会议第一届全体会议，在中南海怀仁堂举行开幕式。

10 月，中央人民政府成立，被任命为国务院新闻总署副署长兼摄影局局长。

12 月 5 日，晚上与沈钧儒、胡愈之、沈志远赴中南海，与周恩来共进晚餐，并长谈。

12 月 14 日，参加人救会中央临时工作委员会第 29 次会议，决定宣布解散中国人民救国会，并成立纪念委员会。沈钧儒、史良、沙千里、沈志远、千家驹、胡愈之、萨空了、曹孟君、王健被推选为委员，沈钧儒为召集人。

12 月 15 日晚，与沈钧儒、胡愈之赴中南海西花厅，与周恩来长谈至深夜三时许。

12 月 18 日，参加中国人民救国会在北京饭店举行的招待会,宣告救国会光荣结束。

12月,民盟一届四五中全会召开,被选为中央委员,担任联络委员会副主任。

1950年

向新闻总署署长胡乔木建议,摄影局应迅速把毛泽东主席的最新照片向世界发行。经胡乔木同意并得到毛主席本人同意后,派四位记者前去摄照,他们是齐观山、陈正清、郑景康、侯波。但最后选用的是毛主席和政协工人代表合映的照片,经剪裁,制作出建国后第一张毛主席标准像,发行到全世界40多个国家。

筹办《人民画报》和《连环画报》。

8月29日,任中央访问团副团长,随团长沈钧儒老先生赴西北五省——陕西、甘肃、新疆、青海、宁夏的少数民族地区进行访问和慰问,行期两个多月,所到之处与各民族宗教人士,各阶层代表人物座谈,倾听意见和要求,宣传党的民族政策。

11月1日,在青海湟中县,随团长沈钧儒前往塔尔寺访问班禅额尔德尼十世(时年16岁)。班禅率千余喇嘛到五里外,以迎接活佛的隆重宗教仪式迎接访问团。这天正好是释迦牟尼降生日,到塔尔寺参拜的群众很多,举行各种宗教仪式。群众看见中央代表团在场,相信了中央政府的宗教保护政策。

12月16日,应林伯渠、李维汉邀请,与沈钧儒及中央访问团全体成员赴宴,祝贺慰问西北各民族工作成功。

兼任中央民族事务委员会委员。

1951年

3月,与郑小箴结婚。郑是摄影记者,后调入新华社摄影部,系郑振铎的女儿。

9月,新闻总署撤销,摄影业务划归新华社,出版业务划归人民美术出版社。

担任出版总署副署长,兼人民美术出版社社长。这一年人民美术出版社出版毛主席像两千多万张,连环画60种96万余册,时事招贴画54种293万张,年画67种196万张,《人民画报》(月刊)每月11万份,《连环画报》(半月刊)每月46万册。这样的数字当年在国内都是破历史纪录的。并用出通俗读物的利润来补贴出版高级画册。

11月24日,在民盟全国组宣会议上,做关于《光明日报》工作的报告。

1952年

7月9日,任第二次中央访问团副团长,随团长彭泽民老先生赴内蒙古及东北各少数民族地区访问慰问。内蒙古系中华人民共和国最早实行民族区域自治的地方,也是党的民族政策首先体现的地方,它的成功与不足都具有重要意义。

9月,出席吉林延边朝鲜族自治州成立大会。

1953年

5月,民盟召开一届七中全会,改任宣传委员会副主任。

1954年

出版总署撤销,调任国务院民族事务委员会副主任,兼民族出版社社长。

被选为第一届全国人民代表大会代表,第二届政协委员。

2月至3月,参加西南区全国人民慰问团,访问四川新津、新繁、崇庆各县，慰问解放军。

4月，参加内蒙古伊金霍洛成吉思汗新陵园奠基典礼。

5月，被选为中国人民对外文化协会常委。

1955年

2月1日至5日，陪班禅到沈阳参观。

11月22日至12月24日，与柳湜、孙景璐等率中国文化代表团赴阿尔巴尼亚参观访问。霍查三次接见并宴请。

1956年

2月，民盟召开第二次全国代表大会，被选为中央常务委员。

5月21日至5月30日，陪同民盟中央委员会主席、最高人民法院院长沈钧儒赴天津视察工作。

7月15日至23日，代表国家民委参加黔东南苗族、侗族自治州成立大会，并了解当地情况。这是贵州省成立的第一个民族自治州。

8月1日至12日，代表国家民委参加黔南布依族苗族自治州成立典礼，并了解当地情况。

8月26日，参加接见英国议会代表团。

9月19日，代表民盟接待法新社记者。

12月3日，参加接见巴西议员代表团。

12月7日至30日，与政协委员们同赴上海视察上海出版工作。

积极支持出版了《五体清文鉴》。这是一部在18世纪编成的汉、满、藏、蒙、维五种文字对照的分类词书。当时只存有三部手抄本，两部存在故宫博物院，一部存在伦敦大英博物馆。经民委党组同意,民族出版社将该词书影印出版,获 1957 年莱比锡国际图书博览会金奖。文革时期,为此书惨遭折磨,书被销毁。

1957 年

民族出版社创办《民族团结》杂志,曾兼任主编。

1 月,《民族画报》改为月刊出版,有哈萨克、维吾尔、蒙古、藏、朝鲜、汉六种文字版本。请周恩来题名。这是我国历史上第一份用民族文字出版的,反映少数民族人民生活的画报。

1958 年

4 月,随沈钧儒副委员长到上海参加上海市民盟代表大会。

民委党组交与他参加民族文化宫筹建工作。民族文化宫是建国十周年献礼的十大建筑之一。

5 月 29 日至 6 月 7 日,参加民盟青岛会议。

6 月,赴青岛参加伊斯兰教和回民族问题讨论会。

11 月,民盟召开第三次全国代表大会,被选为中央常务委员,任宣传部长。

1959 年

被选为全国政协第三届常务委员兼学习委员会副主任,第二届全国人民代表大会代表。

10 月,兼任民族文化宫管委会主任。

10 月 17 日,与统战部长李维汉及徐冰、刘春等赴包头参加包头钢铁公司一号高炉出铁典礼,并到呼和浩特参观、访问,返程途中参观大同云冈石窟。

1960 年

8 月,参加全国文联第三次大会被选为全国委员。

12月29日，被批准参加中国共产党，1962年3月2日转正。

1961年

3月，民族历史研究指导委员会和民族文化研究指导委员会成立，被任命为后者的副主任，兼办公室主任。该委员会办公室设在文化部，由统战部、文化部、民委三方面协同领导，任务是为发展民族文化工作制定规划，组织力量，培养队伍。

3月，作为中国艺术团团长率团随同陈毅副总理访问印度尼西亚。

5月，随同李维汉、陈叔通赴东北吉林、黑龙江参观。

1962年

9月，赴吉林参加延边朝鲜族自治区成立十周年活动。

9月9日，应沈钧儒约，与胡愈之、沙千里、范长江等同去探望。时沈老已87周岁，向他们谈了自己想加入共产党的愿望，及后事安排。

10月，赴四川参加凉山彝族自治州成立十周年活动。

1963年

4月7日，任北京京剧团赴港演出团团长，率团赴港澳演出。这是新中国成立后赴港澳演出的第一个文艺团体。演员都是著名京剧演员，如：马连良、裘盛戎、张君秋、赵燕侠等。反映新中国"百花齐放，推陈出新"文艺政策的成果，是当年香港文艺界一大盛事。虽遭国民党特务在剧场放置炸弹，因在演出前爆炸，未伤人。外国观众和海外华侨纷纷乘飞机前往观看。

1964年

12月，参加全国少数民族业余艺术会演的工作。

12月，当选第三届全国人民代表大会代表，第四届全国政协常委，兼政协学习委员会副主任。

1965年

10月，赴新疆乌鲁木齐参加新疆维吾尔自治区成立十周年纪念活动。

11月15日，率领民委系统的中央农村文化工作队赴内蒙古参加“四清”运动。

11月17日，乌兰夫副总理（也是内蒙古自治区主席，国家民委主任）接见全体工作人员，随乌兰夫赴他蹲点的土左旗前朱堡参加“四清”运动。

12月，应乌兰夫之邀担任内蒙古自治区成立二十周年筹委会副主任，主任为乌兰夫。

1966年

5月26日，“文化大革命”兴起，从内蒙被召回北京，停职接受批斗审查。

1969年

8月26日，与民委同志一起被送往吉林双辽县双山镇劳动，接受斗、批审查。

1970年

1月23日，又被送往湖北沙洋五七干校劳动，参加“斗、批、改”。

1972年

6月2日，被允许回北京治病。

9月28日，被民委通知“解放”，并被批准恢复组织生活。

12 月 21 日，统战口领导刘友法与之谈话，让他参加民委临时领导小组。

1973 年

1 月，被任命为民委临时领导三人小组成员之一，重新开始工作。

此后，投入精力于“斗、批、改”落实政策工作。

1974 年

12 月，经批准筹建中央民族语文翻译局，1978 年正式成立。

1977 年

粉碎“四人帮”后，党中央进行一系列拨乱反正的工作。在肯定民主党派的历史功绩和积极作用后，号召民主党派把工作活跃起来。七个民主党派各自成立了临时领导班子。民盟领导班子由胡愈之主持，他参加了这个临时领导机构。

主持了《民族画报》、《民族团结》等项工作的复刊、恢复工作。

1978 年

4 月，赴四川成都参加《藏汉双解大辞典》编辑出版研讨会。此书主编张怡荪教授以一生心血编纂，几经挫折，在邓小平关心下至此才得确定出版日期。

5 月 28 日，作为临时党支部负责人，参加全国政协委员赴四川参观团。团员是：周建人、董其武、叶圣陶、孙孚凌、杜聿明、班禅额尔德尼、雷洁琼、程思远等。四川是“四人帮”破坏的重灾区，又是抓纲治国后恢复较快较好的地区。

7 月，离开民委，调中国人民政治协商会议全国委员会任副秘书长和机关党组成员。分管政协各工作组（现称工作委员会）。各工作组的任务是了解情况，反映情况，并提出报告和建议，起桥梁和纽带作用。

7月11日，民盟成立工作委员会，成员有：胡愈之、李文宜、萨空了、高天、张毕来、林亨元、王健、费孝通、罗涵先，重新开始工作。

12月，参加中央代表团，赴南宁参加广西壮族自治区成立二十周年活动。

12月27日，与胡愈之等赴广州。

1979年

1月5日至9日，民盟工作会议在广州召开，由于中共十一届三中全会公报刚刚发表，落实政策成为重要议题。

2月28日，赴天津参加民盟三北会议。

10月11日，民盟第四次全国代表大会召开，被选为副主席。被选为全国政协五届常务委员。

1980年

7月，在五届全国政协第十次常委会上做关于“抢救、保护文物古迹是当前一大问题”的发言。此发言引起与会者重视，并向人大常委会和国务院提出尽快制定“文物保护法”的建议。

1981年

任政协全国委员会文物调查组组长，副组长程思远，成员：蹇先任、王朝闻、单士元、郑孝燮。在河南、陕西、山西做了调查，对存在的严重问题向上做了书面调查报告，提出保护文物的建议。中共中央书记处讨论了调查报告，对加强文物工作作了重要指示。

1982 年

5 月，为调查知识分子情况，率领调查组赴上海、浙江、江苏、山东做为期一个半月的调查研究，做了调查报告。关于这次调查，1982 年 7 月 13 日新华社发了一条通稿。各报均在头版头条发表这条消息。消息标题指出："出席汇报会的政协副主席认为：要继续克服在对待知识分子问题上'左'的影响，解决他们的困难，这是基本建设中的基本建设。"文中提到："萨空了认为，要进一步落实知识分子政策，特别是解决中年知识分子的困难，必须继续克服在对待知识分子工作上'左'的影响，适当改善中年知识分子的工作条件和生活条件；还要适当改变干部的'单位所有制'，促进人才交流。"这是最早反映中年知识分子问题严重的一份报告，受到中央领导同志的重视。这条消息发表后，在全国引起强烈的反响。

10 月 28 日，应美中关系全国委员会邀请随全国政协代表团访问美国。

11 月 5 日，在白宫，美国副总统布什会见了大家。

11 月 12 日回国。筹备创办《人民政协报》。

1983 年

《人民政协报》出版，担任总编辑和党组书记。

6 月，离休，不再担任行政职务。

夏季，赴内蒙古呼伦贝尔盟度假。

12 月，民盟第五次全国代表大会召开，被选为中央委员会副主席。

1984 年

10 月 27 日,为支持成立连环画出版社,给胡耀邦同志写信,其中说:“连环画是一种深受群众欢迎,销售量很大的普及读物(前两年出版了 15 亿册),鉴于目前在国外也出现了连环画热,我国作为创作连环画历史悠久的国家,有加强这项工作的必要……”1985 年 3 月经胡耀邦同志批示,文化部批准成立了连环画出版社。

被选为全国政协第六届常务委员。

1985 年

10 月 27 日,坐轮椅出席连环画出版社成立大会。

1986 年

从 1984 年起在女儿萨沄的帮助下撰写关于新中国成立前从事新闻工作的系列回忆文章,至 1986 年底全部完成。这些文章题名是:《我与立报》、《在〈新疆日报〉的一年》、《关于〈新蜀报〉的回忆》、《创办香港〈光明报〉的回忆》。

1987 年

1 月 9 日,民盟第五届四中全会,被推选为中央委员会副主席。

1988 年

10 月 16 日,因病抢救不及离开人世。这一天正是民盟六次全国代表大会闭幕,会上宣布了这个消息,并赞扬了他的高风亮节,称为民盟卓越的领导人,与会代表为他肃立默哀。当晚电视台播放了消息,第二天各报发表消息。

10 月 30 日,在八宝山烈士公墓举行告别仪式,送花圈的有:

杨尚昆、李鹏、万里、李先念、彭真、邓颖超、胡启立、胡耀邦、阎明复等及全国人大常委会、全国政协和有关单位。参加遗体告别仪式的有：王震、李铁映、宋任穷、刘澜涛、胡乔木、习仲勋、阿沛·阿旺晋美、班禅额尔德尼·确吉坚赞、费孝通、孙起孟、雷洁琼、康克清、王光英、赵朴初、屈武、马文瑞、胡绳、楚图南等约700余人。当天及第二天各报发表了悼念文章及追悼会消息。

后 记

我写这部父亲的传记,贴切地说,题目应当是“我所知道的父亲”。这本书的内容,由两部分材料组成:一是根据父亲的日记,他保存的文字材料、他写的书和文章,一是我的亲身经历。我不知道的,没有根据的,我没有写。因此也可以说,我所写的只是一个女儿在讲她心目中的父亲的故事。这里面反映的是我的认识与感情,如果有什么不妥当,那是我认知的偏差,欢迎批评指正。

我看见父亲1981年8月2日的日记中这样写道:“苦茶来,和她谈了我不写回忆录的想法,不愿自我吹嘘哗众取宠。近日曹禺函我促写回忆录,我未复他。拟有可能时回忆一些问题,有自我批评,记录二三十年代知识分子走过的路程。”

父亲向我说过他的这些想法。我亦想按照父亲的愿望来写一个中国蒙古族知识分子经历的生活道路。只是囿于水平,不知是否做到了。

在写本书时，得到父亲的朋友和同事们的积极支持和热情帮助，在此表示衷心的感谢！特别是孙起孟伯伯，在病中还惦念着为父亲传记写前言的事，为此还给我写了一封简短而动情的信，父辈的真挚友情，令我深深感动。

在写这本书时，我还得到郑姨和弟妹们的鼓励和帮助，我把这看作是他们对父亲奉上的一份心意。明年3月26日是父亲九十岁诞辰，我想，就把这本书奉献给父亲，表达我们全家人对他的爱和永恒的怀念！

萨　沄

1996年12月3日于北京

重版随想

为了重新出版这本书，我再次阅读了它，并做了一些增改。

阅读它使我回忆起许多往事：父辈们在历史发展的各个关键时期的动人故事，他们的政治品德、文化素养、接人待物、言谈笑貌……都是我终生难忘的。从他们的言行中，我认识到什么是爱国，那就是为了祖国的进步昌盛，可以付出一切。他们是那个时代进步知识分子的缩影，体现了伟大中国人民的优良传统。

这本书从1997年第一次出版，至今已经过去了17年。这期间，我们的祖国更加繁荣富强，人民的生活有了巨大的变化。那些为实现这一理想而奋斗一生的先辈们九泉有知，不知有多欣慰。

随着岁月的流逝，时间的更替，人们的观念会随之改变。

随着年龄的增添，我的同辈人也在步入老年，慢慢离去。现在的一切最终也都将成为历史。世事就是这样演变。人类社会重视历史，是因为它能对人有所启迪，让人感悟，进而思索，怎样在自己的生命过程中做得更好，增强对祖国的使命感，对人生的责任感。

不管经历了多么漫长的岁月，经历什么样的历史变化，活着的人都应当像我们先辈那样，为我们的祖国，为我们生存的土地变得更加美好贡献力量。想想看，我们应当做点什么?!

萨　沄

2014 年 3 月 30 日

跋

在《民盟历史文献》丛书付梓之际，掩卷回首，民盟先贤们的音容笑貌挥之不去，不绝如缕，久久难忘。在编辑此丛书的过程中，我们每每被他们为信仰、为理想奋斗的坚定精神所感召和感动。

人不能没有理想和信仰，一个民族也不能没有自己的理想和信仰。我们的先辈们，正是怀揣民族富强、人民福祉的赤诚之心，身先士卒、鞠躬尽瘁；凭借自身高尚的人文品格和社会良知，与中国共产党团结合作，为中国社会的前途和命运探索了一条新的宪政之路；和平、民主是人类社会的两大主题，也是中国共产党人和各民主党派所共同追求的理想。

如今，面对着他们的拳拳之心和丰功伟绩，我们感叹！赞叹！怀念！更要继承！

《民盟历史文献》在整个创作和出版过程中，得到了来自社会各界人士的关注和厚爱。我们要特别感谢为此丛书孜孜不倦地考证、核实、梳理、完善的各位专家、学者，是他们的认真严谨，才使此丛书能够客观地展现历史的真貌；更要特别感谢中共中央统战部与民盟中央给予我们的鼎力支持和重视，没有他们的指导和帮助，我们不可能完成如此厚重的出版工作任务；还要感谢各省、市、地区的民盟组织，为搜集、挖掘、抢救民盟的历史文献资料做出的不懈努力和贡献；感谢每一本书的作者，是他们的辛勤笔耕和一点一滴的忠实记录，才集成了民盟历史的全貌；感谢为此丛书付出辛劳的编辑以及所有工作人员，感谢你们辛勤的劳动和无私的奉献。

谨以此丛书献给所有伟大的民主革命先驱者；献给为共和国诞生抛洒了智慧和热血的先贤们；献给那一段筚路蓝缕、以启山林的峥嵘岁月。

《民盟历史文献》编委会